História Social da Criança e da Família

Philippe Ariès

História Social da Criança e da Família

Tradução
Dora Flaksman

Terceira edição

gen | **LTC**

■ O autor deste livro e a editora empenharam seus melhores esforços para assegurar que as informações e os procedimentos apresentados no texto estejam em acordo com os padrões aceitos à época da publicação, *e todos os dados foram atualizados pelo autor até a data de fechamento da edição original do livro*. Entretanto, tendo em conta a evolução das ciências, as atualizações legislativas, as mudanças regulamentares governamentais e o constante fluxo de novas informações sobre os temas que constam do livro, recomendamos enfaticamente que os leitores consultem sempre outras fontes fidedignas, de modo a se certificarem de que as informações contidas no texto estão corretas e de que não houve alterações nas recomendações ou na legislação regulamentadora.

■ Data do fechamento da edição brasileira do livro: 27/09/2021

■ O autor e a editora se empenharam para citar adequadamente e dar o devido crédito a todos os detentores de direitos autorais de qualquer material utilizado neste livro, dispondo-se a possíveis acertos posteriores caso, inadvertida e involuntariamente, a identificação de algum deles tenha sido omitida.

■ **Atendimento ao cliente: (11) 5080-0751 | faleconosco@grupogen.com.br**

■ Traduzido da terceira edição, publicada em 1975 pela Editions du Seuil, de Paris, França, na série *Points Histoire*, dirigida por Michel Winock:
L'Enfant et la Vie familiale sous l'Ancien Régime

■ Capa: e-Clix

■ Imagem da capa: Izaias Costa

■ Editoração eletrônica: Caio Cardoso

■ Ficha catalográfica

CIP-BRASIL. CATALOGAÇÃO-NA-FONTE
SINDICATO NACIONAL DOS EDITORES DE LIVROS, RJ.

A746h
3. ed.

Ariès, Philippe, 1914-1984
História social da criança e da família / Philippe Ariès ; tradução Dora Flaksman. - 3. ed. - Rio de Janeiro : LTC, 2022.
400 p. ; 21 cm.

Tradução de: L'enfant et la vie familiale sous 1'ancien régime
ISBN 9788521637721

1. Crianças - França - História. 2. Famílias - França - História. I. Flaksman, Dora. II. Título.

21-72699 CDD: 306.850944
CDU: 316.812(44)

Camila Donis Hartmann - Bibliotecária - CRB-7/6472

A meus pais

A meus sogros

NOTA

A edição brasileira de *História Social da Criança e da Família* foi traduzida da edição de *L'Enfant et la vie familiale sous l'Ancien Régime* das Editions du Seuil, Collection Points, Série Histoire, 1973. Esta edição francesa é uma versão abreviada do texto original de Philippe Ariès, publicado em 1960 pelas Editions Plons, e reeditado integralmente pelas Editions du Seuil na coleção "Univers historique" em 1973, acrescido de um prefácio em que o autor examinava a historiografia de seu tema. Na atual versão, portanto, as Partes 1 e 3 foram integralmente reproduzidas. Da Parte 2, porém, foi conservado apenas o essencial, ou seja, as conclusões completas de sete capítulos. O capítulo intitulado "Do Externato ao Internato" foi totalmente suprimido.

Nota da editora

História Social da Criança e da Família foi escrito por Philippe Ariès há mais de cinco décadas, em um contexto histórico, cultural, social e político muito distinto do atual. Embora continue a ser um dos conteúdos mais utilizados e aceitos em sua área, a editora está ciente de que pode haver trechos considerados anacrônicos. Contudo, para garantir rigor científico e respeito ao pensamento do autor, optou-se por manter o texto original, sem qualquer ressalva.

SUMÁRIO

APRESENTAÇÃO

Há livros que já nascem clássicos. Este é um deles. Há aqueles, no entanto, que fazem ruído quando lançados, e outros que mudam radicalmente as sensibilidades. Este também é um deles. Em uma sociedade confrontada pela aceleração do tempo, prisioneira da velocidade das redes sociais e da simultaneidade das informações, a obra madura de Philippe Ariès é de uma atualidade impressionante. Ela nos toca, nos fere e nos cura. Em tempos de transformações e incertezas, saber interpretar como as atitudes mudaram em face da infância e das crianças ajuda a compreender o que elas significam para nós.

Seu objetivo é compreender traços do nosso presente, vividos pelas diferenças que os separam de aspectos vizinhos, mas nunca semelhantes, do nosso passado. E de fazer isso através do estudo das populações passadas, das atitudes delas diante da vida e da sensibilidade familiar. O fio condutor desse percurso é o sentimento da infância e da família. Ao seguir esse fio, nos damos conta da força dos pressentimentos e das observações do imenso e originalíssimo historiador, Philippe Ariès.

Mas, afinal, quem foi ele? Personagem atípico na paisagem acadêmica, erudito, que, com ironia e modéstia, se autointitulava "um historiador de domingo", Ariès nasceu em uma família católica e monarquista. Mergulhado em um passado de reis, castelos, aristocracia e religião, a juventude o induziu a convicções que, entre as Grandes Guerras, foram aquelas da *Action Française*, um movimento integralista e tradicionalista, dissolvido ao final dos anos 1945, cuja valorização das raízes e da identidade francesa hidratou sua primeira grande pesquisa. A redação do ensaio *Les traditions sociales dans les pays de France* iluminava as diferentes formas de sociabilidade durante o Antigo Regime, quer nas sociedades comunitárias típicas do noroeste da França, quer nas sociedades individualistas do oeste ou, ainda, as burguesas da região da Provence. Ele já se interessava pelas condutas e atitudes em espaços onde o Estado não penetrava e que ele chamaria de "sociedade elementar": aquela que se situaria acima da família, na comunidade, incluindo a paisagem da região. Mais tarde, ele dirá que o contexto da época o levou a uma "sentimentalidade antiquada". Mas o desejo de interpretar tradições não obscureceu em nada a originalidade do seu trabalho nem sua intenção: fazer amar o passado e construir uma "história subterrânea".

Pioneiro na escolha de temas e na forma de fazer história, ele foi por muito tempo ignorado pelos universitários, que desconfiavam desse intruso, diretor de um centro de documentação sobre frutas e considerado um "mercador de bananas" pelos mandarins da Sorbonne. Pois se enganaram redondamente sobre suas qualidades de pesquisador e historiador. Para Ariès, a história foi uma escolha existencial, e não uma especialidade disciplinar. Eis por que ele se debruçava sobre assuntos que interpelavam a sociedade e cujas raízes e mutações ele se punha a estudar. *Fenômeno antigo ou recente?*, perguntava-se Ariès. *Fenômeno coletivo ou individual? O que os documentos literários, teológicos e artísticos veiculam sobre comportamentos compartilhados ante a vida, a família e a morte?*

Suas pesquisas nasceram de sua paixão pela demografia. As perdas humanas causadas pelas Grandes Guerras o levaram a publicar, em 1948, *Histoire des populations françaises et de leurs attitudes devant la vie depuis le XVIII* (*História das populações *francesas a partir do século XVIII*). Enquanto se discutiam o decréscimo populacional e a importância da contracepção, Ariès observou que, no século XIX, uma grande revolução demográfica diminuiu o tamanho das famílias, acentuando seu caráter nuclear. Com um número menor de filhos, foi possível educá-los melhor e, mais do que isso, promover o sucesso social deles. Embrião de pesquisas que vão se suceder, em *Histoire des populations françaises et de leurs attitudes devant la vie depuis le XVIII* já aparecem subtemas, como a infância, ou as atitudes diante da vida e da morte. E Ariès continua a se interessar cada vez mais sobre mudanças de sociedade baseadas na tradição e, para outras, na racionalidade.

Embutida nas pesquisas sobre o comportamento demográfico das populações, nasceu outra grande obra: *História social da criança e da família*, que lhe deu visibilidade nacional e, sobretudo, internacional. Verdadeiro "caso de sucesso", o livro foi aclamadíssimo nos Estados Unidos e inspirou toda uma corrente de historiadores, entre os quais Orest Ranum, precursor de estudos de cultura nas universidades americanas. Fortalecido pelo caminho bem-sucedido, Ariès, então consultor da famosa casa editora Plon, em Paris, dirigia a coleção *Civilizações e mentalidades*, tarefa compartilhada com o conhecido historiador e colega, Robert Mandrou. Sua sensibilidade o levou a mais um acerto. Amigo de Michel Foucault, foi seu primeiro editor, pois, em 1961, publicou na coleção o clássico *História da loucura*. Mais tarde, Foucault diria: "Certa maneira de ver e amar suas tradições fez ao tradicionalista que era Ariès descobrir uma outra história".

Dono de uma erudição impressionante, Ariès também se mostrava capaz de dominar conhecimentos muito diferentes, que iam da arqueologia à epigrafia, da teologia à literatura, passando pelas representações iconográficas e pela arte cemiterial, que dão cor e vida aos seus livros. Em 1977, a publicação de *O homem diante da morte*, realização de um projeto ambicioso, o consagrou. Seu texto apaixonante e cinematográfico levou o leitor a mergulhar em um tema fascinante e desconhecido. Convidado para a mais famosa emissão literária da televisão francesa, *Apostrophes*, animada pelo jornalista Bernard Pivot, Ariès iria conhecer outra "história de sucesso". Sua editora, a Payot, não poupou esforços para divulgar o livro e o autor. No ano seguinte, aos 64 anos, ele foi convidado a integrar a famosa *École des Hautes Études en Sciences Sociales*, centro nevrálgico de toda a produção historiográfica de ponta. Sem diploma universitário e com quase nenhuma experiência em sala de aula, foi acolhido com tapete vermelho pela instituição, pelos colegas e alunos.

A fama de excelência e originalidade de suas publicações já circulava por toda parte, sendo então conhecido como "historiador das mentalidades". Sobre a abordagem, explicava: "Não se faz história das mentalidades como se faz contabilidade comercial. É preciso uma razão e uma paixão". O desmoronamento da história marxista nos anos 1970 e o abandono da historiografia centrada sobre o tema da política permitiram uma formidável acolhida de seus livros. Os chamados "historiadores da nova história", entre os quais Jacques Le Goff, Emmanuel Le Roy Ladurie, Paul Veyne ou Michel de Certeau, abraçaram as obras de Ariès em um momento de grande mediatização da história. A disciplina estava na moda, e historiadores transitavam das páginas de jornais para as telas de televisão. Em 1973, a reedição de *História social da criança e da família* levou a obra à lista dos mais vendidos e devorada pelo grande público. O tema revigorou a sensibilidade histórica e inovou na realização de um texto fácil de ler, compreendido por qualquer leitor. Uma onda de estudos sobre a infância invadiu as Ciências Humanas, merecendo resenhas de conhecidos historiadores na famosa *Revue des Annales*, sacramentando, assim, outro imenso sucesso.

A morte de Philippe Ariès, no dia 8 de fevereiro de 1984, aos 69 anos, não pôs um fim a sua popularidade ou carreira. Entre 1985 e 1987, foram publicados os cinco tomos de *História da vida privada* que ele dirigiu ao lado de Georges Duby, cujo tema – é importante lembrar – já aparecia em seus trabalhos desde sempre. A definição de sua atitude perante a disciplina como uma "história existencial" capaz de conjurar a aceleração dos tempos nos convida a pensar o que permanece, quando o presente parece carregar tudo velozmente. Sobre o imenso historiador que foi, vale lembrar as palavras do amigo Michel Foucault: "Para pagar a dívida pessoal de que lhe sou credor, eu gostaria que fosse preservado o exemplo do homem que sabia construir suas fidelidades, ponderar sobre suas escolhas e se esforçar, com aplicada tenacidade, a se transformar em nome do compromisso com a verdade".

No clássico *História social da criança e da família*, o historiador se debruça sobre o imutável mundo da Idade Média, enraizado em uma sociedade tradicional na qual a mortalidade infantil era regra. A morte que recolhia os pequeninos não deixava lugar para afetos profundos. Entre chegar e partir, o tempo de viver era curto. Graças ao domínio de uma iconografia abundante, Ariès revela que, à época, uma criança era apenas um pequeno adulto. Vestida como tal, dividindo as mesmas tradições e brincadeiras, testemunha da sexualidade adulta, ela crescia misturada às grandes pessoas. Ela não era reconhecida como "criança". Mantida em vida quase vegetativa, assimilava-se aos adultos, sob o ponto de vista afetivo e material. Sua socialização não era garantida pela família, que não tinha, segundo ele, função afetiva, embora o afeto existisse. Mas era dividida com vizinhos, comunidade, amigos e empregados. Era o trabalho que socializava a criança.

No entanto, na vida da aristocracia, distinta daquela dos pobres camponeses, se esboçou uma reação. Durante o século XVII,

Philippe Ariès aponta uma mudança considerável que, segundo ele, se acelerou a partir de 1760. Descobria-se, então, a "especificidade" da criança no seio familiar. O amor materno passou a ser valorizado. Decrescia o número de filhos para valorizar a existência de cada um. Os pequeninos começavam a chamar a atenção por sua graça e pela necessidade de proteção e educação. Operou-se uma "revolução sentimental". Mais e mais se chorava a morte da criança, agora homenageada em efígies nos cemitérios.

Teve início o afastamento entre a vida de adultos e a infância. Era preciso preservá-la das "imundícies da vida", ou seja, da sexualidade. Separavam-se pequenos e grandes. Progressivamente, instituições escolares acolhiam, mas também encerravam as crianças em um mundo à parte, com regras próprias, destinadas a afastá-las da liberdade em que viviam. Nem sempre esse enclausuramento foi bem-sucedido, e os jovens se revoltavam contra os nascentes constrangimentos. A escola passou a ter papel social e moral. No século XVIII, a burguesia ergueu barreiras para afastar seus filhos das classes populares e transformá-los em "crianças bem-educadas". Elas foram entregues às mãos de uma elite de precursores, homens da Igreja e do Estado, que as preparavam para transformá-las nas classes dirigentes do século XIX.

Graças ao manejo de uma espetacular documentação, Ariès se debruça sobre uma questão atualíssima: como a vida burguesa, cada vez mais autorreferida, no abrigo de suas casas, de seus hábitos e cotidiano, acaba por se concentrar em si mesma e no futuro dos filhos. E é esse sentimento de vida familiar, segundo Ariès, que marcaria a modernidade. Para ele, era necessário "conhecer esse mundo que perdemos". Mundo em que o progresso da escola e da educação foi interpretado sob uma nova perspectiva, como etapas de uma aculturação, de um ordenamento, e da substituição de uma cultura selvagem – a da Idade Média – por uma racionalista e moral.

Philippe Ariès escreveu um livro que nos interroga. Ele demonstra a evolução das mentalidades em relação à infância. Afinal, a importância dada à criança na sociedade contemporânea é visível em toda parte. Menos mortes, menos filhos, mais tecnologia e ciência ajudaram a consolidar a concentração das famílias em torno de poucos filhos, cuja educação e futuro se quer garantir a todo preço. Educadores, porém, reclamam da falta de limites, e os psicólogos mencionam a prepotência do "*filharcado*", ambos resultados de uma transformação de mentalidades. Hoje, a criança é rei ou rainha, e comanda. "*Mamãe, eu quero...*" não é mais o título de uma marchinha de Carnaval, mas a frase que se ouve ininterruptamente. Crianças gritam, testam, discutem e argumentam com adultos, que, de maneira geral e por motivos variados, acabam cedendo. Ler Ariès nos inspira e ajuda a entender o caminho que nossa sociedade está fazendo em relação a elas.

Mary del Priore
Instituto Histórico e Geográfico Brasileiro

PREFÁCIO

Costuma-se dizer que a árvore impede a visão da floresta, mas o tempo maravilhoso da pesquisa é sempre aquele em que o historiador mal começa a imaginar a visão de conjunto, enquanto a bruma que encobre os horizontes longínquos ainda não se dissipou totalmente, enquanto ele ainda não tomou muita distância do detalhe dos documentos brutos, e estes ainda conservam todo o seu frescor. Seu maior mérito talvez seja menos defender uma tese do que comunicar aos leitores a alegria de sua descoberta, torná-los sensíveis – como ele próprio o foi – às cores e aos odores das coisas desconhecidas. Mas ele também tem a ambição de organizar todos esses detalhes concretos em uma estrutura abstrata, e é sempre difícil para ele (felizmente!) desprender-se do emaranhado das impressões que o solicitaram em sua busca aventurosa; é sempre difícil conformá-las imediatamente à álgebra no entanto necessária de uma teoria. Anos depois, no momento da reedição, o tempo passou, levando consigo a emoção desse primeiro contato, mas trazendo por outro lado uma compensação: pode-se ver melhor a floresta. Hoje, após os debates contemporâneos sobre a criança, a família, a juventude, e após o uso que foi feito de meu livro, vejo melhor, ou seja, de uma forma mais nítida e mais simplificada, as teses que me foram inspiradas por um longo diálogo com as coisas.

Procurarei resumi-las aqui, reduzindo-as a duas.

A primeira refere-se inicialmente à nossa velha sociedade tradicional. Afirmei que essa sociedade via mal a criança, e pior ainda o adolescente. A duração da infância era reduzida a seu período mais frágil, enquanto o filhote do homem ainda não conseguia bastar-se; a criança então, mal adquiria algum desembaraço físico, era logo misturada aos adultos, e partilhava de seus trabalhos e jogos. De criancinha pequena, ela se transformava imediatamente em homem jovem, sem passar pelas etapas da juventude, que talvez fossem praticadas antes da Idade Média e que se tornaram aspectos essenciais das sociedades evoluídas de hoje.

A transmissão dos valores e dos conhecimentos, e de modo mais geral, a socialização da criança, não eram, portanto, nem asseguradas nem controladas pela família. A criança se afastava logo de seus pais, e pode-se dizer que durante séculos a educação foi garantida pela aprendizagem, graças à convivência da criança ou do jovem com os adultos. A criança aprendia as coisas que devia saber ajudando os adultos a fazê-las.

A passagem da criança pela família e pela sociedade era muito breve e muito insignificante para que tivesse tempo ou razão de forçar a memória e tocar a sensibilidade.

Contudo, um sentimento superficial da criança – a que chamei "paparicação" – era reservado à criancinha em seus primeiros anos de vida, enquanto ela ainda era uma coisinha engraçadinha. As pessoas se divertiam com a criança pequena como com um animalzinho, um macaquinho impudico. Se ela morresse então, como muitas vezes acontecia, alguns podiam ficar desolados, mas a regra geral era não fazer muito caso, pois uma outra criança logo a substituiria. A criança não chegava a sair de uma espécie de anonimato.

Quando ela conseguia superar os primeiros perigos e sobreviver ao tempo da "paparicação", era comum que passasse a viver em outra casa que não a de sua família. Essa família se compunha do casal e das crianças que ficavam em casa: não acredito que a família extensa (composta de várias gerações ou vários grupos colaterais) jamais tenha existido, a não ser na imaginação dos moralistas como Alberti, na Florença do século XV, ou como os sociólogos tradicionalistas franceses do século XIX, e exceto em certas épocas de insegurança, quando a linhagem devia substituir o poder público enfraquecido, e em certas condições econômico-jurídicas (como, por exemplo, nas regiões mediterrânicas, e talvez nos lugares onde o direito de beneficiar exclusivamente um dos filhos favorecia a coabitação).

Essa família antiga tinha por missão – sentida por todos – a conservação dos bens, a prática comum de um ofício, a ajuda mútua quotidiana em um mundo em que um homem e, mais ainda, uma mulher isolados não podiam sobreviver, e ainda, nos casos de crise, a proteção da honra e das vidas. Ela não tinha função afetiva. Isso não quer dizer que o amor estivesse sempre ausente: ao contrário, ele é muitas vezes reconhecível, em alguns casos desde o noivado, mais geralmente depois do casamento, criado e alimentado pela vida em comum, como na família do Duque de Saint-Simon. Mas (e é isso o que importa), o sentimento entre os cônjuges, entre os pais e os filhos, não era necessário à existência nem ao equilíbrio da família: se ele existisse, tanto melhor.

As trocas afetivas e as comunicações sociais eram realizadas, portanto, fora da família, em um "meio" muito denso e quente, composto de vizinhos, amigos, amos e criados, crianças e velhos, mulheres e homens, em que a inclinação podia se manifestar mais livremente. As famílias conjugais se diluíam nesse meio. Os historiadores franceses chamariam hoje de "sociabilidade" essa propensão das comunidades tradicionais aos encontros, às visitas, às festas. É assim que vejo nossas velhas sociedades, diferentes ao mesmo tempo das que hoje nos descrevem os etnólogos e das nossas sociedades industriais.

Minha primeira tese é uma tentativa de interpretação das sociedades tradicionais. A segunda pretende mostrar o novo lugar assumido pela criança e a família em nossas sociedades industriais.

A partir de um certo período (o problema obcecante da origem, ao qual voltarei mais tarde), e, em todo o caso, de uma forma definitiva e imperativa a partir do fim do século XVII, uma mudança considerável alterou o estado de coisas que acabo de analisar. Podemos compreendê-la a partir de duas abordagens distintas. A escola substituiu a aprendizagem como meio de educação. Isso quer dizer que a criança deixou de ser misturada aos adultos e de aprender a vida diretamente, através do contato com eles. A despeito das muitas reticências e retardamentos, a criança foi separada dos adultos e mantida a distância em uma espécie de quarentena, antes de ser solta no mundo. Essa quarentena foi a escola, o colégio. Começou então um longo processo de enclausuramento das crianças (como dos loucos, dos pobres e das prostitutas) que se estenderia até nossos dias, e ao qual se dá o nome de *escolarização*.

Essa separação – e essa chamada à razão – das crianças deve ser interpretada como uma das faces do grande movimento de moralização dos homens promovido pelos reformadores católicos ou protestantes ligados à Igreja, às leis ou ao Estado. Mas ela não teria sido realmente possível sem a cumplicidade sentimental das famílias, e esta é a segunda abordagem do fenômeno que eu gostaria de sublinhar. A família tornou-se o lugar de uma afeição necessária entre os cônjuges e entre pais e filhos, algo que ela não era antes. Essa afeição se exprimiu sobretudo através da importância que se passou a atribuir à educação. Não se tratava mais apenas de estabelecer os filhos em função dos bens e da honra. Tratava-se de um sentimento inteiramente novo: os pais se interessavam pelos estudos de seus filhos e os acompanhavam com uma solicitude habitual nos séculos XIX e XX, mas outrora desconhecida. Jean Racine escrevia a seu filho Louis a respeito de seus professores como o faria um pai de hoje (ou de ontem, um ontem muito próximo).

A família começou então a se organizar em torno da criança e a lhe dar uma tal importância que a criança saiu de seu antigo anonimato, tornando-se impossível perdê-la ou substituí-la sem uma enorme dor, que ela não pôde mais ser reproduzida muitas vezes e tornou-se necessário limitar seu número para melhor cuidar dela. Portanto, não surpreende que essa revolução escolar e sentimental tenha sido seguida, com o passar do tempo, de um malthusianismo demográfico, de uma redução voluntária da natalidade, observável no século XVIII. Tudo isso está ligado (talvez até demais para os olhos desconfiados de um P. Veyne!).

A consequência disso tudo – que ultrapassa o período estudado neste livro, mas que desenvolvi em outro estudo – foi a polarização da vida social no século XIX em torno da família e da profissão, e o desaparecimento (salvo raras exceções, como a Provença de M. Agulhon e M. Vovelle) da antiga sociabilidade.

Um livro tem sua vida própria, e rapidamente escapa das mãos de seu autor para pertencer a um público nem sempre conforme ao que o autor previra.

O que aconteceu foi como se as duas teses que acabo de expor não se dirigissem exatamente ao mesmo público.

A segunda, que parecia voltar-se para a explicação imediata do presente, foi imediatamente explorada por psicólogos e sociólogos, especialmente nos EUA, onde as ciências humanas se preocuparam mais cedo do que em qualquer outro lugar com as crises da juventude. Essas crises tornavam evidente a dificuldade, quando não a repugnância dos jovens em passar para o estado adulto. Ora, minhas análises sugeriam que essa situação podia ser a consequência do isolamento prolongado dos jovens na família e na escola. Elas mostravam também que o sentimento da família e a escolarização intensa da juventude eram um mesmo fenômeno, um fenômeno recente, relativamente datável, e que antes a família se distinguia mal dentro de um espaço social muito mais denso e quente.

Os sociólogos, os psicólogos, os próprios pediatras orientaram meu livro nesse sentido, arrastando-me em sua trilha: nos EUA, os jornalistas me chamavam de sociólogo francês, e um dia eu me tornei, segundo um grande jornal parisiense, um sociólogo norte-americano!

Na época, essa acolhida teve para mim um gosto paradoxal, pois fora em nome da psicologia moderna que na França me haviam sido feitas algumas críticas: "negligência das curiosidades da psicologia moderna", disse A. Besançon, "concessões excessivas ao fixismo da psicologia tradicional", afirmou J. L. Flandrin,[1] e é verdade que sempre me foi difícil evitar as velhas palavras equívocas e hoje tão fora de moda a ponto de se tornarem ridículas, mas sempre tão vivas dentro da cultura moralista e humanista que foi a minha.

Essas críticas antigas sobre o bom uso da psicologia merecem uma reflexão, e eis o que eu gostaria de dizer hoje:

Uma pessoa pode tentar elaborar uma história do comportamento, ou seja, uma história psicológica, sem ser ela própria psicóloga ou psicanalista, mantendo-se a distância das teorias, do vocabulário e mesmo dos métodos da psicologia moderna, e ainda assim interessar esses mesmos psicólogos dentro de sua área. Se um sujeito nasce historiador, ele se torna psicólogo à sua moda, que não é certamente a mesma dos psicólogos modernos, mas

---

[1] A. Besançon, "Histoire et psychanalyse", *Annales ESC* 19, 1964, p. 242, nº 2; J. L. Flandrin, "Enfance et sociètè", *Annales ESC* 19, 1964, pp. 322-329.

se junta a ela e a completa. Nesse momento, o historiador e o psicólogo se encontram, nem sempre ao nível dos métodos que podem ser diferentes, mas ao nível do assunto, da maneira de colocar a questão, ou, como se diz hoje, da problemática.

A abordagem inversa, que vai da psicologia à história, também é possível, como o prova o êxito de A. Besançon. Esse itinerário, contudo, apresenta alguns perigos dos quais M. Soriano nem sempre se esquivou, apesar de tantas descobertas saborosas e comparações felizes. Na crítica que me dirigiu, A. Besançon deixava claro que "a criança não é apenas o traje, as brincadeiras, a escola, nem mesmo o sentimento da infância [ou seja, modalidades históricas, empiricamente perceptíveis]; ela é uma pessoa, um processo, uma história que os psicólogos tentam reconstituir", ou seja, "um termo de comparação". N. Z. Davis,[2] um excelente historiador do século XVI, procurou esse termo de comparação no modelo construído por psicossociólogos com base em sua experiência do mundo contemporâneo. Sem dúvida, a tentação dos psicólogos de fugir para fora de seu mundo a fim de comprovar suas teorias é grande, e certamente enriquecedora, quer ela os conduza para nossas sociedades tradicionais, para o lado de Lutero, quer os leve até os últimos "selvagens". Se o método deu certo no caso dos etnólogos, as sociedades tradicionais me parecem mais recalcitrantes. Esse tipo de abordagem consegue traduzir para a linguagem moderna, com excessiva facilidade, as relações de Charles Perrault e seu filho como as relações de um pai exagerado e um filho mimado, o que nada acrescenta à compreensão de nosso mundo de hoje – pois não há dados novos – nem ao entendimento do mundo antigo – pois há um anacronismo, e o anacronismo falseia a comparação. Contudo, a

---

[2] N. Z. Davis, "The Reasons of Misrule: Youth Groups and Charivaris on Sixteenth Century France", *Past and Present* 50, fevereiro de 1971, pp. 41-75.

fobia do anacronismo (o defeito dos historiadores?) não significa nem uma recusa à comparação nem uma indiferença pelo mundo contemporâneo: bem sabemos que percebemos no passado primeiro as diferenças e só depois as semelhanças com o tempo em que vivemos.

Se minha segunda tese encontrou uma acolhida quase unânime, a primeira (a ausência do sentimento da infância na Idade Média) foi recebida com mais reserva pelos historiadores.

Entretanto, hoje pode-se dizer que suas grandes linhas foram aceitas. Os historiadores-demógrafos reconheceram a indiferença que persistiu até muito tarde com relação às crianças, e os historiadores das mentalidades perceberam a raridade das alusões às crianças e às suas mortes nos diários de família, como o do catrabucheiro de Lille, editado por A. Lottin. Ficaram impressionados, como J. Bouchard, com a ausência de função socializadora da família.[3] Os trabalhos de M. Agulhon sublinharam a importância da "sociabilidade" nas comunidades rurais e urbanas do Ancien Régime.

Mas as críticas são mais instrutivas do que as aprovações ou as concordâncias. Falarei sobre duas delas, uma de J. L. Flandrin, e a outra, de N. Z. Davis.

J. L. Flandrin[4] criticou uma preocupação muito grande, "obsessiva", de minha parte, com o problema da origem, que me leva a denunciar uma inovação absoluta onde haveria antes uma mudança de natureza. A crítica é justa. Este é um defeito que dificilmente pode ser evitado quando se procede por via regressiva, como sempre faço em minhas pesquisas. Ele introduz de

---

[3] J. Bouchard, *Un village immobile*, 1972.

[4] J. L. Flandrin, "Enfance et société", *op. cit.*

uma forma demasiado ingênua o sentido da mudança, que, na realidade, não é uma inovação absoluta, e sim, na maioria dos casos, uma recodificação. O exemplo dado por J. L. Flandrin é bom: se a arte medieval representava a criança como um homem em escala reduzida, "isso se prendia, diz ele, não à existência, mas à natureza do sentimento da infância". A criança era, portanto, diferente do homem, mas apenas no tamanho e na força, enquanto as outras características permaneciam iguais. Seria então interessante comparar a criança ao anão, que ocupa um lugar importante na tipologia medieval. A criança é um anão, mas um anão seguro de que não permanecerá anão, salvo em caso de feitiçaria. O anão não seria em compensação uma criança condenada a não crescer, e mesmo a se tornar imediatamente um velho encarquilhado?

A outra crítica é a de N. Z. Davis em um notável estudo intitulado "The Reasons of Misrule: Youth Groups and Charivaris in Sixteenth Century France".[5]

Seu argumento é mais ou menos o seguinte: como pude eu sustentar que a sociedade tradicional confundia as crianças e os jovens com os adultos, ignorando o conceito de juventude, se a juventude desempenhava nas comunidades rurais e também urbanas um papel permanente de organização das festas e dos jogos, de controle dos casamentos e das relações sexuais, sancionados pelos charivaris? M. Agulhon, por sua vez, em seu belo livro sobre os penitentes e os franco-maçons, consagrou um capítulo às sociedades da juventude que interessam cada vez mais aos historiadores de hoje, na medida em que estes se sentem atraídos pelas culturas populares.

O problema colocado por N. Z. Davis não me escapou. No presente livro, confesso que preguiçosamente o coloquei de lado,

---

[5] *Op. cit.*

reduzindo à condição de "vestígios" hábitos folclóricos cuja extensão e importância foram demonstradas por N. Z. Davis, M. Agulhon e outros.

Na verdade, eu não devia estar com a consciência tranquila, pois voltei a este problema nas primeiras páginas de uma *História da Educação na França*.[6] Reconheci, em épocas anteriores à Idade Média, nas áreas de civilização rural e oral, a existência de uma organização das comunidades em classes de idade, com ritos de passagem, segundo o modelo dos etnólogos. Nessas sociedades, cada idade teria sua função, e a educação seria então transmitida pela iniciação, e, no interior da classe de idade, pela participação nos serviços por ela assegurados.

Gostaria que me fosse permitido abrir um parêntese, e mencionar a opinião de um jovem amigo arqueólogo. Visitávamos as escavações de Malia, em Creta, e falávamos sem muita sequência sobre Janroy, Homero, Duby, sobre as estruturas formadas por classes de idade dos etnólogos e seu reaparecimento na Alta Idade Média, quando ele me disse mais ou menos o seguinte: em nossas antigas civilizações, jamais percebemos essas estruturas etnográficas em estado de imobilidade, em sua plena maturidade, e sim, sempre em estado de sobrevivência, quer seja na Grécia homérica ou na Idade Média das canções de gesta. Ele tinha razão. Não podemos negar nossa tendência a projetar com demasiada exatidão em nossas estruturas tradicionais as estruturas hoje percebidas pelos etnólogos entre os "selvagens" contemporâneos.

Mas fechemos o parêntese e aceitemos a hipótese de uma sociedade-origem, bem no início da Alta Idade Média, que apresentaria as características etnográficas ou folclóricas comumente admitidas.

---

[6] Escrita entre 1967 e 1970, embora publicada em 1972: *La France et les Français*, 1972, p. 872.

Uma grande mudança interveio então nessa sociedade, talvez na época do feudalismo e do reforço dos antigos domínios. Essa mudança afetou a educação, ou seja, a transmissão do saber e dos valores. Daí em diante, ou seja, a partir da Idade Média, a educação passou a ser assegurada pela aprendizagem. Ora, a prática da aprendizagem é incompatível com o sistema de classes de idade, ou, pelo menos, tende a destruí-lo ao se generalizar. Considero fundamental insistir na importância que se deve atribuir à aprendizagem. Ela força as crianças a viverem no meio dos adultos, que assim lhes comunicam o *savoir-faire* e o *savoir-vivre*. A mistura de idades decorrente da aprendizagem parece-me ter sido um dos traços dominantes de nossa sociedade de meados da Idade Média até o século XVIII. Nessas condições, as classificações tradicionais pela idade não podiam deixar de se embaçar e perder sua razão de ser.

Ora, é certo, porém, que essas classificações persistiram no que se refere à vigilância sexual e à organização das festas, e conhecemos a importância das festas na vida quotidiana de nossas antigas sociedades.

Como conciliar a persistência daquilo que certamente era muito mais do que um "vestígio" com a exportação precoce das crianças para o meio dos adultos?

Não nos estaríamos deixando enganar, apesar de todos os argumentos contrários de N. Z. Davis, pela ambiguidade da palavra juventude? Mesmo o latim, ainda tão próximo, não facilitava a discriminação. Nero tinha 25 anos quando Tácito disse a seu respeito: *certe finitam Neronis pueritian et robur juventae adesse. Robur juventae*: era a força do homem jovem, e não a adolescência.

Qual era a idade dos chefes das confrarias de jovens e de seus companheiros? A idade de Nero na época da morte de Burro, a idade de Condé em Rocroy, a idade da guerra ou da simulação – a idade da bravata. De fato, essas sociedades da juventude eram sociedades de solteiros, em épocas em que, nas classes populares, as pessoas geralmente se casavam tarde.[7] A oposição, portanto, era entre o casado e o não casado, entre aquele que tinha uma casa própria e aquele que não tinha, que morava na casa de outrem, entre o menos instável e o menos estável.

Portanto, é preciso sem dúvida admitir a existência de sociedades de jovens, mas no sentido de celibatários. A "juventude" dos celibatários, do Ancien Régime, não implicava nem as características que, tanto na Antiguidade como nas sociedades etnográficas, distinguiam o efebo do homem maduro, Aristogíton de Harmódio,[8] nem as que hoje opõem os adolescentes aos adultos.

Se tivesse de escrever este livro hoje, eu me precaveria melhor contra a tentação da origem absoluta, do ponto zero, mas as grandes linhas continuariam as mesmas. Levaria em conta apenas os dados novos, e insistiria mais na Idade Média e em seu outono tão rico.

Em primeiro lugar, eu chamaria a atenção para um fenômeno muito importante e que começa a ser mais conhecido: a persistência, até o fim do século XVII, do infanticídio tolerado. Não se tratava de uma prática aceita, como a exposição em Roma. O infanticídio era um crime severamente punido. No entanto, era praticado em segredo, correntemente, talvez, camuflado, sob a forma de um acidente: as crianças morriam asfixiadas naturalmente na cama dos pais, onde dormiam. Não se fazia nada para conservá-las ou para salvá-las.

---

[7] Um sobrinho de Mazarin, Paolo Mancini, tinha apenas 15 anos quando morreu bravamente, assassinado junto aos muros de Paris, no fim da Fronda. Cf. G. Dethant, *Mazarin et ses amis*, Paris, 1968.

[8] Penso no famoso grupo do museu de Nápoles.

J. L. Flandrin analisou essa prática oculta em uma conferência da Société du XVIIe siècle (ciclo de 1972-1973, a sair na *Revue du XVII siècle*). Ele mostrou como a diminuição da mortalidade infantil observada no século XVIII não pode ser explicada por questões médicas e higiênicas; simplesmente, as pessoas pararam de deixar morrer ou de ajudar a morrer as crianças que não queriam conservar.

Na mesma série de conferências da Société du XVIIe siècle, o Pe. Gy confirmou a interpretação de J. L. Flandrin, citando trechos dos Rituais pós-tridentinos em que os bispos proibiam com uma veemência que dá o que pensar que as crianças fossem postas para dormir na cama dos pais, onde muitas vezes morriam asfixiadas.

O fato de ajudar a natureza a fazer desaparecer criaturas tão pouco dotadas de um ser suficiente não era confessado, mas tampouco era considerado com vergonha. Fazia parte das coisas moralmente neutras, condenadas pela ética da Igreja e do Estado, mas praticadas em segredo, em uma semiconsciência, no limite da vontade, do esquecimento e da falta de jeito.

A vida da criança era então considerada com a mesma ambiguidade com que hoje se considera a do feto, com a diferença de que o infanticídio era abafado no silêncio, enquanto o aborto é reivindicado em voz alta – mas esta é toda a diferença entre uma civilização do segredo e uma civilização da exibição. Chegaria um tempo, no século XVII, em que a *sage-femme*, a parteira, essa feiticeira branca recuperada pelos Poderes públicos, teria a missão de proteger a criança, e em que os pais, mais bem informados pelos reformadores, tornados mais sensíveis à morte, se tornariam mais vigilantes e desejariam conservar seus filhos a qualquer preço.

É exatamente o inverso da evolução em direção à liberdade do aborto, que se desenrola sob a nossa vista. No século XVII, de um infanticídio secretamente admitido passou-se a um respeito cada vez mais exigente pela vida da criança.

Se a vida física da criança contava ainda tão pouco, seria esperado, em uma sociedade unanimemente cristã, um maior cuidado com sua vida futura, após a morte. Eis-nos portanto levados à apaixonante história do batismo, da idade do batismo, do modo de administração, que sinto não ter abordado em meu livro. Espero que esse assunto tente algum jovem pesquisador. Ele permitia perceber a atitude diante da vida e da infância em épocas remotas, pobres de documentos, não para confirmar ou modificar a data do início de um ciclo, mas para mostrar como, dentro de um polimorfismo contínuo, as mentalidades antigas se transformaram aos solavancos, através de uma série de pequenas mudanças. A história do batismo me parece ser um bom exemplo desse tipo de evolução em espiral.

Proporei à reflexão dos pesquisadores a seguinte hipótese:

Em uma sociedade unanimemente cristã, como as sociedades medievais, todo homem e toda mulher deviam ser batizados e de fato o eram, mas quando e como? Em meados da Idade Média, tem-se a impressão (a ser confirmada) de que os adultos nem sempre manifestavam muito empenho em batizar logo as crianças, e esqueciam-se de fazê-lo nos casos graves. Em uma sociedade unanimemente cristã, eles se comportavam quase da mesma forma como os indiferentes de nossas sociedades leigas. Imagino que as coisas se passassem da seguinte maneira: os batismos eram ministrados em datas fixas, duas vezes por ano, na véspera da Páscoa e na véspera de Pentecostes. Não havia ainda registros de catolicidade, nem certidões; nada forçava os indivíduos, além de sua própria consciência, a pressão da opinião pública e o medo de uma autoridade longínqua, negligente e desarmada. Batizavam-se então as crianças quando bem se entendia, e atrasos de vários anos podiam ser frequentes. Os batistérios dos séculos XI e XII são aliás grandes cubas, semelhantes a banheiras, onde a criança, que não devia mais ser muito pequena, ainda era mergulhada: cubas profundas em que os pintores de vitrais mergulhavam Clóvis para batizá-lo ou S. João para torturá-lo – pequenas banheiras retangulares em forma de sarcófago.

Se a criança morresse no intervalo dos batismos coletivos, ninguém se comovia além da medida.

É certo que os pastores medievais se inquietaram com esse estado de espírito, e multiplicaram os locais de culto a fim de permitir aos padres chegar mais depressa à cabeceira da mãe que dava à luz. Uma pressão cada vez maior, sobretudo da parte dos mendicantes, se exerceu sobre as famílias para forçá-las a ministrar o batismo o mais cedo possível após o nascimento. Houve então uma renúncia aos batismos coletivos, que impunham uma espera muito longa, e a regra, seguida pelo uso, passou a ser o batismo da criancinha pequena. A imersão foi abandonada em favor do rito atual de aspersão. (Teria havido um rito intermediário que combinava a imersão e a aspersão.) Enfim, as parteiras foram incumbidas de batizar as crianças que não nasciam a termo, *usque in utero*.

Mais tarde, a partir do século XVI, os registros de catolicidade permitiram o controle por parte dos visitantes diocesanos, por exemplo, da administração do batismo (controle este que não existia antes). Mas nas sensibilidades, a partida já devia estar ganha, provavelmente desde o século XIV. O século XIV me parece ter sido o momento mais forte dessa história. Foi então que as crianças se tornaram mais numerosas no novo folclore dos *Miracles Notre-Dame*, de que me utilizei do capítulo "A Descoberta da Infância".

Nessa área do miraculoso, é preciso fazer uma menção especial a um tipo de milagre que, creio eu, deve ter aparecido então ou um pouco mais tarde: a ressurreição das crianças mortas sem batismo, pelo tempo exato de receber esse sacramento. J. Toussaert[9] conta um milagre desse gênero ocorrido em Poperinghe, em 11 de março de 1479. Mas tratava-se de um milagre original, inesperado, extraordinário, como ainda não se conheciam muitos. Nos séculos XVI e XVII, esses milagres haviam-se tornado banais, e existiam santuários especializados nesse gênero de prodígios, que não surpreendiam mais ninguém. M. Bernos analisou esse fenômeno com sutileza, a propósito de um milagre ocorrido na igreja da Annonciade de Aix-en-Provence, no primeiro domingo da Quaresma de 1558. O milagre não era mais a ressurreição, fenômeno comum nessa igreja, onde era hábito colocar os pequenos cadáveres sobre o altar e esperar pelos sinais frequentes de uma reanimação para batizá-los. O que surpreendia e perturbava era o acendimento sobrenatural de uma vela durante a suspensão da morte: este era o fato realmente extraordinário, e não a reanimação.[10]

Em 1479, o fato de as pessoas estarem acostumadas ainda não havia banido o assombro: certamente, ainda não se estava longe da origem da devoção.

Portanto, foi como se as pessoas tivessem começado a descobrir a alma das crianças antes de seu corpo, sob a pressão das tendências reformadoras da Igreja. Mas quando a vontade dos *litterati* foi aceita, ela foi imediatamente folclorizada, e a criança começou sua carreira popular como heroína de um novo folclore religioso.

Outro fato, cuja importância não foi suficientemente sublinhada em meu livro, ainda nos deterá um pouco mais nesse século XIV. Trata-se dos túmulos. É verdade que eu disse algumas palavras a esse respeito no capítulo "A Descoberta da Infância". Mas algumas

---

9 J. Toussaert, *Le Sentiment religieux en Flandre à la fin du Moyen Age*, Paris, 1963.

10 M. Bernos, "Reflexion sur un miracle", *Annales du Midi* 82, 1970.

pesquisas recentes sobre a atitude diante da morte permitem-me ser hoje mais preciso.

Entre as inúmeras inscrições funerárias dos quatro primeiros séculos de nossa era, que em toda a parte solicitam o visitante de Roma, muitas falam de crianças, e mesmo de criancinhas de poucos meses de idade: fulano e fulana, pais consternados, erigiram este monumento à memória de seu filho bem-amado, morto aos poucos meses ou anos de vida (tantos anos, tantos meses e tantos dias). Em Roma, na Gália e na Renânia, numerosos túmulos esculpidos reuniam no mesmo monumento as imagens do casal e seus filhos. Em seguida, a partir dos séculos V-VI aproximadamente, a família e a criança desapareceram das representações e das inscrições funerárias. Quando o uso do retrato retornou, nos séculos XI-XII, os túmulos passaram a ser individuais, com o marido e a mulher separados, e, é claro, não havia túmulos esculpidos de crianças. Em Fontevrault, os túmulos dos dois reis Plantagenetas estão bem separados.

O hábito de reunir os dois, e às vezes os três cônjuges (o marido e suas duas mulheres sucessivas), tornou-se mais frequente no século XIV, época em que apareceram também, embora ainda raros, os túmulos com figuras de criancinhas. Essa coincidência não foi fortuita. No capítulo "A Descoberta da Infância", citei as esculturas de 1378 dos pequenos príncipes de Amiens. Mas, nesse caso, tratava-se de crianças reais.

Na igreja de Taverny, podemos ver duas lajes murais com figuras e inscrições, que são túmulos de crianças da família Montmorency. A mais bem conservada é a de Charles de Montmorency, falecido em 1369. A criança foi representada enrolada em seus cueiros, o que não era frequente na época. Eis a inscrição, bastante pretensiosa: *Hic Manet inclusus adolescens et puerulus/de Montmorenci Karolus tomba jacet ista/anno mille C. ter paradisii sensiit iter/ac sexagesimo novem simul addas in illo/gaudeat in christo tempore perpetuo*. Charles tinha um meio-irmão, Jean, morto em 1352. Seu túmulo subsiste, mas os relevos de alabastro, demasiado frágeis, desapareceram, de modo que não se sabe como a criança foi representada – talvez também enrolada em seus cueiros. Seu epitáfio em francês é mais simples: "Aqui jaz Jehan de Montmorency, outrora filho do nobre e poderoso Charles, senhor de Montmorency, morto no ano da graça de mil trezentos e cinquenta e dois, no dia 29 de julho."

Nos dois casos, em que há uma representação esculpida das crianças, o epitáfio diz o nome do pai e a data da morte, mas não fornece nem o nome da mãe nem a idade da criança, e sabemos que no século XIV a idade do defunto geralmente era especificada.

No século XV, os túmulos de crianças e pais reunidos ou de crianças sozinhas tornaram-se mais frequentes, e, no século XVI, passaram a ser comuns, como o demonstrei baseado no repertório de Gaignières. Mas esses túmulos esculpidos ou gravados eram reservados a famílias de uma certa importância social (embora as lajes planas se tivessem tornado objeto de uma fabricação artesanal em série). Mais frequentes eram os pequenos "quadros" murais, reduzidos a uma inscrição, às vezes com uma pequena ilustração religiosa. Ora, alguns desses epitáfios simples referiam-se a crianças, e seu estilo se inspirava diretamente na epigrafia latina antiga. Retomara-se, portanto, o tema da saudade dos pais da criança que partira muito cedo.

Eis um desses epitáfios, datado de 1471, da igreja de Sta. Maria in Campitelli, em Roma:[11] *Petro Albertonio adolescentulo/cujus annos ingenium excedebat* (a criança notável por sua precocidade, o pequeno prodígio) *Gregorius et Alteria parentes/unico et dulcissimo* (particularmente chorado porque era filho único, e isso em 1471) *posuere qui vixit annos iv M. III/obitt MCDLXXI.*

---

[11] Forcella, XIII, 788.

Voltemos ao tema da criança enrolada em seus cueiros.

Foi somente no século XVII que os artistas começaram a representar a criança real na nudez do *putto*. Antes, ela aparecia enrolada em cueiros ou vestida. Sabemos, por outro lado, que desde a Idade Média a alma era representada sob a forma de uma criança nua.

Ora, existem alguns casos raros e curiosos em que a alma aparece também enrolada em cueiros. Em Roma, na igreja de Sta. Maria in Trastevere, uma assunção da Virgem do início do século XV mostra a alma da Virgem sob a forma de uma criança enrolada em cueiros, nos braços de Cristo.

No museu de Luxemburgo, há um túmulo de 1590 em que uma criança de cueiros é levada para o céu por dois anjos. Não é a imagem de uma criancinha morta. A nota explicativa nos informa que o defunto é um homem de 19 anos, e portanto, a criança de cueiros representa sua alma.

Esse tipo de representação não é frequente, mas conhece-se ao menos um caso mais antigo, e pode ser que houvesse uma tradição iconográfica nesse sentido. O museu de Viena conserva um marfim bizantino do fim do século X em que a alma da Virgem também foi representada sob a forma de uma criança de cueiros. Essa representação da alma bem-aventurada sob a forma de uma criança, na maioria dos casos idealizada e nua, às vezes realista e enrolada em cueiros, deve ser comparada ao que foi dito antes sobre o infanticídio e o batismo.

De fato, para os espiritualistas medievais que estão na origem desse tipo de iconografia, a alma do eleito possuía a mesma inocência invejável da criança batizada, em uma época em que, entretanto, na prática comum, a criança era uma coisa divertida mas pouco importante.

É curioso constatar que a alma deixou de ser representada sob a forma de criança no século XVI, quando a criança passou a ser representada por ela mesma, e os retratos de crianças vivas e mortas se tornaram mais frequentes.

Um curioso monumento funerário conservado no museu arqueológico de Senlis mostra como a situação se inverteu no fim do século XVII: ele é consagrado à memória da mulher de Pierre Puget, morta em Senlis em 1673 de uma cesariana. A mulher aparece levada para o céu no meio de um monte de nuvens, na pose da oração, que é também a expressão da renúncia, enquanto a criança que ela quis salvar aparece nua, estendendo-lhe a palma do martírio com uma das mãos, e, com a outra, agitando uma bandeirola com a inscrição *Meruisti*. A criança aqui saiu do anonimato. Havia-se tornado muito personalizada para representar um modo de ser do além, e, por outro lado, a alma estava muito ligada às características originais do indivíduo para ser evocada sob os traços impessoais de uma alegoria. Daí em diante, as relações entre os defuntos e os sobreviventes seriam tais que os últimos desejariam lembrar e conservar os primeiros em casa, e não mais apenas na igreja ou no túmulo.

No museu Magnien de Dijon existe uma pintura atribuída a Hyacinthe Rigaud. Ela mostra um menino e uma menina de aspecto vivo, e, a seu lado, o retrato emoldurado por um medalhão de uma mulher madura, de luto, que parece morta. Ora, tudo leva a crer que a mulher do medalhão estava bem viva, mas se considerava como uma morta, cuja lembrança era conservada por um retrato semifunerário; por outro lado, ela mandara pintar seus filhos, estes sim realmente mortos, com todas as aparências da vida.

Foi no fim do século XVII e início do XVIII que situei, partindo de fontes principalmente francesas, o recolhimento da família longe da rua, da praça, da vida coletiva, e sua retração dentro de uma casa mais bem defendida contra os intrusos e mais bem preparada para a intimidade. Essa nova organização do espaço privado havia sido obtida através da independência dos cômodos, que se comunicavam por meio de um corredor (em lugar de se abrirem um para o outro) e de sua especialização funcional (sala de visitas, sala de jantar, quarto de dormir etc.). Um artigo muito interessante de R. A. Goldthwaite mostra que em Florença, já no século XV, podia-se observar uma privatização da vida familiar bastante análoga, a despeito de certas diferenças.[12] O autor apoia sua argumentação em uma análise dos palácios florentinos, de sua aparência exterior e do que é possível saber sobre sua organização interna. Sua análise refere-se, portanto, a famílias patrícias.

O palácio florentino dos séculos XIII-XIV caracterizava-se principalmente pela torre, destinada à defesa, e pela *loggia* que dava para a rua no andar térreo, onde os parentes, amigos e clientes se reuniam para assistir à vida pública do bairro e da cidade e dela participar. Não havia, então, solução de continuidade entre a vida pública e a vida familiar: uma prolongava a outra, exceto em caso de crise, quando o grupo ameaçado se refugiava na torre.

A não ser pela torre e pela *loggia*, o palácio mal se distinguia de sua vizinhança urbana. No nível da rua, o andar térreo das construções compunha-se de arcadas que se prolongavam de uma casa a outra: eram as entradas das lojas, mas também o acesso dos palácios e de suas escadarias. No interior tampouco havia unidade, e o espaço não coincidia com o da família: as peças atribuídas à família principal prolongavam-se pela casa ao lado, enquanto, por outro lado, alguns locatários ocupavam partes centrais.

No século XV, o palácio florentino modificou sua planta, seu aspecto e seu sentido. Antes de mais nada, o palácio tornou-se

---

12 Richard A. Goldthwaite, "The Florentine Palace as Domestic Architecture", *Amer. Hist. Rev.*, 77, outubro de 1972, pp. 977-1012.

uma unidade monumental, um maciço solto da vizinhança. As lojas desapareceram, assim como os ocupantes estranhos. O espaço assim separado foi reservado à família, uma família pouco extensa. As *loggia* que davam para a rua foram fechadas ou suprimidas. Se o palácio passou a testemunhar melhor do que antes o poderio de uma família, ele deixou também de se abrir para o exterior. A vida quotidiana passou a concentrar-se no interior de um quadrilátero rude, a salvo dos barulhos e das indiscrições da rua.

"O palácio", escreve R. Goldthwaite, "pertencia a um mundo novo de privacidade, reservado a um grupo relativamente pequeno". De fato, o número de cômodos não era elevado: no palácio Strozzi, apenas um andar era habitado, e não havia mais do que uma dúzia de cômodos. É verdade que todos esses cômodos eram enfileirados, e não havia um corredor ou um espaço central de circulação, o que não permitia, portanto, que os moradores se isolassem e fizessem respeitar uma verdadeira intimidade, como a arquitetura do século XVIII tornaria possível.

Sabemos, por outro lado, que a família florentina do *quattrocento* não era numerosa.[13] O palácio florentino não abrigava o mundo de servidores e criados, comuns nas grandes casas da França e da Inglaterra nos séculos XV-XVI e também na Itália barroca do século XVII: ele não abrigava mais do que dois ou três servidores, que nem sempre eram conservados por muito tempo.

O modelo florentino é, portanto, diferente do que apresentei. Poderia ser comparado ao do século XVIII francês, pelo tamanho da família e pela exclusão dos criados, se sua privatização não se traduzisse em um tipo de espaço ainda pouco compatível com a intimidade.

---

[13] D. Herlihy, "Vieillir à Florence au Quattrocento", *Annales ESC*, 24, novembro-dezembro de 1969, p. 1340.

A originalidade florentina reside, portanto, em uma mistura de intimidade com vastidão, bem analisada por R. Goldthwaite: esses palácios "eram evidentemente concebidos para atribuir a uma família pequena um mundo privado, um mundo próprio, mas extraordinariamente vasto, que se estendia muito além dos poucos cômodos onde as pessoas viviam. Na realidade, a melhor maneira de sublinhar a novidade desse palácio é descrevê-lo como uma expansão do espaço privado a partir do núcleo constituído por um apartamento de dimensões médias".

É certo que não se conhece a destinação dos cômodos de habitação, se é que já tinham. Talvez o *studiolo*, ancestral do gabinete francês, tenha sido, nessa sociedade humanista, a primeira forma de especialização do espaço privado. E no entanto, nessa mesma época, começou-se a ornamentar com pequenos objetos, semelhantes aos bibelôs franceses, esses cômodos sem função precisa, mas destinados à vida privada. Esse hábito nos dá a mesma impressão de gosto pelo bem-estar privado que sentimos diante das pinturas representando o nascimento da Virgem, quer sejam flamengas, francesas, alemãs ou italianas, e diante de todas as representações de interiores do século XV, em que o pintor se compraz em mostrar os objetos preciosos ou familiares.

É normal que em um espaço tão privatizado tenha surgido um sentimento novo entre os membros da família, e mais particularmente entre a mãe e a criança: o sentimento de família, "essa cultura", diz R. Goldthwaite, "centralizava-se nas mulheres e nas crianças, com um interesse renovado pela educação das crianças e uma notável elevação do estatuto da mulher... Como explicar de outra forma a fascinação, a quase obsessão pelas crianças e pela relação mãe-criança, que talvez seja o único tema realmente essencial do Renascimento, com seus *putti*, suas crianças e seus adolescentes, suas madonas secularizadas e seus retratos de mulheres?"

Se o palácio do Renascimento era, portanto, a despeito de suas vastas dimensões, reservado à família nuclear, recolhida atrás de suas paredes maciças, o palácio barroco, como observa R. Goldthwaite, era mais aberto ao movimento da criadagem e da grande clientela, e se aproximava mais do modelo da casa grande francesa (castelo, mansão, hotel ou grande casa rural) dos séculos XVI-XVII, antes da divisão em apartamentos independentes do século XVIII.

O episódio florentino do século XV é importante e sugestivo. Eu já havia observado e comentado em meu livro a frequência, desde o século XV e durante o XVI, dos sinais de um reconhecimento da infância, tanto na iconografia como na educação, com o colégio. Mas R. Goldthwaite descobriu no palácio florentino uma relação muito precisa entre o início do sentimento da família e da criança e uma organização particular do espaço. Somos levados a estender suas conclusões e a supor uma relação análoga entre a busca da intimidade familiar e pessoal e todas as representações de interiores, desde a miniatura do século XIV até as pinturas da escola holandesa.

O dossiê está longe de ser fechado. A história da família está apenas se iniciando, e mal começa a despertar o interesse da pesquisa. Após um longo silêncio, ei-la que se encaminha em várias direções. Seus caminhos foram preparados pela história demográfica, e só espero que ela não sofra a mesma inflação. Hoje, o período mais estudado vai do século XVI ao XVIII. A escola de Cambridge, com P. Laslett e E. A. Wrigley, empenhada em esclarecer de uma vez por todas a composição da família, extensa ou conjugal,[14]

---

[14] Colóquio de 1969 em Cambridge: "Household and Family in Past Time." Completarei a bibliografia com as seguintes obras: I. Pinchbeck e M. Hewitt, *Children in English Society*, vol. I. Londres, Toronto, 1969; K. A. Lokridge, *A New England Town*, Nova York, 1970; J. Demos, *A Little Commonwealth*, Nova York, 1970; artigos dos *Annales ESC* citados adiante.

provocou algumas reações na França: aprovação no que concerne à França do norte, reservas no que concerne à França do sul. Os jovens historiadores franceses parecem mais preocupados com a formação (J. M. Gouesse) ou a dissolução (A. Lottin) do casal. Outros, ainda, como o historiador norte-americano E. Shorter, se interessam pelos sinais anunciadores, no fim do século XVIII, de maior liberdade de costumes. A bibliografia começa a se alongar: poderá ser encontrada, bem como a situação atual dos problemas, em três números dos *Annales ESC*.[15]

Esperemos apenas que a história da família não fique abafada sob a abundância de publicações, inspiradas por seu sucesso, como aconteceu com sua jovem ancestral, a história demográfica.

A multiplicação das pesquisas sobre o período do século XVII ao XVIII, facilitada pela existência de uma documentação mais rica do que se imaginava, confirmará ou invalidará algumas hipóteses. Contudo, em um futuro que já se anuncia, corremos o risco de repetir *ad nauseam* os mesmos temas, com pequenos progressos, que justificariam mal a amplitude dos investimentos intelectuais e informáticos.

Ao contrário, é do lado da Idade Média e da Antiguidade que deveriam vir as informações mais decisivas. Esperamos com impaciência pelos primeiros resultados das pesquisas de M. Manson sobre os brinquedos, as bonecas, em última análise, as crianças, durante a Antiguidade. Seria preciso também interrogar melhor do que o que fiz as fontes medievais, os inesgotáveis séculos XIV e XV, tão importantes para o futuro de nossa civilização, e, antes deles, a fronteira capital dos séculos XI-XII, e mais atrás ainda.

A história das mentalidades é sempre, quer o admita ou não, uma história comparativa e regressiva. Partimos necessariamente

---

[15] *Annales ESC*, 24, nº 6, 1969, pp. 1275-1430; 27, nºs 4-5, 1972, pp. 799-1233; 27, nº 6, 1972, pp. 1351-1388.

do que sabemos sobre o comportamento do homem de hoje, como de um modelo ao qual comparamos os dados do passado – com a condição de, a seguir, considerar o modelo novo, construído com o auxílio dos dados do passado, como uma segunda origem, e descer novamente até o presente, modificando a imagem ingênua que tínhamos no início.

No ponto em que estamos hoje, as relações entre os séculos XVII-XVIII e os séculos XIX-XX não estão esgotadas, mas os progressos reais só serão obtidos com uma obstinação cansativa. Por outro lado, a decifração dos séculos – e dos milênios – que precederam o século XVI poderia nos trazer uma nova dimensão. É daí que devemos esperar os progressos decisivos.[16]

Maisons-Laffitte

1973

---

[16] Nestas poucas páginas, limitei-me aos temas da infância e da família, deixando de lado os problemas particulares da educação e da escola. Estes últimos, a partir de 1960, tornaram-se objeto de numerosos trabalhos, como por exemplo: P. Riché, *Education et Culture dans l'Occident barbare*, Paris, 1962; G. Snyders, *La Pédagogie en France aux XVII et XVIII siècles*, Paris, 1963; H. Derreal, *Un Missionaire de la Contre-Reforme*, Saint Pierre Fourier, Paris, 1965; Ph. Ariès, "Problèmes de l'éducation", in *La France et les Français*, enc. La Pléiade, 1972, pp. 869-961. Um panorama geral foi apresentado no Colóquio de Marselha, organizado por R. Duchene e publicado sob o título "Le XVIIe siècle et l'éducation", na revista *Marseille*, nº 88 (fartas bibliografias).

PRIMEIRA
PARTE

O Sentimento da Infância

CAPÍTULO 1

As Idades da Vida

Um homem do século XVI ou XVII ficaria espantado com as exigências de identidade civil a que nós nos submetemos com naturalidade. Assim que nossas crianças começam a falar, ensinamos-lhes seu nome, o nome de seus pais e sua idade. Ficamos muito orgulhosos quando Paulinho, ao ser perguntado sobre sua idade, responde corretamente que tem dois anos e meio. De fato, sentimos que é importante que Paulinho não erre: o que seria dele se esquecesse sua idade? Na savana africana a idade é ainda uma noção bastante obscura, algo não tão importante a ponto de não poder ser esquecido. Mas em nossas civilizações técnicas, como poderíamos esquecer a data exata de nosso nascimento, se a cada viagem temos de escrevê-la na ficha de polícia do hotel, se a cada candidatura, a cada requerimento, a cada formulário a ser preenchido, e Deus sabe quantos há e quantos haverá no futuro, é sempre preciso recordá-la. Paulinho dará sua idade na escola e logo se tornará Paulo N. da turma x.

Quando arranjar seu primeiro emprego, junto com sua carteira de trabalho, receberá um número de inscrição que passará a acompanhar seu nome. Ao mesmo tempo, e até mesmo mais do que Paulo N., ele será um número, que começará por seu sexo, seu ano e mês de nascimento. Um dia chegará em que todos os cidadãos terão seu número de registro: esta é a meta dos serviços de identidade. Nossa personalidade civil já se exprime com maior precisão por intermédio de nossas coordenadas de nascimento do que por meio de nosso sobrenome. Este, com o tempo, poderia muito bem não desaparecer, mas ficar reservado à vida particular, enquanto um número de identidade, em que a data de nascimento seria um dos elementos, o substituiria para o uso civil. Na Idade Média, o primeiro nome já fora considerado uma designação muito imprecisa, e foi necessário completá-lo por um sobrenome de família, muitas vezes um nome de lugar. Agora, tornou-se conveniente acrescentar uma nova precisão, de caráter numérico, a idade. O nome pertence ao mundo da fantasia, enquanto o sobrenome pertence ao mundo da tradição. A idade, quantidade legalmente mensurável com uma precisão quase de horas, é produto de outro mundo, o da exatidão e do número. Hoje, nossos hábitos de identidade civil estão ligados ao mesmo tempo a esses três mundos.

Entretanto, existem documentos que nos comprometem seriamente, que nós mesmos redigimos, mas cuja redação não exige a indicação da data de nascimento. De gêneros bastante diferentes, esses documentos podem ser títulos de comércio, letras de câmbio ou cheques, ou ainda testamentos. Todos eles, porém, foram inventados em épocas muito remotas, antes que o rigor da identidade moderna se introduzisse nos costumes. A inscrição do nascimento nos registros paroquiais foi imposta aos párocos da França por Francisco I. Para que fosse respeitada, foi preciso que essa medida, já prescrita pela autoridade dos concílios, fosse aceita pelos costumes, que durante muito tempo se mantiveram avessos ao rigor de uma contabilidade abstrata. Acredita-se que foi somente no século XVIII que os párocos passaram a manter seus registros com a exatidão ou a consciência de exatidão que um Estado moderno exige de seus funcionários de registro civil. A importância pessoal da noção de idade deve ter-se afirmado à medida que os reformadores religiosos e civis a impuseram nos documentos, começando pelas camadas mais instruídas da sociedade, ou seja, no século XVI, aquelas camadas que passavam pelos colégios. Nas memórias dos séculos XVI e XVII que consultei para reconstituir alguns exemplos de escolaridade,[1] não é raro encontrar no início da narrativa a idade ou a data e o lugar de nascimento do narrador. Em certos casos, a idade chega a tornar-se objeto de uma atenção especial. É inscrita nos retratos como um sinal suplementar de individualização, de exatidão e de autenticidade. Em numerosos retratos do século XVI, encontramos inscrições do gênero: *Aetatis suae 29* – o vigésimo nono ano de sua idade, com a data da pintura ANDNI 1551º (retrato de Jean Fernaguut, por Pourbus, Bruges).[2] Nos retratos de personagens ilustres, nos retratos da corte, essa referência em geral está ausente; ela subsiste seja sobre a tela, seja sobre a moldura antiga dos retratos de família, ligada a um simbolismo familiar. Um dos exemplos mais antigos talvez seja o admirável retrato de Margaretha Van Eyck: no alto, *co(n)iux m(eus)s John(hann) es me c(om) plevit an(n)o 1439º, 17 Junii* (quanta precisão: meu marido me pintou em 17 de junho de 1439); e embaixo: *Aetas mea triginta trium an(n)orum*, 33 anos. Muitas vezes esses retratos do século XVI formam pares: um representa a mulher, e o outro, o marido. Os dois trazem a mesma data, repetida portanto duas vezes, ao lado da idade de cada um dos cônjuges: as duas telas de Pourbus representando Jean Fernaguut e sua mulher, Adrienne de Buc,[3] trazem a mesma indicação: *Anno domini* 1551; no retrato do homem lê-se *Aetatis suae* 29, e, no da mulher, *19*. Há casos também em que os retratos do marido e da mulher se acham reunidos na mesma tela, como o retrato dos Van Gindertaelen atribuído a Pourbus, em que o casal é representado junto com seus dois filhinhos. O marido traz uma das mãos no quadril e

---

[1] Ver Parte 2, Capítulo 4.

[2] Exposição da Orangerie, "O Retrato na Arte Flamenga", Paris, 1952, nº 67, nº 8.

[3] *Op. cit.*, nºs 67 e 68.

apoia a outra no ombro da mulher. As duas crianças brincam a seus pés. A data é 1559. Do lado do marido, aparecem suas armas com a inscrição *aetus an.* 27, e, do lado da mulher, as armas de sua família e a inscrição Aetatis, mec. 20.[4] Esses dados de identidade civil assumem às vezes o papel de uma verdadeira fórmula epigráfica, como no quadro de Martin de Voos, datado de 1572, que representa Antoon Anselme, um magistrado de Antuérpia, sua mulher e seus dois filhos.[5] Os dois cônjuges estão sentados dos lados opostos de uma mesa, um segurando o menino, e o outro, a menina. Entre suas cabeças, no alto e no meio da tela, aparece uma bela faixa de pergaminho, cuidadosamente ornamentada, com a seguinte inscrição: *concordi ae antonii anselmi et johannae Hooftmans feliciq: propagini, Martino de Vos pictore, DD natus est ille ann MDXXXVI die IX febr uxor ann MDLV D XVI decembr liberi ä Aegidius ann MDLXXV XXI Augusti Johanna ann MDLXVI XXVI septembr.* Essa inscrição sugere o motivo que inspirava essa epigrafia: ela parece estar ligada ao sentimento da família e a seu desenvolvimento na época.

Esses retratos de família datados eram documentos de história familiar, como o seriam três ou quatro séculos mais tarde os álbuns de fotografias. Frutos desse mesmo espírito eram os diários de família, onde eram anotados, além das contas, os acontecimentos domésticos, os nascimentos e as mortes. Nesses diários se uniam a preocupação com a precisão cronológica e o sentimento familiar. Tratava-se menos das coordenadas do indivíduo do que das dos membros da família: as pessoas sentiam necessidade de dar à vida familiar uma história, datando-a. Essa curiosa preocupação em datar não aparecia apenas nos retratos, mas também nos objetos e na mobília. No século XVII, generalizou-se o hábito de gravar

---

4 *Op. cit.*, nº 71.

5 *Op. cit.*, nº 93.

ou pintar uma data em camas, cofres, baús, armários, colheres ou copos de cerimônia. A data correspondia a um momento solene da história familiar, geralmente um casamento. Em certas regiões, na Alsácia, na Suíça, na Áustria e na Europa central, os móveis do século XVII ao XIX, especialmente os móveis pintados, eram datados, trazendo também o nome de seus dois proprietários. Observei no museu de Thun, entre outras, a seguinte inscrição sobre um baú: "Hans Bischof – 1709 – Elizabeth Misler." Às vezes, as pessoas se contentavam com suas iniciais de cada lado da data, a data do casamento. Esse costume seria muito difundido na França, e só desapareceria no fim do século XIX: um pesquisador do Museu de Artes e Tradições Populares[6] descobriu, por exemplo, a seguinte inscrição em um móvel da região da Haute-Loire: 1873 LT JV. A inscrição das idades ou de uma data em um retrato ou em um objeto correspondia ao mesmo sentimento que tendia a dar à família maior consistência histórica.

Esse gosto pela inscrição cronológica, embora tenha subsistido até meados do século XIX, pelo menos entre as camadas médias, desapareceu rapidamente na cidade e na corte, onde foi logo considerado ingênuo e provinciano. A partir de meados do século XVII, as inscrições tenderam a desaparecer dos quadros (podiam ser encontradas ainda, mas em pintores de província ou provincializantes). A bela mobília da época era assinada, ou, quando datada, isto era feito de modo discreto.

Apesar dessa importância que a idade adquiriu na epigrafia familiar no século XVI, subsistiram nos costumes curiosos resquícios do tempo em que era raro e difícil uma pessoa lembrar-se de sua idade. Observei anteriormente que nosso Paulinho sabe sua idade desde o momento em que começa a falar. Sancho Pança não sabia exatamente a idade de sua filha, a quem, entretanto, amava

---

[6] Museu de Artes e Tradições Populares. Exposição de 1953, nº 778.

muito: "Ela pode ter 15 anos, ou dois anos a mais ou a menos. Mas é alta como uma lança e fresca como uma manhã de abril..."[7] Tratava-se de um homem do povo. No século XVI, e mesmo nas categorias escolarizadas em que se observaram mais cedo hábitos de precisão moderna, as crianças sem dúvida sabiam sua idade; mas um hábito muito curioso de boas maneiras obrigava-as a não confessá-la claramente e a responder com certas reservas. Quando o humanista e pedagogo Thomas Platter, natural do Valais, conta a história de sua vida,[8] diz com bastante precisão quando e onde nasceu, mas se considera obrigado a envolver o fato em uma prudente paráfrase: "E, para começar, não há nada que eu possa garantir menos do que a época exata de meu nascimento. Quando tive a ideia de me informar sobre a data de meu nascimento, responderam-me que eu tinha vindo ao mundo em 1499, no domingo da Quinquagésima, no exato momento em que os sinos chamavam para a missa." Curiosa mistura de incerteza e rigor. Na verdade, não se deve tomar essa reserva ao pé da letra: trata-se de uma reserva de praxe, lembrança de um tempo em que não se sabia jamais uma data exata. O surpreendente é que essa reserva se tivesse tornado um hábito de boas maneiras, pois era assim que convinha dizer a própria idade a um interlocutor. Nos diálogos de Cordier,[9] dois meninos se interrogam na escola, durante o recreio: "Quantos anos você tem? – Treze anos, *como ouvi minha mãe dizer*." Mesmo quando os hábitos de cronologia pessoal eram aceitos pelos costumes, eles não chegavam a se impor como um conhecimento positivo, e não dissipavam de imediato a antiga obscuridade da idade, que subsistiu ainda algum tempo nos hábitos de civilidade.

---

[7] *Dom Quixote*, parte II, cap. 13.

[8] *Vie de Thomas Platter* [o velho], Lausanne, ed. E. Fick, 1895.

[9] Mathurin Cordier, *Les Colloques*, Paris, 1586.

As "idades da vida" ocupam um lugar importante nos tratados pseudocientíficos da Idade Média. Seus autores empregam uma terminologia que nos parece puramente verbal: infância e puerilidade, juventude e adolescência, velhice e senilidade – cada uma dessas palavras designando um período diferente da vida. Desde então, adotamos algumas dessas palavras para designar noções abstratas como puerilidade ou senilidade, mas estes sentidos não estavam contidos nas primeiras acepções. De fato, tratava-se originalmente de uma terminologia erudita, que com o tempo se tornou familiar. As "idades", "idades da vida" ou "idades do homem" correspondiam no espírito de nossos ancestrais a noções positivas, tão conhecidas, tão repetidas e tão usuais, que passaram do domínio da ciência ao da experiência comum. Hoje em dia não temos mais ideia da importância da noção de idade nas antigas representações do mundo. A idade do homem era uma categoria científica da mesma ordem que o peso ou a velocidade o são para nossos contemporâneos. Pertencia a um sistema de descrição e de explicação física que remontava aos filósofos jônicos do século VI a.C., que fora revivido pelos compiladores medievais nos escritos do Império Bizantino, e que ainda inspirava os primeiros livros impressos de vulgarização científica no século XVI. Não tencionamos determinar aqui sua formulação exata e seu lugar na história das ciências. Importa-nos apenas perceber em que medida essa ciência se havia tornado familiar, seus conceitos haviam passado para os hábitos mentais, e o que ela representava na vida quotidiana. Compreenderemos melhor o problema examinando a edição de 1556[10] *Le Grand Propriétaire de toutes choses*. Tratava-se de uma compilação latina do século XIII, que retomava todos os dados dos escritores do Império Bizantino. Considerou-se oportuno traduzi-la para o francês e dar-lhe, por

---

[10] *Le Grand Propriétaire de toutes choses, très utile et profitable pour tenir le corps en santé*, por B. de Glanville, traduzido para o francês por Jean Corbichon, 1556.

meio da impressão, maior difusão: essa ciência antigo-medieval era, portanto, em meados do século XVI, objeto de vulgarização. *Le Grand Propriétaire de toutes choses* é uma enciclopédia de todos os conhecimentos profanos e sacros, uma espécie de Grand-Larousse, mas que teria uma concepção não analítica e traduziria a unidade essencial da natureza e de Deus. Uma física, uma metafísica, uma história natural, uma fisiologia e uma anatomia humanas, um tratado de medicina e de higiene, uma astronomia e ao mesmo tempo uma teologia. Vinte livros tratam de Deus, dos anjos, dos elementos, do homem e de seu corpo, das doenças, do céu, do tempo, da matéria, do ar, do fogo, dos pássaros etc. O último livro é consagrado aos números e às medidas. Havia também nesses livros algumas receitas práticas. Uma ideia geral emanava da obra, ideia erudita que logo se tornou extremamente popular: a ideia da unidade fundamental da natureza, da solidariedade existente entre todos os fenômenos da natureza, que não se separam das manifestações sobrenaturais. A ideia de que não havia oposição entre o natural e o sobrenatural pertencia ao mesmo tempo às crenças populares herdadas do paganismo, e a uma ciência tanto física quanto teológica. Eu diria que essa concepção rigorosa da unidade da natureza deve ser considerada responsável pelo atraso do desenvolvimento científico, muito mais do que a autoridade da Tradição, dos Antigos ou da Escritura. Nós só agimos sobre um elemento da natureza quando admitimos que ele é suficientemente isolável. A partir de um certo grau de solidariedade entre os fenômenos, tal como postula o *Le Grand Propriétaire*, não é mais possível intervir sem provocar reações em cadeia, sem destruir a ordem do mundo: nenhuma das categorias do cosmo dispõe de uma autonomia suficiente, e nada pode ser feito contra o determinismo universal. O conhecimento da natureza limita-se, então, ao estudo das relações que comandam os fenômenos por intermédio da mesma causalidade – um conhecimento que prevê, mas que não modifica. Não há meio de fugir a essa causalidade, exceto por meio da magia ou do milagre. A mesma lei rigorosa rege, ao mesmo tempo, o movimento dos planetas, o ciclo vegetativo das estações, as relações entre os elementos, o corpo humano e seus humores, e o destino do homem: assim, a astrologia permite conhecer as incidências pessoais desse determinismo universal. Ainda em meados do século XVII, a prática da astrologia era bastante difundida para que Molière, esse espírito cético, a tomasse por alvo de suas caçoadas em *Les Amants Magnifiques*.

A correspondência dos números aparecia então como uma das chaves dessa solidariedade profunda; o simbolismo dos números era familiar, encontrava-se ao mesmo tempo nas especulações religiosas, nas descrições de física, de história natural, e nas práticas mágicas. Por exemplo, havia uma correspondência entre o número dos elementos, o dos temperamentos do homem e o das estações: o número 4. Para nós é difícil imaginar essa concepção formidável de um mundo maciço, do qual se perceberiam apenas algumas correspondências. A ciência havia permitido formular as correspondências e definir as categorias que elas ligavam. Mas essas correspondências, com o passar dos séculos, tinham deslizado do domínio da ciência para o do mito popular. Essas concepções nascidas na Jônia do século VI com o tempo haviam sido adotadas pela mentalidade comum, e as pessoas representavam o mundo dessa forma. As categorias da ciência antigo-medieval se haviam tornado familiares: os elementos, os temperamentos, os planetas e seu sentido astrológico, e o simbolismo dos números.

As idades da vida eram também uma das formas comuns de conceber a biologia humana, em relação com as correspondências secretas internaturais. Essa noção, destinada a se tornar tão popular, certamente não remontava às belas épocas da ciência antiga. Pertencia às especulações dramáticas do Império Bizantino, ao século VI.[11] Fulgêncio a percebia oculta na *Eneida*: detectava no naufrágio de Eneias o símbolo do nascimento do homem em meio às tempestades da existência. Interpretava os cantos II e III como a imagem da infância ávida de narrativas fabulosas, e assim por diante. Um afresco da Arábia do século VIII já representava as idades da vida.[12]

Os textos da Idade Média sobre esse tema são abundantes. *Le Grand Propriétaire de toutes choses* trata das idades em seu livro VI. Aí, as idades correspondem aos planetas, em número de 7: "A primeira idade é a infância que planta os dentes, e essa idade começa quando a criança nasce e dura até os sete anos, e nessa idade aquilo que nasce é chamado de *enfant* (criança), que quer dizer não falante, pois nessa idade a pessoa não pode falar bem nem formar perfeitamente suas palavras, pois ainda não tem seus dentes bem ordenados nem firmes, como dizem Isidoro e Constantino. Após a infância, vem a segunda idade... chama-se *pueritia* e é assim chamada porque nessa idade a pessoa é ainda como a menina do olho, como diz Isidoro, e essa idade dura até os 14 anos."

"Depois segue-se a terceira idade, que é chamada de adolescência, que termina, segundo Constantino em seu viático, no vigésimo primeiro ano, mas, segundo Isidoro, dura até 28 anos... e pode estender-se até 30 ou 35 anos. Essa idade é chamada de adolescência porque a pessoa é bastante grande para procriar, disse Isidoro. Nessa idade os membros são moles e aptos a crescer e a receber força e vigor do calor natural. E por isso a pessoa cresce nessa idade toda a grandeza que lhe é devida pela natureza." [O crescimento, no entanto, termina antes dos 30 ou 35 anos, e até mesmo antes dos 28. Certamente devia ser ainda menos

---

[11] *Comparetti, Virgile nel m. e.*, tomo I, 14-155.

[12] Kuseir Amra. Cf. Van Marle, *Iconographie de l'art profane*, 1932, t. II, p. 144.

tardio em uma época em que o trabalho precoce mobilizava mais cedo as reservas do organismo.]

"Depois segue-se a juventude, que está no meio das idades, embora a pessoa aí esteja na plenitude de suas forças, e essa idade dura até 45 anos, segundo Isidoro; ou até 50, segundo os outros. Essa idade é chamada de juventude devido à força que está na pessoa, para ajudar a si mesma e aos outros, disse Aristóteles. Depois segue-se a senectude, segundo Isidoro, que está a meio caminho entre a juventude e a velhice, e Isidoro a chama de gravidade, porque a pessoa nessa idade é grave nos costumes e nas maneiras; e nessa idade a pessoa não é velha, mas passou a juventude, como diz Isidoro. Após essa idade segue-se a velhice, que dura, segundo alguns, até 70 anos, e segundo outros, não tem fim até a morte. A velhice, segundo Isidoro, é assim chamada porque as pessoas velhas já não têm os sentidos tão bons como já tiveram, e caducam em sua velhice... A última parte da velhice é chamada *senies* em latim, mas em francês não possui outro nome além de *vieillesse*... O velho está sempre tossindo, escarrando e sujando [ainda estamos falando do nobre ancião de Greuze e do Romantismo], até voltar a ser a cinza da qual foi tirado."

Embora hoje em dia possamos achar esse jargão vazio e verbal, ele tinha um sentido para seus leitores, um sentido próximo do da astrologia: ele evocava o laço que unia o destino do homem aos planetas. O mesmo gênero de correspondência sideral havia inspirado uma outra periodização, ligada aos 12 signos do zodíaco, relacionando, assim, as idades da vida com um dos temas mais populares e mais comoventes da Idade Média, sobretudo gótica: as cenas do calendário. Um poema do século XIV várias vezes reimpresso nos séculos XV e XVI desenvolve esse calendário das idades:[13]

---

[13] *Grant Kalendrier et compost des bergiers*, edição de 1500, *apud* J. Morawski, *Les douze mois figurez. Archivum romanicum*, 1926, pp. 351 a 363.

Les six premiers ans que vit l'homme au monde
Nous comparons à janvier droitement,
Car en ce moys vertu ne force habonde
Ne plus que quant six ans ha ung enfant. *

Ou, segundo a versão do século XV:

Les autres VI ans la font croistre...
Aussi fait février tous les ans
Qu'enfin se trait sur le printemps...
Et quand les ans a XVIII
Il se change en tel deduit
Qu'il cuide valoir mille mors
Et aussi se change li mars
En beauté et reprend chalour...
Du mois qui vient après septembre
Qu'on appelle mois d'ottembre,
Qu'il a LX ans et non plus
Lors devient vieillard et chenu
Et'a donc lui doit souvenir
Que le temps le mène mourir. **

Ou ainda este poema do século XIII:[14]

---

* "Os seis primeiros anos que o homem vive no mundo, / a janeiro com razão os comparamos, / pois nesse mês nem força nem virtude abundam, / não mais do que quando uma criança tem seis anos." (N. T.)

** "Os outros seis anos fazem-na crescer... / Assim também faz fevereiro todos os anos, / O qual, enfim, conduz à primavera... / E quando a pessoa faz 18 anos, / Ela se modifica de tal forma / Que pensa valer mil pedaços / Assim também o mês de março / Se transforma em beleza e readquire calor... / No mês que vem depois de setembro / E que chamamos de outubro, / a pessoa tem 60 anos e não mais. / Então ela se torna velha e encarquilhada, / E se lembra de que o tempo a leva a morrer." (N. T.)

[14] J. Morawski, *op. cit.*

Veez yci le mois de janvier
A deux visages le premier.[15]
Pour ce qu'il regarde à deux tems
C'est le passé et le venant.
Ainsy l'enfant, quand à vescu
Six ans ne peut guère valoir
Car il n'a guère de scavoir.
Mais l'on doit mettre bonne cure
Qu'il prenne bonne nourriture
Car qui n'a bon commencement
A tard a bon deffinement...
En octobre aprés venant
Doit hom semer le bon froment
Duquel doit vivre tout li mons;
Ainsi doit faire le preudoms
Qui est arrivé à LX ans:
Il doit semer aux jeunes gens
Bonnes paroles par exemple
*Et faire aumône, si me semble.**

Da mesma natureza, ainda, era a correspondência entre as idades da vida e os outros "quatro": *consensus quatuor elementorum, quatuor humorum* (os temperamentos), *quatuor anni temporum*

---

[15] Representado nos calendários sob a forma de *Janus bifrons.*

* Vedes aqui o mês de janeiro, / O primeiro de todos, que tem duas faces, / Porque está voltado para dois tempos: o passado e o porvir. / Assim também a criança que viveu apenas / Seis anos não vale quase nada, / Pois quase não possui saber. / Mas deve-se cuidar / Para que ela se alimente bem, / Pois quem tem um bom começo, / No final terá um bom fim... / No mês de outubro, que vem depois, / O homem deve semear o bom trigo, / Do qual viverão todos os outros; / Assim deve fazer o homem valoroso / Que chegou aos 60 anos: / deve semear para os jovens / Boas palavras como exemplo, / E dar esmolas – ao menos, assim me parece. (N. T.)

et quatuor vitae aetatum.[16] Em torno de 1265, Philippe de Novare já falava nos *III temz d'aage d'ome,*[17] ou seja, quatro períodos de 20 anos. E essas especulações continuaram a se repetir nos textos até o século XVI.[18]

É preciso ter em mente que toda essa terminologia que hoje nos parece tão oca traduzia noções que na época eram científicas, e correspondiam também a um sentimento popular e comum da vida. Aqui também esbarramos em grandes dificuldades de interpretação, pois hoje em dia não possuímos mais esse sentimento da vida: consideramos a vida como um fenômeno biológico, como uma situação na sociedade, sim, mas não mais que isso. Entretanto, dizemos "é a vida" para exprimir ao mesmo tempo nossa resignação e nossa convicção de que existe, fora do biológico e do sociológico, alguma coisa que não tem nome, mas que nos comove, que procuramos nas notícias corriqueiras dos jornais, ou sobre a qual podemos dizer "isto tem vida". A vida se torna então um drama, que nos tira do tédio do quotidiano. Para o homem de outrora, ao contrário, a vida era a continuidade inevitável, cíclica, às vezes humorística ou melancólica das idades, uma continuidade inscrita na ordem geral e abstrata das coisas, mais do que na experiência real, pois poucos homens tinham o privilégio de percorrer todas essas idades naquelas épocas de grande mortalidade.

A popularidade das "idades da vida" tornou este tema um dos mais frequentes da iconografia profana. Encontramo-las, por exemplo, em alguns capitéis historiados do século XII no batistério de Parma.[19] O escultor quis representar ao mesmo

---

[16] *Regimen sanitatis, schola salermitania*, ed. por Arnaud de Villeneuve.

[17] C. V. Langlois, *La Vie en France au Moyen Age*, 1908, p. 184.

[18] 1568.

[19] Didron, "La Vie humaine", *Annales archéologiques*, XV, p. 413.

tempo a parábola do mestre da vinha e dos trabalhadores da décima primeira hora, e o símbolo das idades da vida. Na primeira cena, vemos o mestre da vinha com a mão pousada sobre a cabeça de uma criança: embaixo, uma legenda precisa a alegoria da criança: *prima aetas saeculi: primum humane*: infância. Mais adiante: *hora tertia: puericia seconda aetas* – o mestre da vinha tem a mão pousada sobre o ombro de um rapaz que segura um animal e uma foice. O último trabalhador descansa ao lado de seu enxadão: *senectus, sexta aetas.*

Mas foi sobretudo no século XIV que essa iconografia fixou seus traços essenciais, que permaneceram quase inalterados até o século XVIII; reconhecemo-los tanto nos capitéis do palácio dos Doges[20] como em um afresco dos Eremitani de Pádua.[21] Primeiro, a idade dos brinquedos: as crianças brincam com um cavalo de pau, uma boneca, um pequeno moinho ou pássaros amarrados. Depois, a idade da escola: os meninos aprendem a ler ou seguram um livro e um estojo; as meninas aprendem a fiar. Em seguida, as idades do amor ou dos esportes da corte e da cavalaria: festas, passeios de rapazes e moças, corte de amor, as bodas ou a caçada do mês de maio dos calendários. Em seguida, as idades da guerra e da cavalaria: um homem armado. Finalmente, as idades sedentárias, dos homens da lei, da ciência ou do estudo: o velho sábio barbudo vestido segundo a moda antiga, diante de sua escrivaninha, perto da lareira. As idades da vida não correspondiam apenas a etapas biológicas, mas a funções sociais; sabemos que havia homens da lei muito jovens, mas, consoante a imagem popular, o estudo era uma ocupação dos velhos.

Esses atributos da arte do século XIV seriam encontrados, quase idênticos, em gravuras de natureza mais popular, mais

---

20 Didron, *Annales archéologiques*, XVII, pp. 69 e 193.

21 A. Venturi, "La Fonte di una compozicione del guariento", *Arte*, 1914, XVII, p. 49.

familiar, que subsistiram do século XVI até o início do XIX, com pouquíssimas mudanças. Essas gravuras eram chamadas *Degraus das idades*, pois retratavam pessoas que representavam as idades justapostas do nascimento até a morte, muitas vezes de pé, sobre degraus que subiam à esquerda e desciam à direita. No centro dessa escadaria dupla, como que sob o arco de uma ponte, erguia-se o esqueleto da morte, armado com sua foice. Aí, o tema das idades se imbricava com o tema da morte, e sem dúvida não era por acaso que esses temas figuravam entre os mais populares: as estampas representando os degraus das idades e as danças macabras repetiram até o início do século XIX uma iconografia fixada nos séculos XIV e XV. Mas, ao contrário das danças macabras, em que os trajes não mudaram e permaneceram os mesmos dos séculos XV e XVI, mesmo quando a gravura datava do século XIX, os degraus das idades vestiam suas personagens segundo a moda da época: nas últimas gravuras do século XIX, vemos surgir o traje de primeira comunhão. A persistência dos atributos por isso mesmo é ainda mais notável: lá estão a criança montada em seu cavalo de pau, o estudante com seu livro e seu estojo, o belo par (às vezes o rapaz segura um arbusto de maio, evocação das festas da adolescência e da primavera), e o homem de armas, agora um oficial cingido com a echarpe do comando, ou carregando um estandarte; na escada descendente, as roupas não estão mais na moda, ou pertencem a uma moda antiga; vemos os homens da lei com suas pastas de processos, os cientistas com seus livros ou seus astrolábios, e os devotos – os mais curiosos – com seus rosários.[22]

A repetição dessas imagens, pregadas nas paredes ao lado dos calendários, entre os objetos familiares, alimentava a ideia de

---

22 Este tema não era apenas popular. É encontrado, sob outras formas, na pintura e na escultura, como em Ticiano e Van Dyck ou no frontão de Versalhes de Luís XIV.

uma vida dividida em etapas bem delimitadas, correspondendo a modos de atividade, a tipos físicos, a funções e a modas no vestir. A periodização da vida tinha a mesma fixidez que o ciclo da natureza ou a organização da sociedade. Apesar da evocação reiterada do envelhecimento e da morte, as idades da vida permaneceram croquis pitorescos e bem-comportados, silhuetas de caráter um tanto humorístico.

Da especulação antigo-medieval restara uma abundante terminologia das idades. No século XVI, quando se decidiu traduzir essa terminologia para o francês, ficou patente que esta língua, e portanto os costumes franceses, não dispunham de tantas palavras como o latim, ou ao menos como o latim clássico. O tradutor de 1556 do *Le Grand Propriétaire de toutes choses* reconhece sem rodeios essa dificuldade: "Há maior dificuldade em francês do que em latim, pois em latim existem sete idades nomeadas por sete nomes diversos [tantas quanto os planetas], dos quais existem apenas três em francês: a saber, *enfance*, *jeunesse* e *vieillesse*.

Observamos que, como juventude significava força da idade, "idade média", não havia lugar para a adolescência. Até o século XVIII, a adolescência foi confundida com a infância. No latim dos colégios, empregavam-se indiferentemente a palavra *puer* e a palavra *adolescens*. Existem, conservados na Bibliothèque Nationale,[23] alguns catálogos do colégio dos jesuítas de Caen, uma lista dos nomes dos alunos, seguidos de apreciações. Um rapaz de 15 anos é descrito aí como *bonus puer*, enquanto seu jovem colega de 13 anos é chamado de *optimus adolescens*. Baillet,[24] em um livro consagrado às crianças-prodígio, reconheceu também que não existiam termos em francês para distinguir *pueri* e *adolescentes*. Conhecia-se apenas a palavra *enfant* (criança).

---

[23] Bibliothèque Nationale, Manuscritos, Fonds latin n°s 10990 e 10991.

[24] Baillet, *Les Enfants devenus célèbres par leurs études*, 1688.

No final da Idade Média, o sentido desta palavra era particularmente lato. Ela designava tanto o *putto* (no século XIV dizia-se *la chambre aux enfants* para indicar o quarto dos *putti*, o quarto ornado com afrescos representando criancinhas nuas), como o adolescente, o menino grande, que às vezes era também um menino mal-educado. A palavra *enfant*, nos *Miracles Notre-Dame*,[25] era empregada nos séculos XIV e XV como sinônimo de outras palavras tais como *valets*, *valeton*, *garçon*, *fils*, *beau fils*: "ele era *valeton*" corresponderia ao francês atual "ele era um *beau gars* (um belo rapaz)", mas na época o termo se aplicava tanto a um rapaz – "um belo *valeton*" – como a uma criança – "ele era um *valeton*, e gostavam muito dele... o *valez* cresceu!" Uma única palavra conservou até hoje na língua francesa essa antiga ambiguidade: a palavra *gars* (menino, rapaz ou homem), que passou diretamente do francês antigo para a língua popular moderna, onde foi conservada. Era uma criança estranha esse mau menino, "tão desleal e tão perverso, que não queria aprender um ofício nem se comportar como convinha à infância... que de bom grado se acompanhava de glutões e de gentes ociosas, que frequentemente provocavam rixas nas tabernas e nos bordéis, e jamais encontravam uma mulher sozinha sem a violar". Eis outra criança de 15 anos: "Embora fosse um menino bom e gracioso", recusava-se a montar a cavalo e a se dar com meninas. Seu pai pensava que era por timidez: "É o costume das crianças." Na realidade, o menino estava prometido à Virgem. Seu pai quis obrigá-lo a se casar: "Então a criança ficou muito zangada e bateu-lhe com força." Tentou fugir mas feriu-se mortalmente ao cair da escada. Nesse momento a Virgem veio buscá-lo e disse-lhe: "Belo irmão, vede aqui vossa amiga" – "Então a criança exalou um suspiro."

---

[25] *Miracles Notre-Dame*, Westminster, ed. G. F. Warner, 1885; Jubinal, *Nouveau Recueil de contes*, tomo I, pp. 31-33, 42 a 72; tomo II, p. 244 e pp. 356-357.

Segundo um calendário das idades do século XVI,[26] aos 24 anos "é a criança forte e virtuosa", e "Assim acontece com as crianças quando elas têm 18 anos".

O mesmo emprego pode ser constatado no século XVII: uma pesquisa episcopal de 1667 relata que, em uma paróquia,[27] "há *un jeune enfant* (uma jovem criança) de cerca de 14 anos de idade, que ensina a ler e a escrever às crianças dos dois sexos há cerca de um ano, desde que habita no dito lugar, por acordo com os habitantes do dito lugar".

Durante o século XVII, houve uma evolução: o antigo costume se conservou nas classes sociais mais dependentes, enquanto um novo hábito surgiu entre a burguesia, em que a palavra infância se restringiu a seu sentido moderno. A longa duração da infância, tal como aparecia na língua comum, provinha da indiferença que se sentia então pelos fenômenos propriamente biológicos: ninguém teria a ideia de limitar a infância pela puberdade. A ideia de infância estava ligada à ideia de dependência: as palavras *fils*, *valets* e *garçons* eram também palavras do vocabulário das relações feudais ou senhoriais de dependência. Só se saía da infância ao se sair da dependência, ou, ao menos, dos graus mais baixos da dependência. Essa é a razão pela qual as palavras ligadas à infância iriam subsistir para designar familiarmente, na língua falada, os homens de baixa condição, cuja submissão aos outros continuava a ser total: por exemplo, os lacaios, os auxiliares e os soldados. Um "*petit garçon*" (menino pequeno) não era necessariamente uma criança, e sim um jovem servidor (da mesma forma hoje, um patrão ou um contramestre dirão de um operário de 20 a 25 anos: "É um bom menino", ou "esse menino não vale nada").

---

[26] Citado na nota 13 deste capítulo.

[27] A. de Charmasse, *Etat de l'instruction publique dans l'ancien diocèse d'Autun*, 1878.

Assim, em 1549, o diretor de um colégio, de um estabelecimento de educação, chamado Baduel, escrevia ao pai de um de seus jovens alunos, a propósito de seu enxoval e de seu séquito: "No que concerne ao seu serviço pessoal, basta um *petit garçon*."[28]

No início do século XVIII, o dicionário de Furetière precisou o uso do termo: "*Enfant*" é também um termo de amizade utilizado para saudar ou agradar alguém ou levá-lo a fazer alguma coisa. Quando se diz a uma pessoa de idade: "adeus, *bonne mère*" (boa mãe) (até logo, *grand-mère* [avozinha], na língua da Paris moderna), ela responde "adeus, *mon enfant*" (ou adeus, *mon gars*, ou adeus, *petit*). Ou então ela dirá a um lacaio: "*mon enfant*, vá me buscar aquilo." Um mestre dirá aos trabalhadores, mandando-os trabalhar: "vamos, *enfants*, trabalhem." Um capitão dirá a seus soldados: "coragem, *enfants*, aguentem firme." Os soldados da primeira fila, que estavam mais expostos ao perigo, eram chamados de "*enfants perdus*" (crianças perdidas).

Na mesma época, mas nas famílias nobres em que a dependência não era senão uma consequência da invalidez física, o vocabulário da infância tendia quase sempre a designar a primeira idade. No século XVII, seu emprego tornou-se mais frequente: a expressão "*petit enfant*" (criança pequena ou criancinha) começou a adquirir o sentido que lhe atribuímos. O uso antigo preferia "*jeune enfant*" (jovem criança), e esta expressão não foi completamente abandonada. La Fontaine a empregava, e, em 1714, em uma tradução de Erasmo, havia uma referência a uma "*jeune fille*" (jovem menina; hoje em dia *jeune fille* designa uma moça) que ainda não tinha cinco anos: "Tenho uma *jeune fille* que mal começou a falar."[29] A palavra *petit* (pequeno) havia adquirido

---

28 J. Gaufrès, "Claude Baduel et la Réforme des études au XVIe siècle", *Bull. Soc. H. du protestantisme français*, 1880, XXV, pp. 499-505.

29 Erasmo, *Le Mariage chrétien*, trad. de 1714.

também um sentido especial no fim do século XVI: designava todos os alunos das "pequenas escolas", mesmo aqueles que não eram mais crianças. Na Inglaterra, a palavra *petty* tinha o mesmo sentido que em francês, e um texto de 1627 mencionava a escola dos "*lyttle petties*", ou seja, dos menores alunos.[30]

Foi sobretudo com Port-Royal e com toda a literatura moral e pedagógica que aí se inspirou (ou que, de modo mais geral, exprimiu uma necessidade de ordem moral difundida por toda a parte, e da qual Port-Royal era também um testemunho), que os termos utilizados para designar a infância se tornaram numerosos e sobretudo modernos: os alunos de Jacqueline Pascal[31] eram divididos em *petits*, *moyens* e *grands* (pequenos, médios e grandes). "Quanto às crianças pequenas", escreve Jacqueline Pascal, "é preciso ainda mais que às outras ensiná-las e alimentá-las, se possível como pequenos pombos". O regulamento das pequenas escolas de Port-Royal[32] prescrevia: "Eles não vão à Missa todos os dias, somente os pequenos." Falava-se, de uma forma nova, em "pequenas almas", em "pequenos anjos".[33] Essas expressões anunciavam o sentimento do século XVIII e do romantismo. Em seus contos, Mlle Lhéritier[34] pretendia se dirigir aos "jovens espíritos", às "jovens pessoas": "Essas imagens seguramente levam os jovens a reflexões que aperfeiçoam sua razão." Percebe-se então que esse século XVII, que parecia ter desdenhado a infância, ao contrário, introduziu o uso de expressões e de locuções que permanecem até hoje na língua francesa. Junto à palavra *enfant*

---

30 J. Brinsley, *Ludus Litterarius*, ed. de 1917.

31 Jacqueline Pascal, *Règlement pour les enfants* (Apêndice das Constituições de Port-Royal, 1721).

32 Regulamento do Colégio de Chesnay, *in* W. de Beaupuis, *Suite des amis de Port-Royal*, 1751, vol. I, p. 175.

33 Jacqueline Pascal, ver nota 31 anteriormente.

34 M. E. Storer, *La mode des contes de fées*, 1928.

e seu dicionário, Furetière citava provérbios que ainda nos são familiares: "É um *enfant gâté* (criança mimada) aquela a quem se deixou viver de um modo libertino, sem corrigi-la. *Il n'y a plus d'enfant* equivale a dizer que alguém começa a ter juízo e malícia cedo." "Inocente como a criança que acabou de nascer." Vocês não achavam que essas expressões não remontavam além do século XIX?

Contudo, em seus esforços para falar das crianças pequenas, a língua do século XVII foi prejudicada pela ausência de palavras que as distinguissem das maiores. O mesmo, aliás, acontecia com o inglês, em que a palavra *baby* se aplicava também às crianças grandes. A gramática latina em inglês de Lily[35] (que foi utilizada do início do século XVI até 1866) dirigia-se a *al lyttell babes, all lyttell chyldren.*

Por outro lado, havia em francês expressões que pareciam designar as crianças bem pequeninas. Uma delas era a palavra *poupart*. Um dos *Miracles Notre-Dame* tinha como personagem um "*petit fils*" que queria dar de comer a uma imagem do Menino Jesus. "O bom Jesus, vendo a insistência e a boa vontade da criancinha, falou com ela e disse-lhe: '*Poupart*, não chores mais, pois comerás comigo dentro de três dias.'" Mas esse *poupart* na realidade não era um "bebê", como diríamos hoje: também era chamado de *clergeon*[36] (pequeno clérigo), usava sobrepeliz e ajudava à missa: "Aqui havia crianças de pouca idade que sabiam um pouco as letras, e que prefeririam mamar no seio de sua mãe a ter de ajudar à missa." Na língua dos séculos XVII e XVIII, a palavra *poupart* não designava mais uma criança, e sim, sob a forma *poupon*, o que hoje os franceses ainda chamam pelo mesmo nome, porém no feminino: uma *poupée*, ou seja, uma boneca.

---

35 *I pray you, all lyttell babes, all lytell chyldren, lern...*

36 *Miracles Notre-Dame, op. cit.*

O francês seria, portanto, levado a tomar emprestadas de outras línguas – línguas estrangeiras ou gírias usadas na escola ou nas diferentes profissões – palavras que designassem essa criança pequena pela qual começava a surgir um novo interesse: foi o caso do italiano *bambino*, que daria origem ao francês *bambin*. Mme de Sévigné empregava também no mesmo sentido o provençal *pitchoun*, que ela certamente aprendera em uma de suas estadas na casa dos Grignans.[37] Seu primo De Coulanges, que não gostava de crianças, mas que falava muito delas,[38] desconfiava dos "*marmousets* de três anos", uma palavra antiga que evoluiria para *marmots* na língua popular, "moleques de queixo engordurado que enfiam o dedo em todos os pratos". Empregavam-se também termos de gíria dos colégios latinos ou das academias esportivas e militares: "um pequeno *frater*", um "*cadet*", e, quando eram numerosos, "*populo*"[39] ou "*petit peuple*". Enfim, o uso dos diminutivos tornou-se frequente: encontramos *fan fan* nas cartas de Mme de Sévigné e de Fénelon.

Com o tempo, essas palavras se deslocariam e passariam a designar a criança pequena, mas já esperta. Restaria sempre uma lacuna para designar a criança durante seus primeiros meses; essa insuficiência não seria sanada antes do século XIX, quando o francês tomou emprestada do inglês a palavra *baby*, que, nos séculos XVI e XVII, designava as crianças em idade escolar. Foi esta a última etapa dessa história: daí em diante, com o francês *bébé*, a criança bem pequenina recebeu um nome.

Embora um vocabulário da primeira infância tivesse surgido e se ampliado, subsistia a ambiguidade entre a infância e

---

[37] "Sois injustos comigo ao crer que gosto mais da *petite* do que do *pitchoun*." Mme de Sévigné, *Lettres*, 12 de junho de 1675; ver também 5 de outubro de 1673.

[38] Coulanges, *Chansons choisies*, 1694.

[39] Claudine Bouzonnet-Stella, *Jeux de l'enfance*, 1657.

a adolescência, de um lado, e aquela categoria a que se dava o nome de juventude, do outro. Não se possuía a ideia do que hoje chamamos de adolescência, e essa ideia demoraria a se formar. Já a pressentimos no século XVIII, com duas personagens, uma literária, Querubim, e a outra social, o conscrito. Em Querubim prevalecia a ambiguidade da puberdade, e a ênfase recaía sobre o lado efeminado de um menino que deixava a infância. Isso não era propriamente uma novidade: como se entrava muito cedo na vida social, os traços cheios e redondos da primeira adolescência, em torno da puberdade, davam aos meninos uma aparência feminina. É isso o que explica a facilidade dos disfarces dos homens em mulheres ou vice-versa, comuns nos romances barrocos do início do século XVII: dois rapazes ou duas moças se tornam amigos, mas um deles é uma moça travestida etc. Por mais crédulos que sejam os leitores de romances de aventuras de todas as épocas, o mínimo de verossimilhança exige que tenha existido alguma semelhança entre o menino ainda imberbe e a menina. Contudo, essa semelhança não era apresentada então como uma característica da adolescência, uma característica da idade. Esses homens sem barba de traços suaves não eram adolescentes, pois já agiam como homens feitos, comandando e combatendo. Em Querubim, ao contrário, o aspecto feminino estava ligado à transição da criança para o adulto: traduzia um estado durante um certo tempo, o tempo do amor nascente.

Querubim não teria sucessores. Ao contrário, seria a força viril que, no caso dos meninos, exprimiria a adolescência, e o adolescente seria prefigurado no século XVIII pelo conscrito. Examinemos o texto de um cartaz de recrutamento que data do final do século XVIII.[40] O cartaz se dirigia à "brilhante juven-

---

[40] Cartaz de recrutamento para o regimento do Royal Piemont em Nevers, 1789. Exposição "L'Affiche", Bibliothèque Nationale, 1953, nº 25.

tude": "Os jovens que quiserem partilhar da reputação que este belo corpo adquiriu poderão dirigir-se a M. D'Ambrun... Eles (os recrutadores) recompensarão aqueles que lhes trouxerem belos homens."

O primeiro adolescente moderno típico foi o *Siegfried* de Wagner: a música de *Siegfried* pela primeira vez exprimiu a mistura de pureza (provisória), de força física, de naturismo, de espontaneidade e de alegria de viver que faria do adolescente o herói do nosso século XX, o século da adolescência. Esse fenômeno, surgido na Alemanha wagneriana, penetraria mais tarde na França, em torno dos anos 1900. A "juventude", que então era a adolescência, iria tornar-se um tema literário, e uma preocupação dos moralistas e dos políticos. Começou-se a desejar saber seriamente o que pensava a juventude, e surgiram pesquisas sobre ela, como as de Massis ou de Henriot. A juventude apareceu como depositária de valores novos, capazes de reavivar uma sociedade velha e esclerosada. Havia-se experimentado um sentimento semelhante no período romântico, mas sem uma referência tão precisa a uma classe de idade. Sobretudo, esse sentimento romântico se limitava à literatura e àqueles que a liam. Ao contrário, a consciência da juventude tornou-se um fenômeno geral e banal após a guerra de 1914, em que os combatentes da frente de batalha se opuseram em massa às velhas gerações da retaguarda. A consciência da juventude começou como um sentimento comum dos ex-combatentes, e esse sentimento podia ser encontrado em todos os países beligerantes, até mesmo na América de Dos Passos. Daí em diante, a adolescência se expandiria, empurrando a infância para trás e a maturidade para a frente. Daí em diante, o casamento, que não era mais um "estabelecimento", não mais a interromperia: o adolescente-casado é um dos tipos mais específicos de nossa época: ele lhe propõe seus valores, seus apetites e seus costumes. Assim, passamos de uma época sem adolescência a uma época em que a adolescência é a idade favorita. Deseja-se chegar a ela cedo e nela permanecer por muito tempo.

Essa evolução foi acompanhada por uma evolução paralela, porém inversa, da velhice. Sabemos que a velhice começava cedo na sociedade antiga. Os exemplos são conhecidos, a começar pelos velhos de Molière, que aos nossos olhos parecem jovens ainda. Nem sempre, aliás, a iconografia da velhice a representa sob os traços de um indivíduo decrépito: a velhice começa com a queda dos cabelos e o uso da barba, e um belo ancião aparece às vezes como um homem calvo. É o caso do ancião no concerto de Ticiano, que é também uma representação das idades da vida. Em geral, porém, antes do século XVIII, o ancião era considerado ridículo. Uma personagem de Rotrou pretendia impor à sua filha um marido quinquagenário: "Ele tem apenas 50 anos; e, além disso, não tem nem um dente!"

Il n'est dans la nature homme qui ne le juge
Du siècle de Saturne ou du temps du Déluge;
Des trois pieds dont il marche, il en a deux goutteux,
Qui jusque à chaque pas, trébuchent de vieillesse
Et qu'il faut retenir ou relever sans cesse.[41*]

Dez anos mais tarde, esse ancião se parecia com este sexagenário de Quinault:

---

[41] Rotrou, *La Soeur*.

[*] "Não há na natureza quem não o considere / Pertencente ao século de Saturno ou ao tempo do Dilúvio; / Dos três pés com que ele anda, dois sofrem de gota. / A cada passo, cambaleiam de velhice, / E é preciso retê-los e erguê-los todo o tempo." (N. T.)

Courbé sur son bâton, le bon petit vieillard
Tousse, crache, se mouche et fait le goguenard,
Des contes du vieux temps, étourdit Isabelle.[42*]

A França antiga não respeitava a velhice: era a idade do recolhimento, dos livros, da devoção e da caduquice. A imagem do homem integral nos séculos XVI-XVII era a de um homem jovem: o oficial com a echarpe no topo dos degraus das idades. Ele não era um rapaz, embora hoje tivesse idade para ser considerado como tal. Correspondia a essa segunda categoria das idades, entre a infância e a velhice, que no século XVIII era chamada de juventude. Furetière, que ainda levava muito a sério os problemas arcaicos da periodização da vida, elaborou uma noção intermediária de maturidade, mas reconheceu que essa noção não era usual, e confessou: "Os jurisconsultos consideram a juventude e a maturidade uma única idade." O século XVII se reconhecia nessa juventude militar, assim como o século XX se reconhece em seus adolescentes.

Hoje, ao contrário, a velhice desapareceu, ao menos do francês falado, onde a expressão *un vieux*, "um velho", subsiste com um sentido de gíria, pejorativo ou protetor. A evolução ocorreu em duas etapas; primeiro, houve o ancião respeitável, o ancestral de cabelos de prata, o Nestor de sábios e prudentes conselhos, o patriarca de experiência preciosa: o ancião de Greuze, Restif de la Bretonne e todo o século XIX. Ele não era ainda muito ágil, mas também não era mais tão decrépito como o ancião dos séculos XVI e XVII. Ainda hoje resta alguma coisa desse respeito pelo ancião em nossos costumes. Mas esse respeito, na realidade, não tem mais objeto, pois, em nossa época, e esta

---

[42] Quinault, *La Mère coquette*.

[*] "Curvado sobre seu bastão, o bom velhinho / Tosse, escarra, se assoa e diz galhofas / E amola Isabelle com contos dos velhos tempos." (N. T.)

foi a segunda etapa, o ancião desapareceu. Foi substituído pelo "homem de uma certa idade", e por "senhores ou senhoras muito bem conservados". Noção ainda burguesa, mas que tende a se tornar popular. A ideia tecnológica de conservação substitui a ideia ao mesmo tempo biológica e moral da velhice.

Tem-se a impressão, portanto, de que, a cada época corresponderiam uma idade privilegiada e uma periodização particular da vida humana: a "juventude" é a idade privilegiada do século XVII, a "infância", do século XIX, e a "adolescência", do século XX.

Essas variações de um século para o outro dependem das relações demográficas. São testemunhos da interpretação ingênua que a opinião faz em cada época da estrutura demográfica, mesmo quando nem sempre pode conhecê-la objetivamente. Assim, a ausência da adolescência ou o desprezo pela velhice, de um lado, ou, de outro, o desaparecimento da velhice, ao menos como degradação, e a introdução da adolescência, exprimem a reação da sociedade diante da duração da vida. O prolongamento da média de vida retirou do não ser anterior espaços da vida que os sábios do Império Bizantino e da Idade Média haviam nomeado, embora não existissem nos costumes. E a linguagem moderna tomou emprestados esses velhos vocábulos, originalmente apenas teóricos, para designar realidades novas: último avatar do tema que durante tanto tempo foi familiar e hoje está esquecido, o das "idades da vida".

Nas páginas seguintes, examinaremos os signos da infância. Não deveremos esquecer o quanto essa representação da infância é relativa, diante da predileção reconhecida pela "juventude" no período que estudamos. Esse período não foi nem de crianças, nem de adolescentes, nem de velhos: foi um tempo de *homens jovens*.

CAPÍTULO 2

A Descoberta da Infância

Até por volta do século XII, a arte medieval desconhecia a infância ou não tentava representá-la. É difícil crer que essa ausência se devesse à incompetência ou à falta de habilidade. É mais provável que não houvesse lugar para a infância nesse mundo. Uma miniatura otoniana do século XI[1] nos dá uma ideia impressionante da deformação que o artista impunha então aos corpos das crianças, em um sentido que nos parece muito distante de nosso sentimento e de nossa visão. O tema é a cena do Evangelho em que Jesus pede que se deixe vir a ele as criancinhas, sendo o texto latino claro: *parvuli*. Ora, o miniaturista agrupou em torno de Jesus oito verdadeiros homens, sem nenhuma das características da infância: eles foram simplesmente reproduzidos em uma escala menor. Apenas seu tamanho os distingue dos adultos. Em uma miniatura francesa do fim do século XI,[2] as três crianças que São Nicolau ressuscita estão representadas em escala mais reduzida que os adultos, sem nenhuma diferença de expressão ou de traços. O pintor não hesitava em dar à nudez das crianças, nos raríssimos casos em que era exposta, a musculatura do adulto: assim, no livro de salmos de São Luís de Leyde,[3] datado do fim do século XII ou do início do XIII, Ismael, pouco depois de seu nascimento,

---

1 Evangeliário de Oto III, Munique.

2 "Vie et miracle de Saint Nicolas", Bibliothèque Nationale.

3 Livro de salmos de São Luís de Leyde.

tem os músculos abdominais e peitorais de um homem. Embora exibisse mais sentimento ao retratar a infância,[4] o século XIII continuou fiel a esse procedimento. Na Bíblia moralizada de São Luís, as crianças são representadas com maior frequência, mas nem sempre são caracterizadas por algo além de seu tamanho. Em um episódio da vida de Jacó, Isaque está sentado entre suas duas mulheres, cercado por uns 15 homenzinhos que batem na cintura dos adultos: são seus filhos.[5] Quando Jó é recompensado por sua fé e fica novamente rico, o iluminista evoca sua fortuna colocando Jó entre um rebanho, à esquerda, e um grupo de crianças, à direita, igualmente numerosas: imagem tradicional da fecundidade inseparável da riqueza. Em outra ilustração do livro de Jó, as crianças aparecem escalonadas por ordem de tamanho.

No Evangeliário da Sainte-Chapelle do século XIII,[6] no momento da multiplicação dos pães, Cristo e um apóstolo ladeiam um homenzinho que bate em sua cintura: sem dúvida, a criança que trazia os peixes. No mundo das fórmulas românicas, e até o fim do século XIII, não existem crianças caracterizadas por uma expressão particular, e sim homens de tamanho reduzido. Essa recusa em aceitar na arte a morfologia infantil é encontrada, aliás, na maioria das civilizações arcaicas. Um belo bronze sardo do século IX a.C.[7] representa uma espécie de Pietá: a mãe segurando em seus braços o corpo bastante grande do filho; mas talvez se tratasse de uma criança, como observa a nota do catálogo: "A pequena figura masculina poderia muito bem ser uma criança que,

---

4 Comparar a cena "Deixai vir a mim as criancinhas" do Evangeliário de Oto e da *Bible moralisée de Saint Louis*, fº 505.

5 *Bible moralisée de Saint Louis*, fº 5. A. de Laborde, *Bibles moralisées illustrées*, 1911-1921, 4 vols. de pranchas.

6 Evangeliário da Sainte-Chapelle; cena reproduzida em H. Martin, *La Miniature française*, pr. VII.

7 Exposição de bronzes sardos, Bibliothèque Nationale, 1954, nº 25, pr. XI.

segundo a fórmula adotada na época arcaica por outros povos, estaria representada como um adulto." Tudo indica, de fato, que a representação realista da criança, ou a idealização da infância, de sua graça, de sua redondeza de formas tenham sido próprias da arte grega. Os pequenos Eros proliferavam com exuberância na época helenística. A infância desapareceu da iconografia junto com os outros temas helenísticos, e o românico retomou essa recusa dos traços específicos da infância que caracterizava as épocas arcaicas, anteriores ao helenismo. Há aí algo mais do que uma simples coincidência. Partimos de um mundo de representação em que a infância é desconhecida: os historiadores da literatura (Mgr. Calvé) fizeram a mesma observação a propósito da epopeia, em que crianças-prodígio se conduziam com a bravura e a força física dos guerreiros adultos. Isso sem dúvida significa que os homens dos séculos X-XI não se detinham diante da imagem da infância, que esta não tinha para eles interesse, nem mesmo realidade. Isso faz pensar também que, no domínio da vida real, e não mais apenas no de uma transposição estética, a infância era um período de transição, logo ultrapassado, e cuja lembrança também era logo perdida.

Tal é o nosso ponto de partida. Como daí chegamos às criancinhas de Versalhes, às fotos de crianças de todas as idades de nossos álbuns de família?

Por volta do século XIII, surgiram alguns tipos de crianças um pouco mais próximos do sentimento moderno.

Surgiu o anjo, representado sob a aparência de um rapaz muito jovem, de um jovem adolescente: um *clergeon*, como diz P. du Colombier.[8] Mas qual era a idade do "pequeno clérigo"? Era a idade das crianças mais ou menos grandes, que eram educadas para ajudar à missa, e que eram destinadas às ordens, espécies de

---

[8] P. du Colombier, *L'Enfant au Moyen Age*, 1951.

seminaristas, em uma época em que não havia seminários, e em que apenas a escola latina se destinava à formação dos clérigos. "Aqui", diz um *Miracle de Notre-Dame*,[9] "havia crianças de pouca idade que sabiam um pouco as letras e que prefeririam mamar no seio de sua mãe (mas as crianças desmamavam muito tarde nessa época: a Julieta de Shakespeare ainda era alimentada ao seio aos três anos de idade) a ter de ajudar à missa". O anjo de Reims, por exemplo, seria um menino já grande, mais do que uma criança, mas os artistas sublinhariam com afetação os traços redondos e graciosos – e um tanto efeminados – dos meninos mal saídos da infância. Já estamos longe dos adultos em escala reduzida da miniatura otoniana. Esse tipo de anjos adolescentes se tornaria muito frequente no século XIV e persistiria ainda até o fim do *quattrocento* italiano: são exemplos os anjos de Fra Angelico, de Botticelli e de Ghirlandajo.

O segundo tipo de criança seria o modelo e o ancestral de todas as crianças pequenas da história da arte: o Menino Jesus, ou Nossa Senhora menina, pois a infância aqui se ligava ao mistério da maternidade da Virgem e ao culto de Maria. No início, Jesus era, como as outras crianças, uma redução do adulto: um pequeno Deus-padre majestoso, apresentado pela *Theotókos*. A evolução em direção a uma representação mais realista e mais sentimental da criança começaria muito cedo na pintura: em uma miniatura da segunda metade do século XII,[10] Jesus em pé veste uma camisa leve, quase transparente, tem os dois braços em torno do pescoço de sua mãe e se aninha em seu colo, com o rosto colado ao dela. Com a maternidade da Virgem, a tenra infância ingressou no mundo das representações. No século XIII, ela inspirou outras cenas

---

[9] *Miracles Notre-Dame*, Westminster, ed. A. F. Warner, 1885.

[10] "Manuscritos pintados dos séculos VII ao XII", exposição da Bibliothèque Nationale, 1954, nº 330, pr. XXX.

familiares. Na Bíblia moralizada de São Luís,[11] encontramos cenas de família em que os pais estão cercados por seus filhos, com o mesmo acento de ternura do *jubé* de Chartres; por exemplo, em um retrato da família de Moisés, o marido e a mulher dão as mãos, enquanto as crianças (homenzinhos) que os cercam estendem a mão para a mãe. Esses casos, porém, era raros: o sentimento encantador da tenra infância permaneceu limitado ao Menino Jesus até o século XIV, quando, como sabemos, a arte italiana contribuiu para desenvolvê-lo e expandi-lo.

Um terceiro tipo de criança apareceu na fase gótica: a criança nua. O Menino Jesus quase nunca era representado despido. Na maioria dos casos, aparecia, como as outras crianças de sua idade, castamente enrolado em cueiros ou vestido com uma camisa ou uma camisola. Ele só se desnudaria no final da Idade Média. As poucas miniaturas das Bíblias moralizadas que representavam crianças vestiam-nas, exceto quando se tratava dos Inocentes ou das crianças mortas cujas mães seriam julgadas por Salomão. Seria a alegoria da morte e da alma que introduziria no mundo das formas a imagem de nudez infantil. Já na iconografia pré-bizantina do século V, em que aparecem traços da futura arte românica, reduziam-se as dimensões dos corpos dos mortos. Os cadáveres eram menores que os corpos dos vivos. Na *Ilíada* da Biblioteca Ambrosiana,[12] os mortos das cenas de batalha têm a metade do tamanho dos vivos. Na arte medieval francesa, a alma era representada por uma criancinha nua e em geral assexuada. Os juízos finais conduzem sob essa forma as almas dos justos ao seio de Abraão.[13] O moribundo exala uma criança pela boca em uma representação simbólica da partida da alma. Era assim também que se imaginava

---

[11] Ver nota 5 deste capítulo.

[12] *Ilíada* da Biblioteca Ambrosiana de Milão.

[13] Rampilly.

a entrada da alma no mundo, quer se tratasse de uma concepção miraculosa e sagrada – o anjo da Anunciação entrega à Virgem uma criança nua, a alma de Jesus[14] – quer se tratasse de uma concepção perfeitamente natural – um casal repousa no leito, aparentemente de forma inocente, mas algo deve ter-se passado, pois uma criança nua chega pelos ares e penetra na boca da mulher:[15] "a criação da alma humana pela natureza."

Durante o século XIV e sobretudo durante o século XV, esses tipos medievais evoluiriam, mas no sentido já indicado no século XIII. Dissemos que o anjo-adolescente animaria ainda a pintura religiosa do século XV, sem grande alteração. Por outro lado, o tema da infância sagrada, a partir do século XIV, não deixaria mais de se ampliar e de se diversificar: sua fortuna e sua fecundidade são um testemunho do progresso na consciência coletiva desse sentimento da infância, que apenas um observador atento poderia isolar no século XIII, e que não existia de todo no século XI. No grupo formado por Jesus e sua mãe, o artista sublinharia os aspectos graciosos, ternos e ingênuos da primeira infância; a criança procurando o seio da mãe ou preparando-se para beijá-la ou acariciá-la; a criança brincando com os brinquedos tradicionais da infância, com um pássaro amarrado ou uma fruta; a criança comendo seu mingau; a criança sendo enrolada em seus cueiros. Todos os gestos observáveis – ao menos para aquele que desejasse prestar atenção neles – já eram reproduzidos. Esses traços de realismo sentimental tardaram a se estender além das fronteiras da iconografia religiosa, mas não nos devemos surpreender com isso: sabemos que o mesmo aconteceu com a paisagem e com a cena de gênero. A verdade é que o grupo da Virgem com o menino se transformou e se tornou cada vez mais profano: a imagem de uma cena da vida quotidiana.

---

[14] Ver nota 5 deste capítulo.

[15] *Miroir d'humilité*, Valenciennes, fº 18, início do século XV.

Timidamente no início, e a seguir com maior frequência, a infância religiosa deixou de se limitar à infância de Jesus. Surgiu em primeiro lugar a infância da Virgem, que inspirou ao menos dois temas novos e frequentes: o tema do nascimento da Virgem – pessoas no quarto de Sant'Ana atarefadas em torno da recém-nascida, que é banhada, agasalhada e apresentada à mãe – e o tema da educação da Virgem, da lição de leitura – a Virgem acompanhando sua lição em um livro que Sant'Ana segura. Depois, surgiram as outras infâncias santas: a de São João, o companheiro de jogos do Menino Jesus, a de São Tiago, e a dos filhos das mulheres santas, Maria-Zebedeu e Maria Salomé. Uma iconografia inteiramente nova se formou assim, multiplicando cenas de crianças e procurando reunir nos mesmos conjuntos o grupo dessas crianças santas, com ou sem suas mães.

Essa iconografia, que de modo geral remontava ao século XIV, coincidiu com um florescimento de histórias de crianças nas lendas e contos pios, como os dos *Miracles Notre-Dame*. Ela se manteve até o século XVII, e podemos acompanhá-la na pintura, na tapeçaria e na escultura. Voltaremos a ela, aliás, a propósito das devoções da infância.

Dessa iconografia religiosa da infância, iria finalmente destacar-se uma iconografia leiga nos séculos XV e XVI. Não era ainda a representação da criança sozinha. A cena de gênero se desenvolveu nessa época por meio da transformação de uma iconografia alegórica convencional, inspirada na concepção antigo-medieval da natureza: idades da vida, estações, sentidos, elementos. As cenas de gênero e as pinturas anedóticas começaram a substituir as representações estáticas de personagens simbólicas. Voltaremos com mais vagar a essa evolução.[16] Salientemos aqui apenas o fato de que a criança se tornou uma das personagens

---

[16] *Infra*, Parte 3, Capítulo 2.

mais frequentes dessas pinturas anedóticas: a criança com sua família; a criança com seus companheiros de jogos, muitas vezes adultos; a criança na multidão, mas "ressaltada" no colo de sua mãe ou segura pela mão, ou brincando, ou ainda urinando; a criança no meio do povo assistindo aos milagres ou aos martírios, ouvindo prédicas, acompanhando os ritos litúrgicos, as apresentações ou as circuncisões; a criança aprendiz de um ourives, de um pintor etc.; ou a criança na escola, um tema frequente e antigo, que remontava ao século XIV e que não mais deixaria de inspirar as cenas de gênero até o século XIX.

Mais uma vez, não nos iludamos: essas cenas de gênero em geral não se consagravam à descrição exclusiva da infância, mas muitas vezes tinham nas crianças suas protagonistas principais ou secundárias. Isso nos sugere duas ideias: primeiro, a de que na vida quotidiana as crianças estavam misturadas com os adultos, e toda reunião para o trabalho, o passeio ou o jogo reunia crianças e adultos; segundo, a ideia de que os pintores gostavam especialmente de representar a criança por sua graça ou por seu pitoresco (o gosto do pitoresco anedótico desenvolveu-se nos séculos XV e XVI e coincidiu com o sentimento da infância "engraçadinha"), e se compraziam em sublinhar a presença da criança dentro do grupo ou da multidão. Dessas duas ideias, uma nos parece arcaica: temos hoje, assim como no fim do século XIX, uma tendência a separar o mundo das crianças do mundo dos adultos. A outra ideia, ao contrário, anuncia o sentimento moderno da infância.

Enquanto a origem dos temas do anjo, das infâncias santas e de suas posteriores evoluções iconográficas remontava ao século XIII, no século XV surgiram dois tipos novos de representação da infância: o retrato e o *putto*. A criança, como vimos, não estava ausente da Idade Média, ao menos a partir do século XIII, mas nunca era o modelo de um retrato, de um retrato de uma criança real, tal como ela aparecia em determinado momento de sua vida.

Nas efígies funerárias, cuja descrição foi conservada por Gaignières,[17] a criança só apareceu muito tarde, no século XVI. Fato curioso, ela apareceu de início não em seu próprio túmulo ou no de seus pais, mas no de seus professores. Nas sepulturas dos mestres de Bolonha, representou-se uma cena de aula, com o professor no meio de seus alunos.[18] Já em 1378, o Cardeal de La Grange, Bispo de Amiens, mandara representar os dois Príncipes de que havia sido tutor, de dez e sete anos, em uma "bela pilastra" de sua catedral.[19] Ninguém pensava em conservar o retrato de uma criança que tivesse sobrevivido e se tornado adulta ou que tivesse morrido pequena. No primeiro caso, a infância era apenas uma fase sem importância, que não fazia sentido fixar na lembrança; no segundo, o da criança morta, não se considerava que essa coisinha desaparecida tão cedo fosse digna de lembrança: havia tantas crianças, cuja sobrevivência era tão problemática. O sentimento de que se faziam várias crianças para conservar apenas algumas era e durante muito tempo permaneceu muito forte. Ainda no século XVII, em *Le Caquet de l'accouchée*, vemos uma vizinha, mulher de um relator, tranquilizar assim uma mulher inquieta, mãe de cinco "pestes", e que acabara de dar à luz: "Antes que eles te possam causar muitos problemas, tu terás perdido a metade, e quem sabe todos." Estranho consolo![20] As pessoas não se podiam apegar muito a algo que era considerado uma perda eventual. Isso explica algumas palavras que chocam nossa sensibilidade moderna, como estas de Montaigne: "Perdi dois ou três filhos

---

17 Gaignières, *Les Tombeaux*.

18 G. Zaccagnini, *La Vita dei Maestri e degli scolari nella studio di Bologna*, Genebra, 1926, pr. IX, X...

19 Antes, as representações de crianças nos túmulos eram excepcionais.

20 *Le Caquet de l'accouchée*, 1622.

pequenos, não sem tristeza, mas sem desespero",[21] ou estas de Molière, a respeito da Louison de *Le Malade Imaginaire*: "A pequena não conta." A opinião comum devia, como Montaigne, "não reconhecer nas crianças nem movimento na alma, nem forma reconhecível no corpo". Mme de Sévigné relata sem surpresa[22] palavras semelhantes de Mme de Coetquen, quando esta desmaiou com a notícia da morte de sua filhinha: "Ela ficou muito aflita, e disse que jamais terá uma outra tão bonita."

Não se pensava, como normalmente acreditamos hoje, que a criança já contivesse a personalidade de um homem. Elas morriam em grande número. "As minhas morrem todas pequenas", dizia ainda Montaigne. Essa indiferença era uma consequência direta e inevitável da demografia da época. Persistiu até o século XIX, no campo, na medida em que era compatível com o cristianismo, que respeitava na criança batizada a alma imortal. Consta que durante muito tempo se conservou no País Basco o hábito de enterrar em casa, no jardim, a criança morta sem batismo. Talvez houvesse aí uma sobrevivência de ritos muitos antigos, de oferendas sacrificais. Ou será que simplesmente as crianças mortas muito cedo era enterradas em qualquer lugar, como hoje se enterra um animal doméstico, um gato ou um cachorro? A criança era tão insignificante, tão mal entrada na vida, que não se temia que após a morte ela voltasse para importunar os vivos. É interessante notar que na gravura liminar da *Tabula Cebetis*,[23] Merian colocou as criancinhas em uma espécie de zona marginal, entre a terra de onde elas saíram e a vida em que ainda não penetraram, e da qual estão separadas por um pórtico com a inscrição *Introitus ad vitam*. Até hoje nós não falamos em

---

[21] Montaigne, *Essais*, II, 8.

[22] Mme de Sévigné, *Lettres*, 19 de agosto de 1671.

[23] Merian, *Tabula Cebetis*, 1655. Cf. R. Lebègne, "Le Peintre Varin" e "Le Tableau de Cehes", in *Arts*, 1952, pp. 167-171.

começar a vida no sentido de sair da infância? Esse sentimento de indiferença com relação a uma infância demasiado frágil, em que a possibilidade de perda é muito grande, no fundo não está muito longe da insensibilidade das sociedades romanas ou chinesas, que praticavam o abandono das crianças recém-nascidas. Compreendemos então o abismo que separa a nossa concepção da infância anterior à revolução demográfica ou a seus preâmbulos. Não nos devemos surpreender diante dessa insensibilidade, pois ela era absolutamente natural nas condições demográficas da época. Por outro lado, devemos nos surpreender sim com a precocidade do sentimento da infância, enquanto as condições demográficas continuavam a lhe ser ainda tão pouco favoráveis. Estatisticamente, de maneira objetiva, esse sentimento deveria ter surgido muito mais tarde. Ainda se compreende o gosto pelo pitoresco e pela graça desse pequeno ser, ou o sentimento da infância "engraçadinha", com que nós, adultos, nos divertimos "para nosso passatempo, assim como nos divertimos com os macacos".[24] Esse sentimento podia muito bem se acomodar à indiferença com relação à personalidade essencial e definitiva da criança, a alma imortal. O gosto novo pelo retrato indicava que as crianças começavam a sair do anonimato em que sua pouca possibilidade de sobreviver as mantinha. É notável, de fato, que nessa época de desperdício demográfico se tenha sentido o desejo de fixar os traços de uma criança que continuaria a viver ou de uma criança morta, a fim de conservar sua lembrança. O retrato da criança morta, particularmente, prova que essa criança não era mais tão geralmente considerada como uma perda inevitável. Essa atitude mental não eliminava o sentimento contrário, o de Montaigne, o da vizinha da mulher que dá à luz e o de Molière: até o século XVIII, eles coexistiriam. Foi somente no século XVIII,

---

[24] Montaigne, *Essais*, II, 8.

com o surgimento do malthusianismo e a extensão das práticas contraceptivas, que a ideia de desperdício necessário desapareceu.

O aparecimento do retrato da criança morta no século XVI marcou, portanto, um momento muito importante na história dos sentimentos. Esse retrato seria inicialmente uma efígie funerária. A criança no início não seria representada sozinha, e sim sobre o túmulo de seus pais. Os registros de Gaignières[25] mostram a criança bem pequena e ao lado de sua mãe, ou então aos pés de seus pais. Esses túmulos são todos do século XVI: 1503, 1530 e 1560. Entre os túmulos curiosos da abadia de Westminster, figura o da Marquesa de Winchester, morta em 1586.[26] A Marquesa foi representada deitada, em tamanho natural. Na parte frontal do túmulo, aparecem em pequena escala a estátua ajoelhada do Marquês seu marido, e o minúsculo túmulo de uma criança morta. Ainda em Westminster, o Conde e a Condessa de Shrewsbury estão representados sobre um túmulo de 1615-1620. Estão deitados, e sua filhinha aparece ajoelhada a seus pés com as mãos postas. Observamos que as crianças que cercam os defuntos nem sempre estavam mortas: era toda a família que se reunia em torno de seus chefes, como no momento de recolher seu último suspiro. Mas ao lado das crianças ainda vivas, eram representadas crianças que já haviam morrido; um sinal as distingue: elas são menores e seguram nas mãos uma cruz (como no túmulo de John Coke em Halkham, 1639), ou uma caveira: no túmulo de Cope D'Ayley em Hambledone (1633), quatro meninos e três meninas cercam os defuntos, e um menino e uma menina seguram uma caveira.

No museu dos Augustins, em Toulouse, existe um tríptico muito curioso proveniente da coleção Du Mège.[27] Os painéis são datados

---

25 Gaignières, *Tombeaux*.

26 Fr. Bond, *Westminster Abbey*, Londres, 1909.

27 Musée des Augustins, nº 465 do catálogo. Os painéis são datados de 1610.

de 1610. De cada lado de uma descida da cruz, estão pintados os doadores ajoelhados, um marido e uma mulher, e sua idade. Ambos têm 63 anos. Ao lado do homem, vemos uma criança vestida com o traje então usado pelas crianças de menos de cinco anos: o vestido e o avental das meninas,[28] e uma grande touca enfeitada com plumas. A criança está vestida com cores vivas e ricas, verde brocado de ouro, que acentuam a severidade das roupas pretas dos doadores. Essa mulher de 63 anos não podia ter um filho de cinco. Tratava-se de uma criança morta, sem dúvida, um filho único cuja lembrança era guardada pelo velho casal: eles quiseram mostrá-lo a seu lado em suas roupas mais bonitas.

Era um hábito piedoso oferecer às igrejas um quadro ou um vitral, e, no século XVI, o doador costumava fazer-se representar com toda a sua família. Nas igrejas alemãs, podemos ver ainda, pendurados nas pilastras ou nas paredes, numerosos quadros desse gênero, que são, de fato, retratos de família. Em um deles, da segunda metade do século XVI, na igreja de São Sebastião de Nurembergue, vê-se na frente o pai, atrás dele dois filhos já grandes e a massa mal diferenciada de seis meninos amontoados, escondendo-se uns atrás dos outros, de tal forma que alguns são quase imperceptíveis. Não seriam crianças mortas?

Um quadro semelhante, datado de 1560 e conservado no museu de Bregenz, traz nas bandeirolas as idades das crianças: três meninos de um, dois e três anos, e cinco meninas de um, dois, três, quatro e cinco anos. Ora, a mais velha, de cinco anos, tem o mesmo tamanho e a mesma roupa da menor, de um ano. Foi-lhe deixado um lugar na cena familiar, como se ela fosse viva, mas seu retrato a representava na idade em que morreu.

Essas famílias alinhadas são obras ingênuas, sem técnica, monótonas e sem estilo: seus autores, assim como os modelos,

---

[28] Van Dyck, K. der K. pr. CCXIV.

são desconhecidos e obscuros. Nos casos, porém, em que o doador recorreu a um pintor famoso, a questão muda de figura: os historiadores da arte sempre realizam as pesquisas necessárias à identificação das personagens de uma tela célebre. É o caso da família Meyer, que Holbein representou em 1526 ao pé da Virgem. Sabemos que das seis personagens da composição, três estavam mortas em 1526: a primeira mulher de Jacob Meyer e seus dois filhos, um morto aos 10 anos e o outro ainda menor, estando este último nu.

Esse costume, de fato, tornou-se comum do século XVI até meados do XVII. O museu de Versalhes conserva um quadro de Norcret que representa as famílias de Luís XIV e de seu irmão: a tela é célebre porque o Rei e os Príncipes – ao menos os homens – aparecem seminus, como os deuses do Olimpo. Gostaríamos de salientar aqui um detalhe: ao pé de Luís XIV, no primeiro plano, Norcret pintou o retrato emoldurado de duas criancinhas, mortas muito novas. Inicialmente, portanto, a criança aparecia ao lado de seus pais nos retratos de família.

Já no fim do século XVI, os registros de Gaignières apontam túmulos com efígies de crianças isoladas: um deles data de 1584, e o outro, de 1608. A criança é representada com o traje peculiar à sua idade, de vestido e touca, como a criança da descida da cruz do quadro de Toulouse. Quando, em um período de dois anos, entre 1606 e 1607, Jaime I perdeu duas filhas, uma com três dias e a outra com dois anos, mandou-as representar sobre seus túmulos de Westminster com todos os seus adereços, e quis que a menor repousasse em um berço de alabastro em que todos os acessórios – como as rendas da roupa e da touca – fossem fielmente reproduzidos para dar a ilusão de realidade. Uma inscrição indica bem o sentimento piedoso que dotava essa criança de três dias de uma personalidade definitiva: *Rosula Regia prae-propera Fato decerpta, parentibus erepta, ut in Christi Rosario reflorescat.*

Afora as efígies funerárias, os retratos de crianças isoladas de seus pais continuaram raros até o fim do século XVI: lembremos o retrato do Delfim Carlos Orlando pelo Maître des Moulins (outro testemunho da piedade sentida pelas crianças desaparecidas cedo). Por outro lado, no início do século XVII, esses retratos se tornaram muito numerosos, e sentimos que se havia criado o hábito de conservar, por intermédio da arte do pintor, o aspecto fugaz da infância. Nesses retratos a criança se separava da família como um século antes, no início do século XVI, a família se separara da parte religiosa do quadro do doador. A criança agora era representada sozinha e por ela mesma: esta foi a grande novidade do século XVII. A criança seria um de seus modelos favoritos. Os exemplos são abundantes entre os pintores famosos: Rubens, Van Dyck, Franz Hals, Le Nain, Philippe de Champaigne. Alguns desses pintores retrataram pequenos príncipes, como os filhos de Carlos I de Van Dyck, ou os de Jaime II de Largillière. Outros pintaram os filhos de grandes senhores, como as três crianças de Van Dyck, a mais velha das quais traz uma espada. Outros ainda, como Le Nain ou Philippe de Champaigne, pintaram os filhos de burgueses ricos. Algumas vezes, uma inscrição fornece o nome e a idade da criança, como era o costume antigo para os adultos. Ora a criança está sozinha (ver a obra de Philippe de Champaigne em Grenoble), ora o pintor reúne várias crianças da mesma família. Este último é um estilo de retrato banal, repetido por muitos pintores anônimos, e encontrado com frequência nos museus de província ou nos antiquários. Cada família agora queria possuir retratos de seus filhos, mesmo na idade em que eles ainda eram crianças. Esse costume nasceu no século XVII e nunca mais desapareceu. No século XIX, a fotografia substituiu a pintura: o sentimento não mudou.

Antes de encerrarmos o assunto retrato, é importante mencionar as representações de crianças em ex-votos, que começam a ser descobertos aqui e acolá: existem alguns no museu da catedral de Puy, e a Exposição do século XVII, de 1958, em Paris, revelou uma surpreendente criança doente, que também deve ser um ex-voto.

Assim, embora as condições demográficas não tenham mudado muito do século XIII ao XVII, embora a mortalidade infantil se tenha mantido em um nível muito elevado, uma nova sensibilidade atribuiu a esses seres frágeis e ameaçados uma particularidade que antes ninguém se importava em reconhecer: foi como se a consciência comum só então descobrisse que a alma da criança também era imortal. É certo que essa importância dada à personalidade da criança se ligava a uma cristianização mais profunda dos costumes.

Esse interesse pela criança precedeu em mais de um século a mudança das condições demográficas, que podemos datar aproximadamente da descoberta de Jenner. Correspondências como a do General de Martange[29] mostram que algumas famílias então fizeram questão de vacinar suas crianças. Essa precaução contra a varíola traduzia um estado de espírito que deve ter favorecido também outras práticas de higiene, provocando uma redução da mortalidade, que em parte foi compensada por um controle da natalidade cada vez mais difundido.

Outra representação da criança desconhecida da Idade Média é o *putto*, a criancinha nua. O *putto* surgiu no fim do século XVI, e, sem a menor dúvida, representou uma revivescência do Eros helenístico. O tema da criança nua foi logo extremamente bem recebido, até mesmo na França, onde o italianismo encontrava certas resistências nativas. O Duque de Berry,[30] de acordo com seus inventários, possuía uma *chambre aux enfants* ou um

---

[29] *Correspondance inédite du général de Martange*, ed. Breard, 1893.

[30] Van Marle, *op. cit.*, I, p. 71.

"quarto das crianças", ou seja, um aposento ornado com tapeçarias decoradas com *putti*. Van Marle se pergunta "se algumas vezes os escribas dos inventários não chamavam de *enfants* aqueles anjinhos semipagãos, aqueles *putti* que tantas vezes adornam a folhagem das tapeçarias da segunda metade do século XV".

No século XVI, como sabemos muito bem, os *putti* invadiram a pintura e se tornaram um motivo decorativo repetido *ad nauseam*. Ticiano, em particular, usou e abusou dos *putti*: lembremos o "Triunfo de Vênus" do Prado.

O século XVII não pareceu cansado do tema, quer em Roma, em Nápoles, ou em Versalhes, onde os *putti* ainda conservavam o antigo nome de *marmousets*. A pintura religiosa tampouco escaparia deles, graças à transformação do anjo-adolescente medieval em *putto*. Com exceção do anjo da guarda, de agora em diante o anjo não seria mais o adolescente que ainda se vê nas telas de Botticelli: ele também se transformara em um pequeno Eros nu, mesmo quando, para satisfazer o pudor pós-tridentino, sua nudez era encoberta por nuvens, vapores ou véus. A nudez do *putto* conquistou até mesmo o Menino Jesus e as outras crianças sagradas. Quando a nudez completa repugnava ao artista, ela era apenas tornada mais discreta. Evita-se vestir o Menino Jesus com muitas roupas ou cueiros: era mostrado no momento em que sua mãe desenrolava seus cueiros,[31] ou então aparecia com os ombros e as pernas despidas. Père du Colombier já observou, a propósito das pinturas de Lucca della Robbia do Hôpital des Innocents, que não era possível representar a infância sem evocar-lhe a nudez.[32] O gosto pela nudez da criança evidentemente estava ligado ao gosto geral pela nudez clássica, que começava a conquistar até mesmo o retrato. Mas o primeiro durou mais tempo, e conquistou

---

[31] Baldovinetti, "A Virgem e o Menino", Louvre.

[32] P. du Colombier, *op. cit.*

toda a arte decorativa: lembremo-nos de Versalhes, ou do teto da Villa Borghese em Roma. O gosto pelo *putto* correspondia a algo mais profundo do que o gosto pela nudez clássica, a algo que deve ser relacionado com um amplo movimento de interesse em favor da infância.

Assim como a criança medieval, criança sagrada ou alegoria da alma, ou ser angélico, o *putto* nunca foi uma criança real, histórica, nem no século XV, nem no XVI. Este fato é notável, pois o tema do *putto* nasceu e se desenvolveu ao mesmo tempo que o retrato da criança. Mas as crianças dos retratos dos séculos XV e XVI não são nunca ou quase nunca crianças nuas. Ou estão enroladas em cueiros, mesmo quando representadas de joelhos,[33] ou então vestem o traje próprio de sua idade e condição. Não se imaginava a criança histórica, mesmo muito pequena, com a nudez da criança mitológica e ornamental, e essa distinção persistiu durante muito tempo.

O último episódio da iconografia infantil seria a aplicação da nudez decorativa do *putto* ao retrato da criança. Isso aconteceu também no século XVII. No século XVI, já podemos apontar alguns retratos de crianças nuas. Mas eles são raros: um dos mais antigos talvez seja o da criança morta muito pequena da família Meyer, pintada por Holbein (1521): não podemos nos impedir de pensar na alma medieval. Em uma sala do palácio de Innsbruck, existe também uma tela em que Maria Teresa quis reunir todos os seus filhos: ao lado dos vivos, uma princesa morta foi representada em uma nudez pudicamente encoberta por drapeados.

Em uma tela de Ticiano de 1571 ou 1575,[34] Filipe II, em um gesto de oferenda, estende à Vitória seu filho, o infante Ferdinando,

---

[33] "Virgem no Trono", retrato presumido de Béatrice D'Este, 1496.

[34] "Glorificação da Vitória de Lepanto", Prado.

completamente nu: o menino lembra o *putto* usual de Ticiano, e parece achar a situação muito engraçada: os *putti* quase sempre são representados brincando.

Em 1560, Veronese pintou, segundo o costume, a família Cucina-Fiacco reunida diante da Virgem e o Menino: três homens, sendo um o pai, uma mulher, a mãe, e seis filhos. Na extrema direita, uma mulher está quase cortada ao meio pelo limite do quadro: ela segura no colo uma criança nua, da mesma forma como a Virgem segura o Menino Jesus, e essa semelhança é acentuada pelo fato de a mulher não estar vestindo o traje real de sua época. Ela não é a mãe, pois está afastada do centro da cena. Seria a ama do filho mais novo?[35] Uma pintura do holandês P. Aertsen do meado do século XVI representa uma família: o pai, um menino de aproximadamente cinco anos, uma menina de quatro, e a mãe sentada com uma criancinha no colo.[36]

Certamente existem outros casos, que uma pesquisa mais profunda revelaria: não eram, porém, suficientemente numerosos para criar um gosto comum e geral.

No século XVII, os exemplos tornaram-se mais numerosos e característicos: lembremos o retrato de Hélène Fourment de Munique, segurando no colo o filho nu, que se distingue do *putto* banal não só pela semelhança com a mãe, mas também por uma touca com plumas, do gênero então usado pelas crianças. O último filho de Carlos I pintado por Van Dyck em 1637 aparece ao lado de seus irmãos e irmãs, nu e semienvolto no lenços sobre o qual está deitado.

---

[35] Pinacoteca de Dresden.

[36] Reproduzido em H. Gerson, *De nederlandse Shilderkunst*, 2 vols., 1952, tomo I, p. 145.

"Ao representar em 1647 o banqueiro e colecionador Jabach em sua casa da Rua Saint-Merri", escreve Hautecoeur,[37] "Le Brun mostra-nos esse homem poderoso vestido simplesmente, com as meias mal esticadas, comentando com a mulher e o filho sua última aquisição... seus outros filhos estão presentes: o mais novo, nu como o Menino Jesus, repousa sobre uma almofada, e sua irmã brinca com ele". O pequeno Jabach, muito mais do que as crianças nuas de Holbein, Veronese, Ticiano, Van Dyck e mesmo Rubens, tem exatamente a mesma pose do bebê moderno diante da câmera de um fotógrafo de estúdio. A nudez da criança pequena daí em diante se tornaria uma convenção do gênero, e todas as criancinhas que sempre haviam sido cerimoniosamente vestidas no tempo de Le Nain e Philippe de Champaigne seriam representadas nuas. Essa convenção pode ser observada tanto na obra de Largillière, pintor da alta-burguesia, como na de Mignard, o pintor da corte: o filho mais novo do grande-delfim do quadro de Mignard conservado no Louvre aparece nu sobre uma almofada ao lado de sua mãe, tal como o pequeno Jabach.

A criança aparece ou completamente nua, como no retrato do Conde de Toulouse de Mignard,[38] em que a nudez do menino é velada pela alça de uma fita desenrolada com esse fim, ou no retrato de uma criança segurando uma foice de Largillière;[39] ou bem a criança aparece vestida, não com uma roupa verdadeira, semelhante ao traje usado na época, mas com um *négligé* que não lhe cobre toda a nudez e a deixa intencionalmente transparecer: vejam-se os retratos de crianças de Belle, em que as pernas e os pés aparecem nus, ou o Duque de Borgonha de Mignard, vestido apenas com uma camisa leve. Não é necessário acompanharmos

---

[37] L. Hautecoeur, *Les Peintres de la vie familiale*, 1945, p. 40.

[38] Museu de Versalhes.

[39] Rouches, "Largillière, peintre d'enfants", *Revue de l'Art ancien et moderne*, 1923, p. 253.

por mais tempo a história desse tema, que se tornou convencional. Reencontrá-lo-emos finalmente nos álbuns de família e nas vitrinas dos "fotógrafos de arte" de ontem: bebês mostrando suas pequenas nádegas apenas para a pose (pois normalmente eram cuidadosamente cobertas com fraldas e cueiros) e menininhos e menininhas vestidos para a fotografia apenas com uma camisa transparente. Não havia uma criança cuja imagem não fosse conservada em sua nudez, diretamente herdada dos *putti* do Renascimento: singular persistência no gosto coletivo, tanto burguês como popular, de um tema que originalmente foi decorativo. O Eros antigo, redescoberto no século XV, continuou a servir de modelo para os "retratos artísticos" dos séculos XIX e XX.

O leitor destas páginas sem dúvida terá notado a importância do século XVII na evolução dos temas da primeira infância. Foi no século XVII que os retratos de crianças sozinhas se tornaram numerosos e comuns. Foi também nesse século que os retratos de família, muito mais antigos, tenderam a se organizar em torno da criança, que se tornou o centro da composição. Essa concentração em torno da criança é particularmente notável no grupo familiar de Rubens,[40] em que a mãe segura a criança pelo ombro e o pai dá-lhe a mão, e nos quadros de Franz Hals, Van Dyck e Lebrun, em que as crianças se beijam, se abraçam e animam o grupo dos adultos sérios com suas brincadeiras e carinhos. O pintor barroco apoiou-se nas crianças para dar ao retrato de grupo o dinamismo que lhe faltava. Também no século XVII, a cena de gênero deu à criança um lugar privilegiado, com inúmeras cenas de infância de caráter convencional: a lição de leitura, em que sobrevive sob uma forma leiga o tema da lição da Virgem da iconografia religiosa dos séculos XIV e XV, a lição de música, ou grupos de

---

[40] Cerca de 1609. Karlsruhe, Rubens, ed. Verlags, p. 34.

meninos e meninas lendo, desenhando e brincando. Poderíamos continuar enumerando indefinidamente todos esses temas tão comuns na pintura, sobretudo da primeira metade do século, e a seguir na gravura. Enfim, como vimos, foi na segunda metade do século XVII que a nudez se tornou uma convenção rigorosa nos retratos de crianças. A descoberta da infância começou sem dúvida no século XIII, e sua evolução pode ser acompanhada na história da arte e na iconografia dos séculos XV e XVI. Mas os sinais de seu desenvolvimento tornaram-se particularmente numerosos e significativos a partir do fim do século XVI e durante o século XVII.

Esse fato é confirmado pelo gosto manifestado na mesma época pelos hábitos e pelo *jargão* das crianças pequenas. Já assinalamos no capítulo anterior que as crianças receberam então novos nomes: *bambins*, *pitchouns* e *fanfans*. Os adultos interessaram-se também em registrar as expressões das crianças e em empregar seu vocabulário, ou seja, o vocabulário utilizado pelas amas quando estas lhes falavam. É muito raro que a literatura, mesmo popular, conserve vestígios do jargão das crianças. No entanto, alguns desses vestígios são encontrados na *Divina Comédia*.[41] "Que glória terás tu a mais se deixares uma carne envelhecida, do que se tivesses morrido antes de parar de dizer *pappo* e *dindi*, antes que mil anos se passassem." *Pappo* significa pão. A palavra existia no francês da época de Dante: *papin*. Encontramo-la em um dos *Miracles Notre-Dame*, o da "criancinha que dá de comer à imagem de Jesus no colo de Nossa Senhora". "Assim, colocou-lhe o *papin* sobre a boca dizendo: *papez* (come), bela e doce criança, por favor. Então ele comeu um pedaço de *papin*: come, criança, disse o menino, e que Deus te ajude. Vejo que morres de fome. Come um pouco do meu bolo ou de minha

---

[41] *Purgatório*, XI, pp. 103-106.

fogaça." Mas a palavra *papin* seria realmente reservada à infância ou pertenceria à língua familiar do dia a dia? Qualquer que seja a resposta, os *Miracles Notre-Dame*, assim como outros textos do século XIV, revelam um gosto indiscutível pela infância real. Isto não impede, porém, que as alusões ao jargão da infância tenham permanecido excepcionais antes do século XVII. No século XVII, elas tornam-se abundantes. Vejamos alguns exemplos, entre as legendas de uma coletânea de gravuras de Bouzonnet e Stella, datada de 1657.[42] Essa coletânea contém uma série de pranchas gravadas que representam *putti* brincando. Os desenhos não têm nenhuma originalidade, mas as legendas, escritas em versos de péssima qualidade, falam o jargão da primeira infância e a gíria da juventude escolar, pois na época os limites da primeira infância continuavam bastante imprecisos. Alguns *putti* brincam com cavalos de pau – título da prancha: "*Le Dada*" (o cavalinho).

> *Des* putti *jouent aux dés, l'un est hors du jeu:*
> *Et l'autre, s'en voyant exclu (du jeu)*
> *Avec son* toutou *se console.**

O *papin* dos séculos XIV-XV deve ter caído em desuso, ao menos no francês das crianças burguesas, talvez pelo fato de não ser um termo específico da primeira infância. Mas outros termos infantis surgiram, e continuam vivos até hoje: *toutou* (au-au) e *dada* (cavalinho).

Além do jargão das amas, os *putti* falam também a gíria das escolas ou das academias militares. O trenó:

---

[42] Cl. Bouzonnet, *Jeux de l'enfance*, 1657 (segundo Stella).

* "Alguns *putti* jogam dados, um está fora do jogo: / E o outro, vendo-se excluído (do jogo), / Com seu au-au se consola." (N. T.)

Ce populo *comme un César*
*Se fait traîner dedans son char.**

Populo: latim de escola. No mesmo sentido infantil, Mme de Sévigné diria, ao falar dos filhos de Mme de Grignan: "*Ce petit peuple.*"

Um pequeno jogador faz-se notar por sua astúcia: "Este *cadet* parece ter sorte". *Cadet*: termo usado nas academias, onde, no início do século XVII, os jovens fidalgos aprendiam as armas, a equitação e as artes da guerra.

No jogo da pela:

Aynsi nuds, legers et dispos,
Les enfants, dès qu'ils ont campos
*Vont s'escrimer de la raquete.***

Avoir campos: expressão das academias, termo militar que significa obter licença. Era uma expressão comum na língua familiar, encontrada também em Mme de Sévigné.

No banho, enquanto alguns nadam:

La plupart boivent sans manger
A la santé des camarades.***

Camarades: o termo, novo também ou no máximo datando do fim do século XVI, devia ser de origem militar (viria dos alemães, dos mercenários de língua alemã?) e passou pelas academias. Com o tempo, porém, ficaria reservado à língua familiar burguesa. Até hoje não é usado na língua popular, que prefere o termo mais antigo *copain*, o *compaing* medieval.

---

* "Este *populo*, como um César, / Faz-se puxar em seu carro." (N. T.)

** "Despidas, leves e dispostas, / As crianças, assim que *ont campos* / Vão esgrimir com a raquete." (N. T.)

*** "A maioria bebe sem comer / À saúde dos *camarades*." (N. T.)

Mas voltemos ao jargão da primeira infância. Em *Le Pédant joué* de Cyrano de Bergerac, Granger chama seu filho de seu *toutou*: "Vem me dar um beijo, vem, meu *toutou*." A palavra *bonbon*, que, suponho, deve ter-se originado no jargão das amas, entrou em uso, assim como a expressão "*beau comme un ange*" (belo como um anjo), ou "*pas plus grand que cela*" (deste tamanhinho), empregadas por Mme de Sévigné.

Tentou-se registrar até mesmo as onomatopeias da criança que ainda não sabe falar. Mme de Sévigné, por exemplo, procurou anotar os ruídos emitidos por sua netinha, para mostrá-los a Mme de Grignan, que estava então na Provença: "Ela fala de um modo engraçado: e *titola, tetita y totata*."[43]

Já no início do século, Heroard, o médico de Luís XIII, havia cuidadosamente anotado em seu diário as ingenuidades de seu pupilo, seus balbucios e sua maneira de dizer "*vela*" (em vez de *voilà*, aqui está), ou "*équivez*" (em lugar de *écrivez*, escreva).

Ao descrever sua netinha, "sua amiguinha", Mme de Sévigné pinta cenas de gênero próximas das de Le Nain ou Bosse, acrescentando, porém, a delicadeza dos gravadores do fim do século XVII e dos artistas do século XVIII. "Nossa menina é uma belezinha. É morena e muito bonita. Lá vem ela. Dá-me um beijo lambuzado, mas nunca grita. Ela me abraça, me reconhece, ri para mim e me chama só de *Maman* (em vez de *Bonne Maman*)." "Eu a amo muito. Mandei cortar seus cabelos, e ela agora usa um penteado solto. Esse penteado é feito para ela. Sua tez, seu pescoço e seu corpinho são admiráveis. Ela faz cem pequenas coisinhas: faz carinhos, bate, faz o sinal da cruz, pede desculpas, faz reverência, beija a mão, sacode os ombros, dança, agrada, segura o queixo: enfim, ela é bonita em tudo o que faz. Distraio-me com ela horas

---

[43] Mme de Sévigné, *Lettres*, 8 de janeiro de 1672.

a fio."[44] Muitas mães e amas já se haviam sentido assim. Mas nenhuma admitira que esses sentimentos fossem dignos de ser expressos de uma forma tão ambiciosa. Essas cenas de infância literárias correspondem às cenas da pintura e da gravura de gênero da mesma época: são descobertas da primeira infância, do corpo, dos hábitos e da fala da criança pequena.

[44] Dezoito de setembro de 1671; 22 de dezembro de 1671; 20 de maio de 1672.

CAPÍTULO 3

O Traje das Crianças

A indiferença marcada que existiu até o século XIII – a não ser quando se tratava de Nossa Senhora menina – pelas características próprias da infância não aparece apenas no mundo das imagens: o traje da época comprova o quanto a infância era então pouco particularizada na vida real. Assim que a criança deixava os cueiros, ou seja, a faixa de tecido que era enrolada em torno de seu corpo, ela era vestida como os outros homens e mulheres de sua condição. Para nós é difícil imaginar essa confusão, nós que durante tanto tempo usamos calças curtas, hoje sinal vergonhoso de uma infância retardada. Na minha geração, os meninos deixavam as calças curtas no fim do 2º ano colegial, após uma certa pressão sobre pais recalcitrantes: meus pais, por exemplo, pediam-me paciência, citando o caso de um tio general que entrara para a academia militar de calças curtas! Hoje em dia, a adolescência se expandiu para trás e para a frente, e o traje esporte, adotado tanto pelos adolescentes como pelas crianças, tende a substituir as roupas típicas da infância do século XIX e início do século XX. Em todo o caso, se o período 1900-1920 prolongava ainda até muito tarde no jovem adolescente as particularidades de um traje reservado à infância, a Idade Média vestia indiferentemente todas as classes de idade, preocupando-se apenas em manter visíveis através da roupa os degraus da hierarquia social. Nada, no traje medieval, separava a criança do adulto. Não seria possível imaginar atitudes mais diferentes com relação à infância.

No século XVII, entretanto, a criança, ou ao menos a criança de boa família, quer fosse nobre ou burguesa, não era mais vestida como os adultos. Ela agora tinha um traje reservado à sua idade, que a distinguia dos adultos. Esse fato essencial aparece logo ao primeiro olhar lançado às numerosas representações de crianças do início do século XVII.

Consideremos a bela tela de Philippe de Champaigne do museu de Reims que representa os sete filhos da família Harbert. O filho mais velho tem dez anos, e o mais moço, oito meses. Essa pintura é preciosa para nosso estudo, pois o artista inscreveu a idade precisa, incluindo os meses, de cada um de seus modelos. O mais velho, de dez anos, já se veste como um homenzinho, envolto em sua capa: na aparência, pertence ao mundo dos adultos. Apenas na aparência, sem dúvida, pois ele deve frequentar os cursos de um colégio, e a vida escolar prolonga a idade da infância. Mas o menino certamente não continuará no colégio por muito tempo, e o deixará para se misturar aos homens cujo traje já veste e de cuja vida logo partilhará nos campos militares, nos tribunais ou no comércio. Mas os dois gêmeos, que estão afetuosamente de mãos dadas e ombros colados, têm apenas quatro anos e nove meses: eles não estão mais vestidos como adultos. Usam um vestido comprido, diferente daqueles das mulheres, pois é aberto na frente e fechado ora com botões, ora com agulhetas: mais parece uma sotaina eclesiástica. Esse mesmo vestido é encontrado no "quadro da Vida Humana" de Cebes.[1] Aí, a primeira idade, ainda mal saída do não ser, está nua; as duas idades seguintes estão enroladas em cueiros. A terceira, que deve ter por volta de dois anos e ainda não fica de pé sozinha, já usa um vestido, e sabemos que se trata de um menino. A quarta idade, montada em seu cavalo de pau, usa o mesmo

---

1 *Tabula Cebetis*, gravura de Merian. Cf. Lebègue, *op. cit.*

vestido comprido, aberto e abotoado na frente como uma sotaina dos gêmeos Harbert de Philippe de Champaigne. Esse vestido foi usado pelos meninos pequenos durante todo o século XVII. Encontramo-lo em Luís XIII menino, em inúmeros retratos de crianças franceses, ingleses e holandeses, e até no início do século XVIII, como por exemplo no jovem de Bethisy,[2] pintado por Belle por volta de 1710. Neste último quadro, o vestido do menino não é mais abotoado na frente, mas continua diferente do das meninas e não comporta acessórios de fazenda branca.

Esse vestido pode ser muito simples, como o da criança montada a cavalo do "quadro da Vida Humana". Mas pode também ser suntuoso e terminar por uma cauda, como o do jovem Duque de Anjou da gravura de Arnoult.[3]

Esse vestido em forma de sotaina não era a primeira roupa da criança depois que ela deixava os cueiros. Voltemos ao retrato das crianças Habert, de Philippe de Champaigne. François, que tem um ano e 11 meses, e o caçula, de oito meses, vestem-se ambos exatamente como sua irmã, ou seja, como duas mulherzinhas: saia, vestido e avental. Este era o traje dos meninos menores. Tornara-se hábito no século XVI vesti-los como meninas, e estas, por sua vez, continuavam a se vestir como as mulheres adultas. A separação entre crianças e adultos ainda não existia no caso das mulheres. Erasmo, em *Le Mariage chrétien*,[4] nos dá uma descrição desse traje, que o seu editor francês de 1714 traduziu sem dificuldade, como coisa que persistia em sua época: "Colocam-se (nas crianças) uma camisola curta, meias bem quentes, uma anágua grossa e o vestido de cima, que tolhe os

---

2 Museu de Versalhes, "Catherine de Bethisy e Seu Irmão".

3 Arnoult, "Le duc d'Anjou enfant", gravura, Cabinet des Estampes, *in-folio*, Ed. 101, vol. I, fº 51.

4 Erasmo, *Le Mariage chrétien*, tradução francesa de 1714.

ombros e os quadris com uma grande quantidade de tecido e pregas, e diz-se a elas que toda essa tralha lhes dá um ar maravilhoso." Erasmo denunciava essa moda, nova em sua época, e preconizava maior liberdade para os jovens corpos; sua opinião, porém, não prevaleceu contra os costumes e foi preciso esperar o fim do século XVIII para que o traje da criança se tornasse mais leve, mais folgado, e a deixasse mais à vontade. Um desenho de Rubens[5] mostra-nos um traje de um menino pequeno ainda parecido com o de Erasmo: o vestido aberto, sob o qual aparece a saia. A criança está começando a andar e é segura por tiras que pendem em suas costas. No diário de Heroard, que nos permite acompanhar dia a dia a infância de Luís XIII, lemos sob a data de 28 de junho de 1602 (Luís XIII tinha então nove meses):[6] "Foram colocadas tiras à guisa de guias em seu vestido, para lhe ensinar a andar." O mesmo Luís XIII não gostava que sua irmã usasse um vestido parecido com o seu: "Madame chegou com um vestido igual ao dele, e ele a mandou embora, com ciúmes." Enquanto os meninos usavam esse traje feminino, dizia-se que eles estavam *à la bavette*, ou seja, eram crianças "de babador". Isto durava até por volta de quatro-cinco anos. Jean Rou, que nasceu em 1638,[7] conta em suas memórias que teve uma infância precoce e que foi enviado ao colégio de Harcourt acompanhado de uma criada: "Quando eu ainda estava *à la bavette*, ou seja, quando ainda não usava o vestido comprido com gola que precedia as calças justas pelos joelhos", "eu era o único ridiculamente vestido da maneira como acabo de descrever (ou seja, vestido de menina), de sorte que era como uma espécie de novo fenômeno naquele lugar, que nunca havia ocorrido antes." A gola do vestido era uma gola de

---

5 Desenho do Louvre, reproduzido em A. Michel, *Histoire de l'Art*, VI, p. 301, fig. 194.

6 *Journal d'Heroard*, publicado por E. Soulié e E. de Barthelemy, 2 vols., 1868.

7 *Mémoires de Jean Rou, 1638-1711*, publicadas por F. Waddington, 1857.

homem. Os costumes, dessa época em diante, ditaram regras de vestir para as crianças, de acordo com sua idade: primeiro o vestido das meninas, e depois "o vestido comprido com gola", que também era chamado de *jaquette*. O regulamento de uma pequena escola ou escola paroquial de 1654[8] determinava que aos domingos as crianças fossem levadas à igreja para assistir à missa, após a instrução religiosa, e que não se misturassem os pequenos e os grandes, ou seja, os vestidos curtos e os vestidos compridos: "Os pequenos de *jaquette* deverão ser colocados todos juntos."

O diário da infância de Luís XIII que Heroard mantinha mostra a seriedade com que então se começou a tratar o traje da criança: a roupa tornava visíveis as etapas do crescimento que transformava a criança em homem. Essas etapas, outrora despercebidas, haviam-se tornado espécies de ritos que era preciso respeitar e que Heroard registrava cuidadosamente como questões importantes. Em 17 de julho de 1602, foram colocadas tiras à guisa de guias no vestido do Delfim. Ele as usaria durante mais de dois anos: aos três anos e dois meses, ele recebeu "o primeiro vestido sem guias". O menino ficou encantado, e disse ao capitão da guarda: "Capitão, não tenho mais guias, vou andar sozinho." Alguns meses antes, ele abandonara o berço e passara a dormir em uma cama: era uma etapa. No seu aniversário de quatro anos, usou calças justas pelos joelhos por baixo do vestido, e um ano mais tarde, em 7 de agosto de 1606, foi-lhe retirada a "touca de criança" e ele recebeu o chapéu dos homens. Esta também foi uma data importante: "Agora que deixais vossa touca, não sereis mais uma criança, começais a vos tornar homem" (7 de agosto de 1606). Mas seis dias depois, a Rainha mandou que lhe pusessem novamente a touca.

---

[8] *Escole paroissiale ou la manière de bien instruire les enfants dans les petites écoles, par um prestre d'une paroisse de Paris*, 1654.

Oito de janeiro de 1607: "Ele pergunta quando começará a usar as calças justas pelos joelhos (em lugar do vestido). Mme de Montglas lhe diz que será quando tiver oito anos."

A 6 de junho de 1608, quando Luís tinha sete anos e oito meses, Heroard registrou com certa solenidade: "Hoje ele foi vestido com um gibão e calças pelos joelhos, deixou o traje da infância (ou seja, o vestido), e recebeu a capa e a espada (como o mais velho dos pequenos Habert de Philippe de Champaigne)." Algumas vezes, entretanto, colocavam-lhe novamente o vestido, como já haviam feito com a touca, mas ele detestava isso: quando vestia o gibão e as calças pelos joelhos, "ficava extremamente contente e alegre, e não queria pôr o vestido". Os hábitos de vestir, portanto, não são apenas uma frivolidade. A relação entre o traje e a compreensão daquilo que ele representa está aqui bem marcada.

Nos colégios, os semi-internos usavam o vestido por cima das calças justas até os joelhos. Os diálogos de Cordier,[9] do fim do século XVI, descrevem-nos o despertar de um aluno interno: "Depois de acordar, levantei-me da cama, vesti meu gibão e minha capa curta, sentei-me em um banco, peguei minhas calças até os joelhos e minha meia, vesti-as, peguei meus sapatos, prendi minhas calças em meu gibão com agulhetas, prendi minha meia com ligas abaixo dos joelhos, peguei o cinto, penteei os cabelos, peguei o gorro e o coloquei com cuidado, vesti meu vestido", e depois "saí do quarto"...

Em Paris, no início do século XVII:[10] "Imaginem portanto Francion entrando na classe, com as ceroulas saindo por baixo de suas calças até os joelhos e descendo até os sapatos, o *vestido colocado torto* e a pasta embaixo do braço, tentanto dar uma fruta

---

9 Mathurin Cordier, *Colloques*, 1586.

10 No colégio de Lisieux; G. Sorel, *Histoire comique de Francion*, publicada por E. Roy, 1926.

podre a um e um piparote no nariz de outro." No século XVIII, o regulamento do internato de La Flèche dizia que o enxoval dos alunos devia incluir "um vestido de interno" que devia durar dois anos.[11]

Essa diferenciação de trajes não era observada nas meninas. Estas, como os meninos de outrora, do momento em que deixavam os cueiros, eram logo vestidas como mulherzinhas. Contudo, se olharmos de perto as representações de crianças do século XVII, notaremos que o traje feminino, tanto dos meninos pequenos como das meninas pequenas, comportava um ornamento singular, que não era encontrado no traje das mulheres: duas fitas largas presas ao vestido atrás dos dois ombros, pendentes nas costas. Vemos essas fitas de perfil na terceira criança Habert a partir da esquerda; na quarta idade da *Tabula Cebetis* (a criança de vestido brincando com o cavalo de pau); e na menina de dez anos da escala das idades do início do século XVIII, "miséria humana ou as paixões da alma em todas as suas idades" – para limitar nossos exemplos às imagens já comentadas aqui. Observamo-las com frequência em numerosos retratos de crianças, até Lancret e Boucher. Elas desaparecem no fim do século XVIII, época em que o traje da criança se transforma. Um dos últimos retratos de criança com as fitas nas costas talvez seja o que Mme Gabrielle Guiard pintou para *Mesdames* Adelaide e Victoire em 1788.[12] O retrato representa a irmã destas, a Infanta, que havia morrido cerca de 30 anos antes. A Infanta tinha vivido 32 anos. Mme Gabrielle Guiard a representou, contudo, como uma criança, ao lado de sua ama, e essa preocupação em conservar a lembrança de uma "mulher de trinta anos", levando-a de volta

---

[11] C. de Rochémonteix, *Le Collège Henri IV de La Fléche*, 1889.

[12] Gabrielle Guiard, "Portrait de Madame Infante pour Mesdames", 1788, museu de Versalhes.

ao tempo de sua infância, revela um sentimento inteiramente novo. A Infanta criança tem bem visíveis as fitas das costas, que ainda se usavam por volta de 1730, mas que haviam passado de moda no momento em que o quadro foi pintado.

Portanto, no século XVII e início do XVIII, essas fitas nas costas haviam-se tornado signos da infância, tanto para os meninos como para as meninas. Os estudiosos modernos sem dúvida ficaram intrigados com esse apêndice do vestuário reservado à infância. Eles foram confundidos com as "guias" (as tiras das costas das roupas das crianças pequenas que ainda não andavam com firmeza).[13] No pequeno museu da abadia de Westminster, foram expostas algumas efígies mortuárias de cera que representavam o morto e que eram colocadas sobre o ataúde durante as cerimônias fúnebres, uma prática medieval que se manteve na Inglaterra até cerca de 1740. Uma dessas efígies representa o pequeno marquês de Normamby morto aos três anos de idade: ele está vestido com uma saia de seda amarela, recoberta por um vestido de veludo (o traje das crianças pequenas) e usa essas fitas chatas da infância, que o catálogo descreve como guias. Na realidade, as guias eram cordinhas que não se pareciam com essas fitas. Uma gravura de Guérard ilustrando "a idade viril" mostra-nos uma criança (menina ou menino) usando um vestido, penteada *à la Fontange*, e vista de costas; entre as duas fitas que pendem dos ombros, vê-se claramente a cordinha que servia para ajudar a criança a andar.[14]

Essa análise nos permitiu descobrir alguns hábitos de vestuário próprios da infância que eram adotados comumente no final do século XVI e que foram conservados até o fim do século XVIII.

---

13 "Louis XV en 1715 tenu en lisière par Mme de Ventadour", gravura, Cabinet des Estampes, pet. fol. E e 3ª.

14 "L'âge viril", gravura de Guérard, cerca de 1700.

Esses hábitos, que distinguiam o traje das crianças do traje dos adultos, revelam uma nova preocupação, desconhecida da Idade Média, de isolar as crianças, de separá-las por meio de uma espécie de uniforme. Mas qual é a origem desse uniforme da infância?

O vestido das crianças nada mais é do que o traje longo da Idade Média, dos séculos XII e XIII, antes da revolução que o substituiu no caso dos homens pelo traje curto, com calças aparentes, ancestrais do nosso traje masculino atual. Até o século XIV, todo o mundo usava um vestido ou túnica, mas a túnica dos homens não era a mesma das mulheres. Geralmente era mais curta, ou então aberta na frente. Nos camponeses dos calendários do século XIII, ela parava nos joelhos, enquanto nas grandes personagens veneráveis, descia até os pés. Houve, em suma, um longo período em que os homens usaram um traje justo e longo, que se opunha ao traje drapeado tradicional dos gregos ou dos romanos: o traje longo continuava os hábitos dos bárbaros gauleses ou orientais, que se haviam introduzido na moda romana nos primeiros séculos de nossa era. Ele foi uniformemente adotado tanto no Ocidente como no Oriente: o traje turco também teve origem na túnica longa.

A partir do século XIV, os homens abandonaram a túnica longa pelo traje curto e até mesmo colante, para o desespero dos moralistas e dos pregadores, que denunciavam a indecência dessas modas, sinais da imoralidade dos tempos! De fato, as pessoas respeitáveis continuaram a usar a túnica longa – respeitáveis por sua idade (até o início do século XVII, os anciãos são representados vestindo a túnica longa), ou por sua condição: magistrados, estadistas, eclesiásticos. Alguns nunca deixaram de usar o traje longo e o usam até hoje, ao menos em certas ocasiões: os advogados, os magistrados, os professores, os eclesiásticos. Os eclesiásticos, aliás, quase o abandonaram, pois quando o traje curto se impôs definitivamente, e quando, no século XVII, já se havia completamente esquecido o escândalo de sua origem, a sotaina do eclesiástico tornou-se muito ligada à função eclesiástica para ser um traje de bom-tom. Os padres tiravam a batina para se apresentar em sociedade, ou mesmo diante de seu Bispo, da mesma forma como os oficiais tiravam o traje militar para aparecer na corte.[15]

As crianças também conservaram o traje longo, ao menos as de boa condição. Uma miniatura dos *Miracles Notre-Dame*[16] do século XV representa uma família reunida em torno do leito da mãe que acaba de dar à luz; o pai veste um traje curto, com calças justas e gibão, mas as três crianças usam um vestido comprido. Na mesma série, a criança que dá de comer ao Menino Jesus usa um vestido aberto do lado.

Na Itália, ao contrário, a maioria das crianças dos artistas do *quattrocento* usa as calças colantes dos adultos. Na França e na Alemanha parece que essa moda não foi bem-aceita, e que se manteve o traje longo para as crianças. No início do século XVI, esse hábito foi consagrado e tornou-se regra geral: as crianças sempre usavam o vestido comprido. Algumas tapeçarias alemãs dessa época mostram crianças de quatro anos de vestido longo, aberto na frente.[17] Algumas gravuras francesas de Jean Leclerc,[18] que têm como tema os jogos infantis, mostram crianças usando por cima das calças justas o vestido abotoado na frente, que se tornou, assim, o uniforme de sua idade.

As fitas chatas nas costas que, no século XVII, também distinguiam as crianças, fossem meninos ou meninas, têm a mesma origem do vestido comprido. As capas e túnicas do século XVI

---

[15] Mme de Sévigné, 1º de abril de 1672.

[16] *Miracles Notre-Dame,* Westminster, ed. G. F. Warner, 1885, vol. I, p. 58.

[17] H. Gobel, *Wandteppiche*, 1923, vol. I, prancha CLXXXII.

[18] Jean Leclerc, *Les Trente-Six Figures contenant tous les jeux*, 1587.

muitas vezes tinham mangas que se podiam vestir ou deixar pendentes. Na gravura de Leclerc que representa crianças jogando víspora, podemos ver algumas dessas mangas, presas apenas por alguns pontos. As pessoas elegantes, e sobretudo as mulheres elegantes, gostaram do efeito dessas mangas pendentes. Como não eram mais vestidas, essas mangas tornaram-se ornamentos sem utilidade e se atrofiaram, como órgãos que deixam de funcionar: perderam a cavidade interna por onde passava o braço, e, achatadas, lembraram duas fitas largas presas atrás dos ombros. As fitas das crianças dos séculos XVII e XVIII são os últimos restos das falsas mangas do século XVI. Essas mangas atrofiadas também são encontradas, aliás, em outros trajes, tanto populares como cerimoniais: na túnica camponesa, que os irmãos Ignorantinhos adotaram como traje religioso no início do século XVIII, nos primeiros trajes propriamente militares, como os dos mosqueteiros, na libré dos lacaios, e finalmente no traje de pajem, ou seja, no traje de cerimônia das crianças e dos meninos de boa família que eram confiados a outras famílias para as quais prestavam certos serviços domésticos. Esses pajens do tempo de Luís XIII usavam calças bufantes no estilo do século XVI, e falsas mangas pendentes. Esse traje de pajem tendia a se tornar o traje de cerimônia, usado em sinal de honra e de respeito: em uma gravura de Lepautre,[19] veem-se meninos vestidos com o traje arcaizante de pajem ajudando a missa. Mas esses trajes de cerimônia eram mais raros, enquanto a fita chata era encontrada nos ombros de todas as crianças, meninos e meninas, nas boas famílias, quer fossem nobres ou burgueses.

Assim, para distinguir a criança que antes se vestia como os adultos, foram conservados para seu uso exclusivo traços dos trajes antigos que os adultos haviam abandonado, algumas

---

[19] Lepautre, gravura. Cabinet des Estampes, Ed. 43 fol., p. 11.

vezes há longo tempo. Esse foi o caso do vestido, ou túnica longa, e das mangas falsas. Foi o caso também da touca usada pelas criancinhas de cueiros: no século XIII, a touca ainda era o gorro masculino normal, que prendia os cabelos dos homens durante o trabalho, como podemos ver nos calendários de Notre-Dame d'Amiens e outros.

O primeiro traje das crianças foi o traje usado por todos cerca de um século antes, e que em um determinado momento elas passaram a ser as únicas a envergar. Evidentemente, não se podia inventar do nada uma roupa para as crianças. Mas sentia-se a necessidade de separá-las de uma forma visível, por meio do traje. Escolheu-se então para elas um traje cuja tradição fora conservada em certas classes, mas que ninguém mais usava. A adoção de um traje peculiar à infância, que se tornou geral nas classes altas a partir do fim do século XVI, marca uma data muito importante na formação do sentimento da infância, esse sentimento que constitui as crianças em uma sociedade separada da dos adultos (de um modo muito diferente dos costumes iniciatórios). Não devemos esquecer a importância que o traje tinha na França antiga. Muitas vezes ele representava um capital elevado. Gastava-se muito com roupas, e, quando alguém morria, tinha-se o trabalho de fazer o inventário dos guarda-roupas, como hoje o faríamos apenas com relação a casacos de peles. As roupas custavam muito caro, e havia tentativas de frear, por meio de leis suntuárias, o luxo do vestuário, que arruinava alguns e permitia a outros dissimular seu estado social e seu nascimento. Mais que em nossas sociedades contemporâneas, onde isso ainda se aplica às mulheres, cuja roupa é o sinal aparente e necessário da prosperidade da família, da importância de uma posição social, o traje representava com rigor o lugar daquele que o vestia em uma hierarquia complexa e indiscutida. Cada um usava o traje de sua condição social: os manuais de civilidade insistiam muito na indecência que haveria se as pessoas se vestissem de maneira diferente de como deveriam, de acordo com sua idade ou seu nascimento. Cada nuança social era traduzida por um signo especial no vestuário. No fim do século XVI, o costume decidiu que a criança, agora reconhecida como uma entidade separada, tivesse também seu traje particular.

Observamos que na origem do traje infantil havia um arcaísmo: a sobrevivência da túnica longa. Essa tendência ao arcaísmo subsistiu: no fim do século XVIII, na época de Luís XVI, os meninos pequenos eram vestidos com golas no estilo Luís XIII ou Renascimento. As crianças pintadas por Lancret e Boucher frequentemente são representadas vestidas segundo a moda do século anterior.

Mas, a partir do século XVII, duas outras tendências iriam orientar a evolução do traje infantil. A primeira acentuou o aspecto efeminado do menino pequeno. Vimos anteriormente que o menino *à la bavette*, antes do "vestido com gola", usava o vestido e a saia das meninas. Essa efeminação do menino pequeno, observada já em meados do século XVI, de início foi uma coisa nova, apenas indicada por alguns poucos traços. Por exemplo, no começo, a parte de cima da roupa do menino conservava as características do traje masculino. Mas logo o menino pequeno recebeu a gola de rendas das meninas, que era exatamente igual à das senhoras. Tornou-se impossível distinguir um menino de uma menina antes dos quatro ou cinco anos, e esse hábito se fixou de maneira definitiva durante cerca de dois séculos. Por volta de 1770, os meninos deixaram de usar o vestido com gola aos quatro-cinco anos. Antes dessa idade, porém, eles eram vestidos como meninas, e isso continuaria até o fim do século XIX: o hábito de efeminar os meninos só desapareceria após a Primeira Guerra Mundial, e seu abandono deve ser relacionado com o abandono do espartilho das mulheres: uma revolução do traje que traduz a mudança dos costumes. É curioso notar também que a preocupação em distinguir a criança se tenha limitado principalmente aos meninos: as meninas só foram distinguidas pelas mangas falsas abandonadas no século XVIII, como se a infância separasse menos as meninas dos adultos do que os meninos. A indicação fornecida pelo traje confirma os outros testemunhos da história dos costumes: os meninos foram as primeiras crianças especializadas. Eles começaram a frequentar em massa os colégios já no fim do século XVI e início do XVII. O ensino das meninas começou apenas na época de Fénelon e de Mme de Maintenon, e só se desenvolveu tarde e lentamente. Sem uma escolaridade própria, as meninas eram muito cedo confundidas com as mulheres, como outrora os meninos eram confundidos com os homens, e ninguém pensava em tornar visível por meio do traje uma distinção que começava a existir concretamente para os meninos, mas que ainda continuava inútil no caso das meninas.

Por que, a fim de distinguir o menino dos homens, se assimilava o primeiro às meninas, que não eram distinguidas das mulheres? Por que esse costume, tão novo e tão surpreendente em uma sociedade em que se entrava cedo na vida, durou quase até nossos dias, ou ao menos até o início do século XX, apesar das transformações dos costumes e do prolongamento do período da infância? Tocamos aqui no campo ainda inexplorado da consciência que uma sociedade toma de seu comportamento com relação à idade e ao sexo: até hoje, só se estudou sua consciência de classe!

Outra tendência que, assim como o arcaísmo e a efeminação, certamente também nasceu do gosto pelo disfarce, levou as crianças de família burguesa a adotar traços do traje das classes populares ou do uniforme de trabalho. Aqui, a criança precederia a moda masculina, e usaria calças compridas já durante o reinado de Luís XVI, antes da época dos *sans-culottes*.* O traje da criança bem vestida da época de Luís XVI era ao mesmo tempo arcaizante (gola Renascimento), popular (calças compridas) e militar (túnica e botões do uniforme militar).

No século XVII não existia um traje propriamente popular, e tampouco havia *a fortiori* trajes regionais... Os pobres usavam as roupas que lhes davam[20] ou que compravam em belchiores. A roupa do povo era uma roupa de segunda mão (a comparação entre a roupa de ontem e o automóvel de hoje não é tão retórica como parece: o carro herdou parte do sentido social que a roupa tinha e praticamente perdeu). Logo, o homem do povo se vestia segundo a moda do homem de sociedade de algumas décadas antes: nas ruas da Paris de Luís XIII, ele usava o gorro de plumas do século XVI, enquanto as mulheres usavam a touca que estivera na moda na mesma época. Esse atraso variava de uma região para a outra, segundo a presteza com que a boa sociedade local seguia a moda do dia. No início do século XVIII, as mulheres de certas regiões, como as margens do Reno, por exemplo, ainda usavam toucas do século XV. Durante o século XVIII, essa evolução se interrompeu e fixou-se em consequência de um afastamento moral mais acentuado entre os ricos e os pobres e de uma separação física que sucedeu a uma promiscuidade milenar. O traje regional originou-se ao mesmo tempo de um gosto novo pelo regionalismo (era a época das grandes histórias regionais da Bretanha, da Provença etc., e de um ressurgimento do interesse pelas línguas regionais que se haviam transformado em dialetos em virtude do progresso do francês), e das diferenças reais dos trajes, provocadas pela variação de prazos com que as modas

---

* Nome dado aos revolucionários republicanos da Revolução Francesa. (N. T.)

20 Jeam de Bray, 1663, "Une distribuition de vêtements", H. Gerson, I, nº 50.

da cidade e da corte alcançavam cada população e cada região.

Nos grandes subúrbios populares, no fim do século XVIII, os homens começaram a usar um traje mais específico: as calças compridas, que equivaliam então ao avental do operário do século XIX, e ao macacão de hoje, signos de uma condição social e de uma função. É interessante notar que no século XVIII o traje do povo das grandes cidades deixou de ser a roupa indigente do século XVII – o andrajo informe e anacrônico, ou a roupa usada do belchior. Devemos ver aí a expressão espontânea de uma particularidade coletiva, algo próximo de uma tomada de consciência de classe. Surge, portanto, um modo de vestir próprio do artesão – as calças compridas. As calças compridas há muito tempo eram o traje dos homens do mar. Quando apareciam na comédia italiana, geralmente eram usadas pelos marinheiros e pelos habitantes do litoral: flamengos, renanos dinamarqueses e escandinavos. Estes últimos ainda as usavam no século XVII, a julgar pelas coleções de trajes dessa época. Os ingleses as haviam abandonado, mas já as conheciam no século XII.[21] As calças compridas se tornaram o uniforme das marinhas de guerra quando os Estados mais organizados definiram a vestimenta de suas tropas e de suas tripulações. Daí, ao que parece, elas passaram ao povo dos subúrbios populares, a quem já repugnava usar os andrajos dos mendigos, e aos meninos pequenos de boa condição social.

O uniforme recém-criado foi rapidamente adotado pelas crianças burguesas, primeiro nos internatos particulares, que se haviam tornado mais numerosos após a expulsão dos jesuítas, e que muitas vezes preparavam meninos para as academias e as carreiras militares. A silhueta agradou, e os adultos passaram a

---

[21] Evangeliário de Santo Edmundo. Millar, *La Miniature Anglaise*, 1926, prancha XXXV.

vestir seus meninos com um traje inspirado no uniforme militar ou naval: assim se criou o tipo do pequeno marinheiro que persistiu do fim do século XVIII até nossos dias.

A adoção das calças compridas para as crianças foi em parte uma consequência desse novo gosto pelo uniforme, que iria conquistar os adultos no século XIX, época em que o uniforme se tornou um traje de gala e de cerimônia, algo que jamais havia sido antes da Revolução. Foi inspirada também, sem dúvida, pela necessidade de liberar a criança do incômodo que lhe impunha seu traje tradicional, de lhe dar uma roupa mais desalinhada. E esse desalinho daí em diante seria exibido pelo povo dos subúrbios com uma espécie de orgulho. Graças às calças compridas do povo e dos marinheiros, os meninos se libertaram tanto do vestido comprido fora de moda e demasiado infantil, como das calças justas até os joelhos demasiado cerimoniosas. Aliás, sempre se havia achado divertido dar às crianças de boa família algumas características do traje popular, como o barrete dos trabalhadores, dos camponeses e, mais tarde, dos forçados, que os revolucionários, com seu gosto clássico, batizaram de barrete frígio: uma gravura de Bonnard mostra-nos uma criança com esse barrete.[22] Em nossos dias, assistimos a uma transferência de traje que apresenta algumas semelhanças com a adoção das calças compridas para os meninos no tempo de Luís XVI: o macacão do trabalhador e as calças de lona azul tornaram-se os *blue jeans* que os jovens usam com orgulho, como o signo visível de sua adolescência.

Assim, partindo do século XIV, em que a criança se vestia como os adultos, chegamos ao traje especializado da infância, que hoje nos é familiar. Já observamos que essa mudança afetou sobretudo os meninos. O sentimento da infância beneficiou

---

[22] Cabinet des Estampes, 0 a 50 pet. fol. fº 137.

primeiro meninos, enquanto as meninas persistiram mais tempo no modo de vida tradicional que as confundia com os adultos: seremos levados a observar mais de uma vez esse atraso das mulheres em adotar as formas visíveis da civilização moderna, essencialmente masculina.

Se nos limitarmos ao testemunho fornecido pelo traje, concluiremos para a particularização da infância durante muito tempo se restringiu aos meninos. O que é certo é que isso aconteceu apenas nas famílias burguesas ou nobres. As crianças do povo, os filhos dos camponeses e dos artesãos, as crianças que brincavam nas praças das aldeias, nas ruas das cidades ou nas cozinhas das casas continuaram a usar o mesmo traje dos adultos: jamais são representadas usando vestido comprido ou mangas falsas. Elas conservaram o antigo modo de vida que não separava as crianças dos adultos, nem por meio do traje, nem por meio do trabalho, nem por meio dos jogos e brincadeiras.

CAPÍTULO 4

Pequena Contribuição à História dos Jogos e das Brincadeiras

Graças ao diário do médico Heroard, podemos imaginar como era a vida de uma criança no início do século XVII, como eram suas brincadeiras, e a que etapas de seu desenvolvimento físico e mental cada uma delas correspondia. Embora essa criança fosse um Delfim de França, o futuro Luís XIII, seu caso permanece típico, pois na corte de Henrique IV as crianças reais, legítimas ou bastardas, recebiam o mesmo tratamento que todas as outras crianças nobres, não existindo ainda uma diferença absoluta entre os palácios reais e os castelos fidalgos. A não ser pelo fato de nunca ter ido ao colégio, frequentado já por uma parte da nobreza, o jovem Luís XIII foi educado como seus companheiros. Recebeu aulas de manejo de armas e de equitação do mesmo M. de Pluvinel, que, em sua academia, formava a juventude nobre nas artes da guerra. As ilustrações do manual de equitação de M. de Pluvinel, as belas gravuras de C. de Pos, mostram o jovem Luís XIII exercitando-se a cavalo. Na segunda metade do século XVII, isso já não acontecia mais: o culto monárquico separava mais cedo – na realidade, desde a primeira infância – o pequeno príncipe dos outros mortais, mesmo os de berço nobre.

Luís XIII nasceu a 27 de setembro de 1601. Seu médico Heroard deixou-nos um registro minucioso de todos os seus feitos e gestos.[1] Com um ano e cinco meses, Heroard registra que o menino "toca violino e canta ao mesmo tempo". Antes, ele se contentava com os brinquedos habituais dos pequeninos, como o cavalo de pau, o cata-vento ou o pião. Com um ano e meio, porém, já lhe colocam um violino nas mãos: o violino ainda não era um instrumento nobre, era a rebeca que acompanhava as danças nas bodas e nas festas das aldeias. De toda forma, percebe-se a importância do canto e da música nessa época.

Ainda com a mesma idade, o menino joga malha: "Em um jogo de malha, o Delfim errou o lance e feriu M. de Longueville." Isso equivaleria a vermos hoje um inglesinho começando a jogar críquete ou golfe com um ano e meio de idade. Com um ano e dez meses, somos informados de que o Delfim "continua a tocar seu pequeno tambor, com todos os tipos de toques": cada companhia tinha seu tambor e sua marcha própria. Começam a lhe ensinar a falar: "Fazem-no pronunciar as sílabas separadamente, antes de dizer as palavras." Nesse mesmo mês de agosto de 1603, "ao ir jantar, a Rainha manda buscá-lo e colocá-lo na ponta de sua mesa". As gravuras e as pinturas dos séculos XVI e XVII muitas vezes representam uma criança na mesa, encarapitada e bem presa em uma cadeirinha alta; deve ter sido de uma dessas cadeiras altas que o Delfim assistiu à refeição de sua mãe, como tantas outras crianças em tantas outras famílias. O menino tem apenas dois anos, e eis que, "levado ao gabinete do Rei, dança ao som do violino todos os tipos de danças". Mais uma vez observamos a precocidade da música e da dança na educação dos meninos dessa época: isso explica a frequência, entre as famílias de profissionais, daquilo que hoje chamaríamos de crianças-prodígio, como o pequeno Mozart; esses casos se tornariam mais raros e

---

[1] Heroard, *Journal sur l'enfance et la jeunesse de Louis XIII*, editado por E. Soulié e E. Barthélemy, 2 vols., 1868.

ao mesmo tempo pareceriam mais prodigiosos à medida que a familiaridade com a música, mesmo em suas formas elementares ou bastardas, se atenuou ou desapareceu. O Delfim começa a falar: "Contar papai" em lugar de "Vou contar a papai"; "*Equivez*" em vez de *écrivez*. Muitas vezes também, ele é surrado: "Como se comportasse mal (recusava-se a comer), levou uma surra; depois de acalmado, pediu sua comida e comeu." "Foi para seu quarto gritando e levou uma surra." Embora se misture aos adultos, se divirta, dance e cante com eles, o Delfim ainda brinca com brinquedos de criança. Tem dois anos e sete meses quando Sully lhe dá de presente uma "pequena carruagem cheia de bonecas". "Uma linda boneca de *theu-theu* (?)", diz ele em seu jargão.

Ele gosta da companhia dos soldados: "Os soldados sempre se alegram em vê-lo." "Ele conduz pequenas ações militares com seus soldados. M. de Marsan colocou-lhe a gola alta, a primeira que jamais usara, e ele ficou encantado." "Ele brinca de ações militares com seus pequenos senhores." Sabemos também que ele frequenta o jogo da pela, assim como o de malha – no entanto, ele ainda dorme em um berço. Em 19 de julho de 1604, aos dois anos e nove meses, "ele viu sua cama sendo feita com uma enorme alegria, e foi colocado no leito pela primeira vez". Ele já conhece os rudimentos de sua religião: na missa, no momento da elevação, mostram-lhe a hóstia e ele diz que é "*le bon Dieu*, o bom Deus". Examinemos de passagem esta expressão, *le bon Dieu*, que hoje está sempre presente na língua dos padres e dos devotos, mas que nunca é encontrada na literatura religiosa anterior ao século XIX. Como podemos ver aqui, no início do século XVII, essa expressão certamente recente pertencia à língua das crianças, ou à língua que os pais e as amas utilizavam ao falar com as crianças. A expressão contaminou a língua dos adultos no século XIX, e, com a efeminação da religião, o Deus de Jacó tornou-se o "*bon Dieu*" das criancinhas.

O Delfim agora já sabe falar direito, e vez por outra tem saídas insolentes que divertem os adultos: "O Rei, mostrando-lhe uma vara de marmelo, perguntou-lhe: – Meu filho, para quem é isso? – Ele respondeu zangado: – Para vós. O Rei não pôde deixar de rir."

Na noite de Natal de 1604, aos três anos, o Delfim participa da festa e das comemorações tradicionais. "Antes da ceia, ele viu a acha de Natal ser acesa, e dançou e cantou pela chegada do Natal." Ganha alguns presentes: uma bola e algumas "quinquilharias italianas", entre as quais uma pomba mecânica, brinquedos destinados tanto à Rainha quanto a ele. Durante as noites de inverno, quando todos ficavam dentro de casa – em uma época de vida ao ar livre – "ele brincava de cortar papel com uma tesoura". A música e a dança continuam a ocupar um lugar importante em sua vida. Heroard registra com uma ponta de admiração: "O Delfim dança todas as danças"; ele guarda na lembrança todos os balés que viu e nos quais não demoraria a tomar parte, se é que já não havia começado a fazê-lo: "Lembrando-se de um balé dançado um ano atrás (quando tinha dois anos), o Delfim perguntou: – Por que é que o Carneirinho estava nu? – Ele representara o Cupido nu." "Ele dança a galharda, a sarabanda, e a velha *bourrée* (dança popular de Auvergne)." Ele gosta de cantar e de tocar a mandora de Boileau; canta a canção de Robin: "Robin vai a Tours – Comprar veludo – Para fazer um gorrinho – Mamãe, eu quero Robin." Ele gosta de cantar a canção com a qual o ninavam: "Quem quer ouvir a canção – A filha do Rei Luís – Bourbon a amou tanto – que no fim a engravidou." Canção curiosa para ninar criancinhas pequenas! Ele ia fazer quatro anos dentro de poucos dias e já sabia ao menos o nome das cordas do alaúde, que era um instrumento nobre: "Ele toca com a ponta dos dedos nos lábios dizendo: esta é a baixa." Mas sua familiaridade precoce com o alaúde não o impedia de ouvir os violinos mais populares, como os que animaram a dança nas bodas de um dos cozinheiros do Rei – ou um tocador de gaita de foles, um dos pedreiros que "consertavam sua lareira". "Ele passava um bom tempo a ouvi-lo."

Nessa época, o Delfim começa a aprender a ler. Aos três anos e cinco meses, "ele gosta de um livro com as figuras da Bíblia: sua ama lhe nomeia as letras e ele as conhece todas". Ensinam-lhe a seguir as quadras de Pibrac, regras de etiqueta e de moralidade que as crianças tinha de aprender de cor. A partir dos quatro anos, começa a aprender a escrever: seu mestre é um clérigo da capela do castelo chamado Dumont. "Ele mandou trazer sua escrivaninha para a sala de jantar, para escrever sob a orientação de Dumont, e disse: – Estou escrevendo meu exemplo e estou indo para a escola" (o exemplo era o modelo manuscrito que ele devia copiar). "Ele escreveu seu exemplo seguindo a impressão feita sobre o papel, e a seguiu muito bem, com grande prazer." Começa a aprender palavras latinas. Aos seis anos, um escrevente profissional substitui o clérigo da capela: "Ele escreveu seu exemplo. Beaugrand, o escrevente do Rei, mostrou-lhe como escrever."

Ele ainda brinca com bonecas: "Brinca com alguns brinquedinhos e com um pequeno gabinete alemão (miniaturas de madeira, fabricadas pelos artesãos de Nurembergue). M. de Loménie deu-lhe um pequeno fidalgo muito bem vestido, com uma gola perfumada... Ele o penteou e disse: 'Vou casá-lo com a boneca de Madame (sua irmã)'." Ele ainda gosta de recortar papel. Contam-lhe histórias, também: "Ele mandou que sua ama lhe contasse as histórias da comadre Raposa e do Mau Rico e Lázaro." "Deitado na cama, contavam-lhe as histórias de Melusina. Eu lhe disse que eram fábulas, e não histórias reais." (A observação revela uma nova preocupação com a educação, já moderna.) As crianças não eram as únicas a ouvir essas histórias: elas também eram contadas nas reuniões noturnas dos adultos.

Ao mesmo tempo em que brincava com bonecas, esse menino de quatro a cinco anos praticava o arco, jogava cartas, xadrez (aos seis anos) e participava de jogos de adultos, como o jogo de raquetes e inúmeros jogos de salão. Aos três anos, o menino já participava de um jogo de rimas, que era comum às crianças e aos jovens. Com os pajens dos aposentos do Rei, mais velhos do que ele, brincava de "a companhia vos agrada?". Algumas vezes era o mestre (o líder da brincadeira), e quando não sabia o que devia dizer, perguntava; participava dessas brincadeiras, como a de acender uma vela com os olhos vendados, como se tivesse 15 anos. Quando ele não está brincando com os pajens, está brincando com os soldados: "Ele brincava com os soldados de diversas brincadeiras, como de bater palmas e de esconder." Aos seis anos, joga o jogo dos ofícios e brinca de mímica, jogos de salão que consistiam em adivinhar as profissões e as histórias que eram representadas por mímica. Essas brincadeiras também eram brincadeiras de adolescentes e de adultos.

Cada vez mais, o Delfim se mistura com os adultos e assiste a seus espetáculos. Ele tem cinco anos. "Foi levado ao pátio atrás do canil (em Fontainebleau) para assistir a uma luta entre os bretões que trabalhavam nas obras do Rei." "Foi levado até o Rei no salão do baile para ver os cães lutando com os ursos e o touro." "Foi ao pátio coberto do jogo da pela para assistir a uma corrida de texugos." E, acima de tudo, ele participa dos balés. Aos quatro anos e meio, "ele vestiu uma máscara, foi aos aposentos do Rei para dançar um balé, e recusou-se a tirar a máscara, não querendo ser reconhecido". Muitas vezes ele se fantasia de "camareira da Picardia", de pastora ou de menina (ainda usava a túnica dos meninos). "Após a ceia, assistiu à dança ao som das canções de um certo Laforest", um soldado-coreógrafo, também autor de farsas. Aos cinco anos, "assistiu sem entusiasmo à encenação de uma farsa em que Laforest fazia o papel do marido cômico, o Barão de Montglat, o da mulher infiel e Indret, o do namorado que a seduzia"; aos seis anos, "dançou um balé, muito bem vestido de homem, com um gibão e calças até os joelhos por cima de sua túnica". "Assistiu ao balé dos feiticeiros e diabos, dançado pelos soldados de M. de Marsan e criado pelo piemontês Jean-Baptiste (um outro soldado-coreógrafo)." Ele não dança apenas os balés ou as danças da corte que aprende com um professor, assim como aprende a leitura e a escrita. Participa também do que hoje chamaríamos de danças populares. Aos cinco anos, participa de uma, que me lembra uma dança tirolesa que vi certa vez uns meninos com calças de couro dançarem em um café de Innsbruck: os pajens do Rei "dançaram uma *branle*, dando pontapés nos traseiros uns dos outros; ele também dançou e fez como os outros". Em outra ocasião, ele estava fantasiado de menina para uma representação: "Terminada a farsa, tirou o vestido e dançou, chutando o traseiro de seus vizinhos. Ele apreciava essa dança."

Finalmente, une-se aos adultos nas festas tradicionais do Natal, de Reis, de São João: é ele quem acende a fogueira de São João, no pátio do castelo de Saint-Germain. Na noite de Reis, "ele foi rei pela primeira vez. Todos gritavam: – o rei bebe! – A parte de Deus era posta de lado: aquele que a comesse teria de pagar uma prenda". "Foi levado aos aposentos da Rainha, de onde viu o mastro de maio ser erguido."

As coisas mudam quando ele se aproxima de seu sétimo aniversário: abandona o traje da infância e sua educação é entregue então aos cuidados dos homens; ele deixa "Mamangas", Mme de Montglas, e passa à responsabilidade de M. de Soubise. Tenta-se então fazê-lo abandonar os brinquedos da primeira infância, essencialmente as brincadeiras de bonecas: "Não deveis mais brincar com esses brinquedinhos (os brinquedos alemães), nem brincar de carreteiro: agora sois um menino grande, não sois mais criança." Ele começa a aprender a montar a cavalo, a atirar e a caçar. Joga jogos de azar: "Ele participou de uma rifa e ganhou uma turquesa." Tudo indica que a idade de sete anos marcava uma etapa de certa importância: era a idade geralmente fixada pela literatura moralista e pedagógica do século XVII para a criança entrar na escola ou começar a trabalhar.[2] Mas não devemos exagerar sua importância. Pois embora não brinque mais ou não deva mais brincar com bonecas, o Delfim continua a levar a mesma vida de antes. Ainda é surrado, e seus divertimentos quase não se alteram. Ele vai cada vez mais ao teatro, chegando em pouco tempo a ir quase todos os dias: uma prova da importância da comédia, da farsa e do balé nos frequentes espetáculos de interior ou ao ar livre de nossos ancestrais. "Ele foi à grande galeria para ver o Rei em um torneio de argolinhas." "Gosta de ouvir os maus contos de La Clavette e de outros." "Jogou cara ou coroa em seu gabinete com pequenos fidalgos, como o Rei, com três dados." "Brincou de esconder" com um tenente da cavalaria ligeira. "Foi assistir a um jogo de pela, e de lá foi à grande galeria assistir a um torneio de argolinhas." "Fantasiou-se e dançou o Pantalon." Ele agora tem mais de nove anos: "Após a ceia, foi aos aposentos da Rainha, brincou de cabra-cega e fez com que a Rainha, as princesas e as damas brincassem também." Com um pouco mais de 13 anos, ainda brinca de esconder.

Um pouco mais de bonecas e de brinquedos alemães antes dos sete anos, um pouco mais de caça, cavalos, armas e talvez teatro após essa idade: a mudança se faz insensivelmente nessa longa sequência de divertimentos que a criança toma emprestada dos adultos ou divide com eles. Aos dois anos, Luís XIII começa a jogar malha e pela; aos quatro, atira com o arco – eram "jogos de exercício" que todos praticavam: Mme de Sévigné, por exemplo,

---

[2] Cf. *infra*, Parte 3, Capítulo 2.

felicitaria seu genro por sua habilidade na malha. O romancista e historiador Sorel escreveria um tratado sobre os jogos de salão destinado aos adultos. Mas aos três anos, Luís XIII participava de um jogo de rimas, e aos seis, jogava o jogo dos ofícios e brincava de mímica, brincadeiras estas que ocupavam um lugar importante na *Maison des Jeux* de Sorel. Aos cinco anos, ele joga cartas. Aos oito, ganha um prêmio em uma rifa, jogo de azar em que as fortunas costumavam trocar de mãos.

O mesmo se dá com os espetáculos musicais ou dramáticos: aos três anos, Luís XIII dança a galharda, a sarabanda, a velha *bourrée*, e desempenha papéis nos balés da corte. Aos cinco anos, assiste às farsas e, aos sete, às comédias. Canta, toca violino e alaúde. Está na primeira fila dos espectadores que assistem a uma luta, a um torneio de argolinhas, a uma briga de ursos ou de touros, ou a um acrobata na corda bamba. Enfim, participa das grandes festividades coletivas que eram as festas religiosas e sazonais: o Natal, a festa de maio, São João... Parece, portanto, que no início do século XVII não existia uma separação tão rigorosa como hoje entre as brincadeiras e os jogos reservados às crianças e as brincadeiras e os jogos dos adultos. Os mesmos jogos eram comuns a ambos.

No início do século XVII, essa polivalência não se estendia mais às crianças muito pequeninas. Conhecemos bem suas brincadeiras, pois, a partir do século XV, quando os *putti* surgiram na iconografia, os artistas multiplicaram as representações de criancinhas brincando. Reconhecemos nessas pinturas o cavalo de pau, o cata-vento, o pássaro preso por um cordão... e, às vezes, embora mais raramente, bonecas. É um tanto ou quanto evidente que esses brinquedos eram reservados aos pequenininhos. No entanto, podemos nos perguntar se tinha sempre sido assim e se esses brinquedos não haviam pertencido antes ao mundo dos adultos.

Alguns deles nasceram do espírito de emulação das crianças, que as leva a imitar as atitudes dos adultos, reduzindo-as à sua escala: foi o caso do cavalo de pau, em uma época em que o cavalo era o principal meio de transporte e de tração. Da mesma forma, as pás que giravam na ponta de uma vareta só podiam ser a imitação feita pelas crianças de uma técnica que, contrariamente à do cavalo, não era antiga: a técnica dos moinhos de vento, introduzida na Idade Média. O mesmo reflexo anima nossas crianças de hoje quando elas imitam um caminhão ou um carro. Mas, enquanto os moinhos de vento há muito desapareceram de nossos campos, os cata-ventos continuam a ser vendidos nas lojas de brinquedos, nos quiosques dos jardins públicos ou nas feiras. As crianças constituem as sociedades humanas mais conservadoras.

Outras brincadeiras parecem ter tido outra origem, que não o desejo de imitar os adultos. Assim, muitas vezes a criança é representada brincando com um pássaro: Luís XIII possuía uma pega da qual gostava muito. O próprio leitor talvez se lembre de suas tentativas de domesticar um pássaro ferido na infância. Nessas cenas de jogos, o pássaro em geral está amarrado a uma correntinha que a criança segura. Às vezes, ele é uma imitação de madeira. Em todo o caso, a julgar pela iconografia, o pássaro amarrado parece ter sido um dos brinquedos mais comuns. O historiador da religião grega, Nilsson,[3] informa-nos que na Grécia antiga, como, aliás, na Grécia moderna, era costume nos primeiros dias de março os meninos fazerem uma andorinha de madeira enfeitada com flores, que girava em torno de um eixo. Eles a levavam de casa em casa, e recebiam presentes: o pássaro ou sua reprodução não eram um brinquedo individual, e sim um elemento de uma festa coletiva e sazonal, da qual a juventude participava desempenhando o papel que sua classe de idade lhe

---

[3] Nilsson, *La Religion populaire dans La Grèce antique.*

atribuía. (Reencontraremos mais adiante esse tipo de festa.) Aquilo que mais tarde se tornaria um brinquedo individual, sem relação com a comunidade ou com o calendário, destituído de qualquer conteúdo social, parece ter sido ligado no princípio a cerimônias tradicionais que misturavam as crianças e os jovens – aliás mal distinguidos – com os adultos. O mesmo Nilsson mostra como o balanço, tão frequente na iconografia dos jogos e brincadeiras ainda no século XVIII, figurava entre os ritos de uma das festas previstas pelo calendário: as Aiora, a festa da juventude. Os meninos pulavam sobre odres cheios de vinho, e as meninas eram empurradas em balanços. Esta última cena pode ser vista em vasos pintados, e Nilsson a interpreta como um rito da fecundidade. Existia uma relação estreita entre a cerimônia religiosa comunitária e a brincadeira que compunha seu rito essencial. Com o tempo, a brincadeira se libertou de seu simbolismo religioso e perdeu seu caráter comunitário, tornando-se ao mesmo tempo profana e individual. Nesse processo, ela foi cada vez mais reservada às crianças, cujo repertório de brincadeiras surge então como o repositório de manifestações coletivas abandonadas pela sociedade dos adultos e dessacralizadas.

O problema da boneca e dos brinquedos-miniaturas leva-nos a hipóteses semelhantes. Os historiadores dos brinquedos e os colecionadores de bonecas e de brinquedos-miniaturas sempre tiveram muita dificuldade em distinguir a boneca, brinquedo de criança, de todas as outras imagens e estatuetas que as escavações nos restituem em quantidades semi-industriais e que quase sempre tinham uma significação religiosa: objetos de culto doméstico ou funerário, ex-votos dos devotos de uma peregrinação etc. Quantas vezes nos apresentam como brinquedos as reduções de objetos familiares depositados nos túmulos? Não pretendo concluir que as crianças pequenas de outrora não brincavam com bonecas ou com réplicas dos objetos dos adultos. Mas elas não eram as únicas a se servir dessas réplicas. Aquilo que na idade moderna se tornaria seu monopólio ainda era partilhado na Antiguidade, ao menos com os mortos. Essa ambiguidade da boneca e da réplica persistiria durante a Idade Média, por mais tempo ainda no campo: a boneca era também o perigoso instrumento do feiticeiro e do bruxo. Esse gosto em representar de forma reduzida as coisas e as pessoas da vida quotidiana, hoje reservado às criancinhas, resultou em uma arte e artesanato populares destinados tanto à satisfação dos adultos como à distração das crianças. Os famosos presépios napolitanos são uma das manifestações dessa arte da ilusão. Os museus, sobretudo alemães e suíços, possuem conjuntos complicados de casas, interiores e mobiliários que reproduzem em escala reduzida todos os detalhes dos objetos familiares. Seriam realmente casas de bonecas essas pequenas obras-primas de engenho e complicação? É verdade que essa arte popular dos adultos também era apreciada pelas crianças: eram muito procurados na França os "brinquedos alemães" ou as "quinquilharias italianas". Enquanto os objetos em miniatura se tornavam o monopólio das crianças, uma mesma palavra designava na França essa indústria, quer seus produtos se destinassem às crianças ou aos adultos: *bimbeloterie*. O bibelô antigo era também um brinquedo. A evolução da linguagem afastou-o de seu sentido infantil e popular, enquanto a evolução do sentimento, ao contrário, restringia às crianças o uso dos pequenos objetos, das réplicas. No século XIX, o bibelô tornou-se um objeto de salão, de vitrina, mas continuou a ser a redução de um objeto familiar: uma cadeirinha, um movelzinho ou uma louça minúscula, que jamais se destinaram às brincadeiras de crianças. Nesse gosto pelo bibelô devemos reconhecer uma sobrevivência burguesa da arte popular dos presépios italianos ou das casas alemãs. A sociedade do *Ancien Régime* durante muito tempo permaneceu fiel a esses brinquedinhos, que hoje qualificaríamos de bobagens de crianças, sem dúvida porque caíram definitivamente no domínio da infância.

Ainda em 1747, Barbier escreve: "Inventaram-se em Paris uns brinquedos chamados fantoches... Esses bonequinhos representam Arlequim, Scaramouche (a comédia italiana) ou então padeiros (os ofícios), pastores e pastoras (o gosto pelos disfarces rústicos). Essas bobagens divertiram e dominaram Paris inteira, de tal forma que não se pode ir a nenhuma casa sem encontrar alguns, pendurados nas lareiras. São dados de presente a todas as mulheres e meninas, e a loucura chegou a tal ponto que, no início deste ano, todas as lojas se encheram deles para vendê-los como presentes... A duquesa de Chartres pagou 1.500 libras por um boneco pintado por Boucher." O excelente bibliófilo Jacob, que cita o trecho anterior, reconhece que, em sua época, ninguém teria sonhado com tais infantilidades: "As pessoas de sociedade, muito ocupadas (o que diria ele hoje!), não se divertem mais como naquele bom tempo de ócio (?) que viu florescer a moda dos bilboquês e dos fantoches; hoje deixamos os brinquedos para as crianças."

O teatro de marionetes parece ter sido outra manifestação da mesma arte popular da ilusão em miniatura, que produziu as quinquilharias alemãs e os presépios napolitanos. Ele teve, aliás, a mesma evolução: o Guignol lionês do início do século XIX era uma personagem do teatro popular, porém adulto. Hoje, Guignol tornou-se o nome do teatro de marionetes reservado às crianças.

Sem dúvida, essa ambiguidade persistente das brincadeiras infantis explica também por que, do século XVI até o início do XIX, a boneca serviu às mulheres elegantes como manequim de moda. Em 1571, a duquesa de Lorraine, querendo dar um presente a uma amiga que havia dado à luz, encomenda "bonecas não muito grandes, e em número de até quatro ou seis, e das mais bem vestidas que possais encontrar, para enviá-las à filha da Duquesa de Bavière, que acabou de nascer". O presente se destinava à mãe, mas em nome da criança! A maioria das bonecas de coleções não são brinquedos de crianças, objetos geralmente grosseiros e maltratados, e sim bonecas de moda. As bonecas de moda desapareceriam e seriam substituídas pela gravura de moda, graças especialmente à litografia.[4]

Existe, portanto, em torno dos brinquedos da primeira infância e de suas origens, uma certa margem de ambiguidade. Essa ambiguidade começava a se dissipar na época em que me coloquei no início deste capítulo, ou seja, em torno dos anos 1600: a especialização infantil dos brinquedos já estava então consumada, com algumas diferenças de detalhe com relação ao nosso uso atual: assim, como observamos a propósito de Luís XIII, a boneca não se destinava apenas às meninas. Os meninos também brincavam com elas. Dentro dos limites da primeira infância, a discriminação moderna entre meninas e meninos era menos nítida: ambos os sexos usavam o mesmo traje, o mesmo vestido. É possível que exista uma relação entre a especialização infantil dos brinquedos e a importância da primeira infância no sentimento revelado pela iconografia e pelo traje a partir do fim da Idade Média. A infância tornava-se o repositório dos costumes abandonados pelos adultos.

Por volta de 1600, a especialização das brincadeiras atingia apenas a primeira infância; depois dos três ou quatro anos, ela se atenuava e desaparecia. *A partir dessa idade, a criança jogava os mesmos jogos e participava das mesmas brincadeiras dos adultos, quer entre crianças, quer misturada aos adultos.* Sabemos disso graças principalmente ao testemunho de uma abundante iconografia, pois, da Idade Média até o século XVIII, tornou-se

---

[4] E. Fournier, *Histoire des jouets et jeux d'enfants*, 1889.

comum representar cenas de jogos: um índice do lugar ocupado pelo divertimento na vida social do *Ancien Régime*. Já vimos que Luís XIII, desde seus primeiros anos, ao mesmo tempo que brincava com bonecas, jogava pela e malha, jogos que hoje nos parecem ser muito mais jogos de adolescentes e de adultos. Em uma gravura de Arnoult[5] do século XVII, vemos crianças jogando boliche. São crianças bem-nascidas, a julgar pelas mangas falsas da menina. Não se sentia nenhuma repugnância em deixar as crianças jogar, assim que se tornavam capazes, jogos de cartas e de azar, e a dinheiro. Uma das gravuras de Stella dedicada aos jogos dos *putti*[6] descreve com simpatia a infelicidade de um deles, que havia perdido tudo. Os pintores caravagescos do século XVII muitas vezes retrataram grupos de soldados jogando excitadamente em tavernas mal-afamadas: ao lado de velhos soldados, veem-se meninos muito jovens, de 12 anos talvez, e que não parecem ser os menos animados. Uma tela de S. Bourdon[7] representa um grupo de mendigos em torno de duas crianças, observando-as jogar dados. O tema das crianças jogando a dinheiro jogos de azar ainda não chocava a opinião pública, pois é encontrado também em cenas que mostram não mais velhos, soldados ou mendigos, mas personagens sérias como as de Le Nain.[8]

Inversamente, os adultos participavam de jogos e brincadeiras que hoje reservamos às crianças. Um marfim do século XIV[9] representa uma brincadeira de adultos: um rapaz sentado no chão tenta pegar os homens e as mulheres que o empurram.

---

[5] Arnoult, gravura, Cabinet des Estampes, Oa 52 pet. fol. Fº 164.

[6] Claudine Bouzonnet, *Jeaux de l'enfance*, 1657.

[7] Museu de Genebra.

[8] P. Fierens, *Le Nain*, 1933, prancha XX.

[9] Louvre.

O livro de horas de Adelaide de Savoie, do fim do século XV,[10] contém um calendário que é ilustrado principalmente com cenas de jogos, e de jogos que não eram de cavalaria. (No início, os calendários representavam cenas de ofícios, exceto no mês de maio, reservado a uma corte de amor. Os jogos foram introduzidos e passaram a ocupar um lugar cada vez maior. Em geral eram jogos de cavalaria, como a caça, mas havia também jogos populares.) Uma dessas ilustrações mostra a seguinte brincadeira: uma pessoa faz o papel da vela no meio de um círculo de casais, em que cada dama fica atrás de seu cavalheiro e o segura pela cintura. Em uma outra passagem do mesmo calendário, a população da aldeia faz uma guerra de bolas de neve – homens e mulheres, grandes e pequenos. Em uma tapeçaria[11] do início do século XVI, alguns camponeses e fidalgos, estes últimos mais ou menos vestidos de pastores, brincam de uma espécie de cabra-cega: não aparecem crianças. Vários quadros holandeses da segunda metade do século XVII representam também pessoas brincando dessa espécie de cabra-cega. Em um deles[12] aparecem algumas crianças, mas elas estão misturadas com os adultos de todas as idades: uma mulher, com a cabeça escondida no avental, estende a mão aberta nas costas. Luís XIII e sua mãe brincavam de esconde-esconde. Brincava-se de cabra-cega na casa de Grande Mademoiselle, no Hôtel de Rambouillet.[13] Uma gravura de Lepeautre[14] mostra que os camponeses adultos também gostavam dessa brincadeira.

Logo, podemos compreender o comentário que o estudo da iconografia dos jogos inspirou ao historiador contemporâneo

---

10 Chantilly.

11 Victoria and Albert Museum, Londres.

12 Berndt, no 509 (Cornelis de Man), nº 544 (Molinar).

13 Fournier, *op. cit.*

14 Lepeautre, gravura, Cabinet des Estampes, Ed. 73 in-fº, p. 104.

Van Marle:[15] "Quanto aos divertimentos dos adultos, não se pode dizer realmente que fossem menos infantis do que as diversões das crianças." É claro que não, pois se eram os mesmos!

As crianças também participavam, no lugar que lhes cabia entre os outros grupos de idade, das festas sazonais que reuniam regularmente toda a coletividade. Para nós é difícil imaginar a importância dos jogos e das festas na sociedade antiga: hoje, tanto para o homem da cidade como para o do campo, existe apenas uma margem muito estreita entre uma atividade profissional laboriosa e hipertrofiada, e uma vocação familiar imperiosa e exclusiva. Toda a literatura política e social, reflexo da opinião contemporânea, trata das condições de vida e de trabalho. Um sindicalismo que protege os salários reais e seguros que reduzem o risco da doença e do desemprego: eis as principais conquistas populares, ao menos as mais aparentes na opinião pública, na literatura e no debate político. Mesmo as aposentadorias tornam-se cada vez menos possibilidades de repouso: são antes privilégios que permitem uma renda mais gorda. O divertimento, tornado quase vergonhoso, não é mais admitido, a não ser em raros intervalos, quase clandestinos: só se impõe como dado dos costumes uma vez por ano, durante o imenso êxodo do mês de agosto[16] que leva às praias e às montanhas, à beira d'água, ao ar livre e ao sol uma massa cada vez mais numerosa, mais popular e ao mesmo tempo mais motorizada.

Na sociedade antiga, o trabalho não ocupava tanto tempo do dia, nem tinha tanta importância na opinião comum: não tinha o valor existencial que lhe atribuímos há pouco mais de um século. Mal podemos dizer que tivesse o mesmo sentido. Por

---

[15] Van Marle, *op. cit.*, vol. I, p. 71.

[16] O mês de férias coletivas na Europa. (N. T.)

outro lado, os jogos e os divertimentos estendiam-se muito além dos momentos furtivos que lhes dedicamos: formavam um dos principais meios de que dispunha uma sociedade para estreitar seus laços coletivos, para se sentir unida. Isso se aplicava a quase todos os jogos, mas esse papel social aparecia melhor nas grandes festas sazonais e tradicionais. Elas se realizavam em datas fixas do calendário, e seus programas seguiam em geral regras tradicionais. Essas festas só foram estudadas por especialistas em folclore ou em tradições populares, que as situam em um meio quase exclusivamente rural. Mas, ao contrário, elas envolviam toda a sociedade, de cuja vitalidade eram a manifestação periódica. Ora, as crianças – as crianças e os jovens – participavam delas em pé de igualdade com todos os outros membros da sociedade, e quase sempre desempenhavam um papel que lhes era reservado pela tradição. Não pretendo escrever aqui, é claro, uma história dessas festas – um assunto vasto e certamente de grande interesse para a história social – mas alguns exemplos bastarão para mostrar o lugar que nelas ocupavam as crianças. A documentação, aliás, é rica, mesmo se recorrermos pouco às descrições predominantemente rurais da literatura folclórica: uma abundante iconografia, inúmeras pinturas burguesas e urbanas são suficientes para comprovar a importância dessas festas na memória e na sensibilidade coletivas. Os artistas tiveram o cuidado de pintá-las e de conservar sua lembrança por mais tempo do que o breve momento de sua duração.

Uma das cenas favoritas dos artistas e de sua clientela era a festa de Reis, provavelmente a maior festa do ano. Na Espanha, ela conservou esse primado que perdeu na França para o Natal. Quando Mme de Sévigné, que estava então em seu castelo de Les Rochers, soube do nascimento de um neto, quis partilhar sua alegria com a criadagem, e, para mostrar a Mme de Grignan que havia feito tudo como devia, escreveu-lhe: "Dei de beber e de comer à criadagem como em uma noite de Reis."[17] Uma miniatura do livro de horas de Adelaide de Savoie[18] representa o primeiro episódio da festa. A cena data do fim do século XV, mas esses ritos permaneceram inalterados por longo tempo. Homens e mulheres, parentes e amigos estão reunidos em volta de uma mesa. Um dos convivas segura o bolo de Reis verticalmente. Uma criança de cinco a sete anos está escondida debaixo da mesa. O artista colocou-lhe na mão uma faixa de pergaminho com uma inscrição que começa por um Ph... Desse modo, foi fixado o momento em que, segundo a tradição, era uma criança quem distribuía o bolo de Reis. Isso se passava segundo um cerimonial determinado: a criança escondia-se sob a mesa, um dos convivas cortava um pedaço do bolo e chamava a criança: "Phaebe, Domine..." (donde as letras Ph da miniatura) e a criança respondia dizendo o nome do conviva que devia ser servido, e assim por diante. Um dos pedaços era reservado para os pobres, ou seja, para Deus, e aquele que o comesse deveria dar uma esmola. Quando a festa de Reis se laicizou, essa esmola se tornou na obrigação do Rei de pagar uma prenda ou de dar um outro bolo não mais aos pobres, mas aos outros convivas. Mas isso não importa aqui. Observemos apenas o papel que a tradição confiava a uma criança pequena no ritual da festa de Reis. O procedimento adotado no sorteio das loterias oficiais do século XVII sem dúvida se inspirou nesse costume: o frontispício de um livro[19] intitulado *Critique sur la loterie* mostra uma criança tirando a sorte, tradição que se conservou até nossos dias. Sorteia-se a loteria como se sorteava o bolo de Reis. Esse papel desempenhado pela criança implicava sua presença no meio dos adultos durante as longas horas da noite de Reis.

---

[17] Mme de Sévigné. *Lettres*, 1671.

[18] Cf. nota nº 10 deste capítulo.

[19] Reproduzido por H. D'Allemagne, *Récréations et passe-temps*, 1906, p. 107.

O segundo episódio da festa, aliás seu ponto culminante, era o brinde erguido por todos os convivas àquele que havia encontrado uma fava em seu pedaço de bolo e que assim se tornava rei, sendo devidamente coroado: "O rei bebe." As pinturas flamengas e holandesas retrataram particularmente esse tema. Conhecemos a famosa tela do Louvre de Jordaens, mas o mesmo assunto é encontrado em numerosos outros pintores setentrionais. Por exemplo, no quadro de Metsu,[20] de um realismo menos burlesco e mais verdadeiro. Ele nos dá bem a ideia dessa reunião em torno do Rei, de pessoas de todas as idades e certamente de todas as condições, os criados misturando-se aos senhores. As pessoas estão em torno de uma mesa. O Rei, um velho, bebe. Uma criança o saúda tirando o chapéu: sem dúvida fora ela quem, há poucos momentos, sorteara os pedaços de bolo, segundo a tradição. Outra criança ainda muito pequena para desempenhar esse papel está sentada em uma dessas cadeiras altas fechadas, que continuavam a ser muito usadas. Ela ainda não sabe ficar de pé sozinha, mas é preciso que também participe da festa. Um dos convivas está fantasiado de bufão. No século XVII, adoravam-se as fantasias, e as mais grotescas eram comuns nessa ocasião; mas o traje de bufão aparece em outras representações dessa cena tão familiar, e parece óbvio que fazia parte do cerimonial: o bufão era o bobo do Rei.

Podia acontecer também que uma das crianças encontrasse a fava. Assim, Heroard registrava a 5 de janeiro de 1607 (a festa era celebrada na noite da Epifania) que o futuro Luís XIII, então com seis anos, "foi rei pela primeira vez". Uma tela de Steen de 1668[21] celebra a coroação do filho mais moço do pintor. O me-

---

[20] Metsu, "A Festa de Reis", reproduzida em Berndt, nº 515.

[21] Steen, Kassel, reproduzido em F. Schmidt-Degener e Van Gelder, *Jan Steen*, 1928, p. 82.

nino, usando uma coroa de papel, está sentado em um banco como se fosse um trono, e uma velha lhe dá ternamente de beber um copo de vinho.

A festa não parava aí. Começava então o terceiro episódio, que devia durar até de manhã. Alguns convivas usavam fantasias; alguns traziam também sobre o chapéu um cartaz que especificava seu papel na comédia. O "bobo" encabeçava uma pequena expedição composta de alguns mascarados, um músico (em geral violinista), e, mais uma vez, uma criança. O costume impunha a essa criança uma função bem definida: ela devia levar a vela dos reis. Na Holanda, parece que a vela era preta. Na França, tinha várias cores: Mme de Sévigné dizia a respeito de uma mulher que ela estava "vestida com tantas cores como a vela dos reis". Sob a chefia do bufão, o grupo dos "cantores da estrela" – assim eram chamados na França – se espalhava pela vizinhança, pedindo combustível e comida, ou desafiando as pessoas para um jogo de dados. Uma gravura de Mazot de 1641[22] mostra o cortejo dos cantores da estrela: dois homens, uma mulher tocando guitarra e uma criança levando a vela dos reis.

Graças a um leque pintado a guache do início do século XVIII,[23] podemos acompanhar esse cortejo bufão até o momento de sua acolhida em uma casa vizinha. A sala da casa é cortada verticalmente, à maneira dos cenários de mistérios ou das pinturas do século XV, a fim de deixar ver ao mesmo tempo o interior da sala e a rua atrás da porta. Na sala, as pessoas bebem à saúde do Rei e coroam a Rainha. Na rua, um grupo mascarado bate à porta, que lhes será aberta.

---

22 Gravura de F. Mazot, "La Nuit".

23 Exposição de leques pintados, Galerie Charpentier, Paris, 1954, nº 70 (proveniente da Coleção Duchesne).

Constatamos, pois, ao longo de toda a festa, a participação ativa das crianças nas cerimônias tradicionais. Essa participação também é comprovada na noite de Natal. Heroard nos diz que Luís XIII, aos três anos, "viu a acha de Natal ser acesa, e dançou e cantou pela chegada do Natal". Talvez tenha sido ele o encarregado de lançar o sal e o vinho sobre a acha, segundo o ritual que nos é descrito no final do século XVI pelo suíço-alemão Thomas Platter, quando fazia seus estudos de medicina em Montpellier. A cena se passa em Uzès.[24] Uma grande acha é colocada sobre os cães da lareira. Quando o fogo pega, as pessoas se aproximam. A criança mais moça segura com a mão direita um copo de vinho, migalhas de pão e uma pitada de sal, e, com a esquerda, uma vela acesa. As pessoas tiram os chapéus e a criança começa a invocar o sinal da cruz. Em nome do Pai..., e joga uma pitada de sal em uma extremidade da lareira. Em nome do Filho..., na outra extremidade, e assim por diante. Os carvões, que segundo se acreditava, possuíam propriedades benéficas, eram conservados. A criança desempenhava aqui mais uma vez um dos papéis essenciais previstos pela tradição, no meio da coletividade reunida. Esse papel, aliás, também existia em ocasiões menos excepcionais, mas que tinham então o mesmo caráter social: as refeições de família. O costume rezava que as graças fossem ditas por uma das crianças mais novas, e que o serviço da mesa fosse feito pela totalidade das crianças presentes: elas serviam a bebida, trocavam os pratos, cortavam a carne... Teremos oportunidade de examinar mais de perto o sentido desses costumes, quando estudarmos a estrutura familiar.[25] Observemos aqui apenas como era comum, do século XIV ao XVII, o hábito de confiar às crianças uma função especial no

---

[24] *Thomas Platter à Montpellier*, 1595-1599, p. 346.

[25] Cf. *infra*, Parte 3, Capítulo 2.

cerimonial que acompanhava as reuniões familiares e sociais, tanto ordinárias como extraordinárias.

Outras festas, embora despertassem o interesse de toda a coletividade, reservavam à juventude o monopólio dos papéis ativos, enquanto os outros grupos de idade assistiam como espectadores. Essas festas já tinham a aparência de festas da infância ou da juventude: já vimos que a fronteira entre esses dois estados, hoje tão distintos, era incerta e mal percebida.

Na Idade Média,[26] no dia dos Santos-Inocentes, as crianças ocupavam a igreja; uma delas era eleita bispo pelos companheiros, e presidia à cerimônia que terminava por uma procissão, uma coleta e um banquete. A tradição, ainda viva no século XVI, rezava que na manhã desse dia os jovens surpreendessem seus amigos na cama para surrá-los, ou, como se dizia, "para lhes dar os inocentes".

A terça-feira gorda aparentemente era a festa dos meninos de escola e da juventude. Fitz Stephen descreve uma terça-feira gorda do século XII em Londres, a propósito da juventude de seu herói, Thomas Becket,[27] então aluno da escola da catedral de São Paulo: "Todas as crianças da escola traziam seus galos de briga para seu mestre." As brigas de galo, ainda hoje populares nos locais em que subsistem, como em Flandres ou na América Latina, mas destinadas aos adultos, durante a Idade Média estavam ligadas à juventude e até mesmo à escola. Um texto do século XV, de Dieppe, que enumera os pagamentos devidos a um balseiro, o confirma: "O mestre que mantém a escola de Dieppe deverá pagar um galo, quando as lutas tiverem lugar na escola ou na cidade, e todos os outros meninos da escola de Dieppe serão transportados

---

[26] T. L. Jarman, *Landmarks in the History of Education*, 1951.

[27] *Ibid.*

por esse preço."[28] Em Londres, segundo Fitz Stephen, a terça-feira gorda começava com brigas de galo que duravam toda a manhã. "À tarde, todos os jovens da cidade saíam para os arredores, para jogar o famoso jogo de bola... Os adultos, os parentes e as autoridades, vinham a cavalo assistir aos jogos dos jovens e voltavam a ser jovens como eles." O jogo de bola reunia várias comunidades em uma ação coletiva, opondo ora duas paróquias, ora dois grupos de idade: "O jogo de bola é um jogo que se costuma realizar no dia de Natal entre os companheiros da localidade de Cairac, em Auvergne (e em outros lugares também, é claro). Este jogo se diversifica e se divide de tal maneira que os homens casados ficam de um lado, e os não casados, de outro; eles levam a dita bola de um lugar para outro e disputam-na uns aos outros a fim de ganhar o prêmio, e quem joga melhor recebe o prêmio do dito dia."[29] Ainda no século XVI, em Avignon, o carnaval era organizado e animado pelo abade da jurisdição, presidente da confraria dos notários e dos procuradores:[30] esses líderes da juventude eram em geral, ao menos no Sul da França, "chefes de prazer", segundo a expressão de um erudito moderno, e usavam os títulos de príncipe de amor, rei da jurisdição, abade ou capitão da juventude, abade dos companheiros ou das crianças da cidade. Em Avignon,[31] no dia de carnaval, os estudantes tinham o direito de surrar os judeus e as prostitutas, a menos que estes pagassem um resgate. A história da universidade de Avignon nos diz que a 20 de janeiro de 1660 o vice-legado fixou esse resgate em um escudo por prostituta.

---

[28] Charles de Robillard de Beaurepaire, *Recherches sur l'instruction publique dans le diocèse de Rouen avant 1789*, 1872, 3 vols., vol. II, p. 284.

[29] J. -J. Jusserand, *Les Sports et Jeux d'exercice dans l'ancienne France*, 1901.

[30] Paul Achard, "Les Chefs des Plaisirs", *in Annuaire administratif du département du Vaucluse*, 1869.

[31] Laval, "Droit de barbe et batacule", *Université d'Avignon*, pp. 44-5.

As grandes festas da juventude eram as de maio e novembro. Sabemos por Heroard que em criança Luís XIII ia ao balcão da Rainha para ver erguer o mastro de maio. A festa de maio vem logo após a festa de Reis no fervor dos artistas, que gostavam de evocá-la como uma das mais populares. Ela inspirou inúmeras pinturas, gravuras e tapeçarias. A. Varagnac[32] reconheceu o tema na *Primavera* de Botticelli, da Galeria dos Ofícios. Em outras obras, as cerimônias tradicionais são representadas com uma precisão mais realista. Uma tapeçaria de 1642[33] nos permite imaginar o aspecto de uma aldeia ou de um burgo em um 1º de maio do século XVII. A cena se passa em uma rua. Um casal já maduro e um velho saíram de uma das casas e esperam na soleira da porta. Preparam-se para receber um grupo de moças que vem em sua direção. A moça da frente traz uma cesta cheia de frutas e de doces. Esse grupo de jovens vai assim de porta em porta e todos lhes dão alguma comida em troca de seus bons votos: a coleta em domicílio é um dos elementos essenciais dessas festas da juventude. No primeiro plano, alguns meninos pequenos ainda vestidos com túnicas, como as meninas, usam coroas de flores e folhas que suas mães lhes prepararam. Em outras pinturas, a procissão dos jovens coletores se organiza em torno de um menino que carrega a árvore de maio: é o caso de uma pintura holandesa de 1700.[34] O bando de crianças percorre a aldeia atrás da árvore de maio, e as crianças menores usam coroas de flores. Os adultos estão nas soleiras das portas, prontos para receber o cortejo das crianças. A árvore de maio algumas vezes é representada simbolicamente por uma vara coroada de folhas e de flores.[35] Mas a árvore de maio não nos interessa aqui.

---

[32] A. Varagnac, *Civilisations traditionnelles*, 1948.

[33] "As Estações", Florença. H. Göbbel, *Wandteppiche*, 1923, vol. II, p. 409.

[34] Brokenburgh (1650-1702), reproduzido em Berndt, no 131.

[35] Tapeçaria de Tournai, H. Göbbel, *op. cit.*, vol. II, p. 24.

Ressaltemos apenas a coleta feita pelo grupo de jovens junto aos adultos, e o costume de coroar as crianças com flores, que deve ser associado à ideia de renascimento da vegetação, simbolizado também pela árvore, que era levada pelas ruas e depois plantada.[36] Essas coroas de flores talvez se tenham tornado uma brincadeira comum das crianças: de toda forma, é certo que se tornaram o atributo de sua idade nas representações dos artistas. Nos retratos da época, individuais ou familiares, as crianças usam ou trançam coroas de flores ou de folhas, como as duas meninas de Nicolas Maes do museu de Toulouse:[37] a primeira coloca uma coroa de folhas com uma das mãos, e, com a outra, pega flores em uma cesta que sua irmã lhe estende. Não podemos deixar de relacionar as cerimônias de maio com essa convenção que associava a infância à vegetação.

Outro grupo de festas da infância e da juventude se situava no início de novembro. "Nos dias 4 e 8 (de novembro)", escreve o estudante Platter, no fim do século XVI,[38] "realizou-se a mascarada dos querubins. Eu também me mascarei e fui à casa do Dr. Sapota, onde havia um baile." Tratava-se de uma mascarada de jovens, e não apenas de crianças. Essa festa desapareceu completamente de nossos costumes, banida pela proximidade do dia de Finados. A opinião comum não admitiu mais a proximidade de uma festa alegre da infância fantasiada com um dia tão solene. No entanto, essa festa sobreviveu na América anglo-saxônia, com o nome de Halloween. Um pouco mais tarde, a festa de São Martim era a ocasião de demonstrações restritas aos jovens, e, mais precisamente, talvez, aos escolares: "Amanhã é o dia de São Martim", lemos em um diálogo escolar do início do século XVI, que descrevia a vida

---

[36] Ver também I. Mariette, Cabinet des Estampes, Ed. 82, in-fº, e Mérian, Cabinet des Estampes, Ec 11 in-fº, p. 58.

[37] Musée des Augustins, Toulouse.

[38] *Félix et Thomas Platter* [O Jovem] *à Montpellier*, 1892, p. 142.

das escolas em Leipzig.[39] "Nós, os escolares, fazemos uma coleta farta nesse dia... é costume os (alunos) pobres irem de porta em porta pedir dinheiro." Reencontramos aqui as coletas em domicílio que observamos por ocasião da festa de maio: prática específica das festas da juventude, ora gesto de acolhida e boas-vindas, ora mendicância real. Estes parecem ser os últimos vestígios de uma estrutura muito antiga, em que a sociedade era dividida em classes de idade; dessa estrutura restou apenas o costume de reservar à juventude um papel essencial em algumas grandes celebrações coletivas. É de notar, além disso, que o cerimonial dessas celebrações distinguia mal as crianças dos jovens; essa sobrevivência de um tempo em que eles eram confundidos não correspondia mais inteiramente à realidade dos costumes, como o faz crer o hábito criado no século XVII de enfeitar apenas as criancinhas pequenas, os meninos que ainda usavam túnicas, com as flores e as folhas que nos calendários da Idade Média adornavam os adolescentes que haviam chegado à idade do amor.

Qualquer que fosse o papel atribuído à infância e à juventude, primordial na festa de maio, ocasional na festa de Reis, ele obedecia sempre a um protocolo tradicional e correspondia às regras de um jogo coletivo que mobilizava todo o grupo social e todas as classes de idade.

Outras circunstâncias provocavam também a mesma participação dos diferentes grupos de idades em uma celebração comum. Assim, do século XV ao XVIII, e, na Alemanha, até o início do século XIX, cenas de gênero pintadas, gravadas ou tecidas representavam a reunião familiar em que as crianças e os pais formavam uma pequena orquestra de câmara, acompanhando um cantor. Quase sempre a cena se passava por ocasião de uma

---

[39] L. Massebieau, *Les Colloques scolaires*, 1878.

refeição. Em alguns casos, a mesa havia sido tirada. Em outros, o interlúdio musical realizava-se durante a refeição, como na tela holandesa de Lamen pintada por volta de 1649:[40] as pessoas estão sentadas à mesa, mas o serviço foi interrompido: o menino encarregado do serviço, que traz um prato e uma jarra de vinho, está parado; um dos convivas, de pé e encostado na lareira, com um copo na mão, canta sem dúvida uma canção sobre a bebida, enquanto um outro pega seu alaúde para acompanhá-lo.

Hoje em dia não temos mais ideia do lugar que a música e a dança ocupavam na vida quotidiana. O autor de uma *Introduction to Practical Music*, editada em 1597,[41] conta como as circunstâncias fizeram dele um músico. Ele jantava com um grupo de pessoas: "Quando a ceia terminou e, segundo o costume, foram trazidas as partituras para a mesa, a dona da casa me designou uma parte, e pediu-me muito seriamente para cantar. Eu tive de me desculpar muito e confessar que não sabia; todos pareceram então surpresos, e alguns chegaram a cochichar no ouvido dos outros, perguntando-se onde eu havia sido educado." Embora a prática familiar e popular de um instrumento ou do canto talvez fosse mais comum na Inglaterra elisabetana do que no resto da Europa, ela também era difundida na França, na Itália, na Espanha e na Alemanha, de acordo com um velho hábito medieval que, apesar das transformações do gosto e dos aperfeiçoamentos técnicos, subsistiu até os séculos XVIII e XIX, um pouco mais ou um pouco menos conforme a região. Hoje esse hábito só existe na Alemanha, na Europa central e na Rússia. Naquela época, porém, ele era comum nos meios nobres e burgueses, em que os grupos gostavam de se fazer retratar realizando um concerto de

---

[40] Lamen (1606-1652), "O Interlúdio Musical", reproduzido em Berndt, nº 472.

[41] Thomas Morley, citado em F. Watson, *The English Grammar Schools to 1660*, 1907, p. 216.

câmara. Era comum também nos meios mais populares, entre os camponeses ou até mesmo mendigos, cujos instrumentos eram a gaita de foles, o realejo e a rebeca, que ainda não havia sido elevada à dignidade do violino atual. As crianças praticavam a música muito cedo. Desde pequenino, Luís XIII cantava canções populares ou satíricas, que não se pareciam em nada com as cantigas de roda infantis de nossos últimos dois séculos; ele também sabia o nome das cordas do alaúde, um instrumento nobre. As crianças tomavam parte em todos esses concertos de câmara que a antiga iconografia multiplicou. Tocavam também entre elas, e uma forma habitual de pintá-las era representá-las com um instrumento na mão – são exemplos os dois meninos de Franz Hals,[42] um dos quais acompanha no alaúde o irmão ou o amigo que canta, e são exemplos as numerosas crianças tocando flauta de Franz Hals e de Le Nain.[43] Em um quadro de Brouwer, veem-se na rua moleques do povo mais ou menos esfarrapados ouvindo com avidez o realejo de um cego saído de um pátio dos milagres: tema de mendicância muito comum no século XVII.[44] Uma tela holandesa de Vinckelbaons[45] merece ser especialmente examinada em razão de um detalhe significativo que ilustra o novo sentimento da infância: como em outras pinturas semelhantes, um tocador de realejo toca para uma plateia de crianças, e a cena é representada como um instantâneo, no momento em que os meninos acorrem ao som do instrumento. Um dos meninos é muito pequeno e não consegue acompanhar os outros. Seu pai então o segura no colo e corre atrás do bando para que seu filho

---

[42] Franz Hals, "Meninos músicos", Kassel, Gerson, vol. I, p. 167.

[43] Franz Hals, Berlim. Le Nain Detroit; "La charette", do Louvre.

[44] Brouwer, "Tocador de realejo cercado de crianças", Harlem, reproduzido em W. von Bode, p. 29. Ateliè de Georges de la Tour, Exposição da Orangerie de Paris, 1958, nº 75.

[45] Vinckelbaons (1576-1629), reproduzido em Berndt, nº 942.

não perca nada da festa: a criança alegre estende os braços para o realejo.

A mesma precocidade é observada na prática da dança. Vimos que Luís XIII, aos três anos, dançava a galharda, a sarabanda e a velha *bourrée*. Comparemos uma tela de Le Nain[46] e uma gravura de Guérard:[47] elas têm cerca de meio século de distância, mas os costumes não mudaram muito nesse intervalo e, além disso, a arte da gravura tende a ser conservadora. Em Le Nain, vemos uma roda de meninas e meninos: um deles ainda usa a túnica com gola. Duas meninas fazem uma ponte com as mãos dadas no alto, e a roda passa por baixo. A gravura de Guérard também representa uma roda, mas são os adultos que a conduzem; uma das moças está saltando, como uma menina que pula corda. Quase não há diferença entre a dança das crianças e a dos adultos. Mais tarde, porém, a dança dos adultos se transformaria e, com a valsa, se limitaria definitivamente ao par individual. Abandonadas pela cidade e pela corte, pela burguesia e pela nobreza, as antigas danças coletivas ainda subsistiriam no campo, onde os folcloristas modernos as descobririam, e nas rodas infantis do século XIX: ambas as formas, aliás, estão atualmente em via de desaparecimento.

É impossível separar a dança dos jogos dramáticos. A dança era então mais coletiva e se distinguia menos do balé do que nossas danças modernas de pares. Observamos no diário de Heroard o gosto dos contemporâneos de Luís XIII pela dança, o balé e a comédia, gêneros ainda bastante próximos: fazia-se um papel em um balé como se dançava em um baile (a ligação entre as duas palavras – em francês, *bal* e *ballet* – é significativa: a mesma palavra a seguir se desdobrou, ficando o baile reservado aos amadores, e o balé, aos profissionais). Havia balés nas comédias,

---

[46] Le Nain, reproduzido em P. Fierens, *Le Nain*, 1933, prancha XCIII.

[47] N. Guérard, gravura, Cabinet des Estampes, Ee 3 in-fº.

até mesmo no teatro escolar dos colégios jesuítas. Na corte de Luís XIII, os autores e os atores eram recrutados internamente, entre os fidalgos, mas também entre os criados e os soldados; as crianças tanto atuavam como assistiam às representações.

Seria uma prática da corte? Não, era uma prática comum. Um texto de Sorel[48] prova-nos que nas aldeias nunca se havia deixado de encenar peças mais ou menos comparáveis aos antigos mistérios ou às Paixões atuais da Europa central. "Penso que ele (Ariste, a quem os comediantes profissionais aborreciam) teria ficado muito satisfeito, se tivesse visto como eu *todos os meninos de uma aldeia* (as meninas não?) representar a tragédia do Mau Rico em um palco mais alto do que o teto das casas, no qual todas as personagens davam sete ou oito voltas duas a duas para se mostrar antes de começar a representação, como as figuras de um relógio." "...Fiquei muito feliz de ver mais uma vez a encenação da História do Filho Pródigo e a de Nabucodonosor, e depois os amores de Médor e Angélique, e a descida de Radamonte aos infernos, por comediantes de tal envergadura." O porta-voz de Sorel ironiza, pois ele não aprecia esses espetáculos populares. Em quase toda a parte, os textos e a encenação eram regulados pela tradição oral. No País Basco, essa tradição foi fixada antes do desaparecimento dos jogos dramáticos. No fim do século XVIII e início do XIX, foram escritos e publicados "dramas pastorais bascos" cujos temas provinham ao mesmo tempo dos romances de cavalaria e dos pastorais do Renascimento.[49]

Assim como a música e a dança, as representações dramáticas reuniam toda a coletividade e misturavam as idades tanto dos atores como dos espectadores.

---

[48] Charles Sorel, *Maison des Jeux*, 2 vols., 1642, vol. I, pp. 469-71.

[49] Larché de Languis, autor de *Pastorales basques*, *circa* 1769.

Tentaremos ver agora qual era a atitude moral tradicional com relação a esses jogos, brincadeiras e divertimentos, que ocupavam um lugar tão importante nas sociedades antigas. Essa atitude nos aparece sob dois aspectos contraditórios. De um lado, os jogos eram todos admitidos sem reservas nem discriminação pela maioria. Por outro lado, e ao mesmo tempo, uma minoria poderosa e culta de moralistas rigorosos os condenava quase todos de forma igualmente absoluta, e denunciava sua imoralidade, sem admitir praticamente nenhuma exceção. A indiferença moral da maioria e a intolerância de uma elite educadora coexistiram durante muito tempo. Ao longo dos séculos XVII e XVIII, porém, estabeleceu-se um compromisso que anunciava a atitude moderna com relação aos jogos, fundamentalmente diferente da atitude antiga. Esse compromisso nos interessa aqui porque é também um testemunho de um novo sentimento da infância: uma preocupação, antes desconhecida, de preservar sua moralidade e também de educá-la, proibindo-lhe os jogos então classificados como maus, e recomendando-lhes os jogos então reconhecidos como bons.

A estima em que eram tidos ainda no século XVII os jogos de azar nos permite avaliar a extensão da antiga atitude de indiferença moral. Hoje consideramos os jogos de azar como suspeitos e perigosos, e o dinheiro ganho no jogo como a menos moral e a menos confessável das rendas. Continuamos a jogar esses jogos de azar, mas com a consciência pesada. Ainda não era assim no século XVII: a consciência pesada moderna resultou do processo de moralização em profundidade que fez da sociedade do século XIX uma sociedade de "conservadores".

La Fortune des gens de qualité et des gentilshommes particuliers[50] é um livro de conselhos aos jovens fidalgos que desejam fazer

---

[50] Marechal de Caillière, *La Fortune des gens de qualité et des gentilshommes particuliers*, 1661.

carreira. Seu autor, o Marechal de Caillière, não tinha nada de aventureiro. Era autor também de uma bibliografia edificante das obras do Padre Ange de Joyeuse, o santo monge da Liga. Era um homem religioso, até mesmo devoto, e sem nenhuma originalidade ou talento. Suas opiniões refletem, portanto, a opinião comum das pessoas de bem em 1661, data da edição de seu livro. Uma de suas preocupações constantes é prevenir os jovens contra a devassidão: se a devassidão é a inimiga da virtude, também o é da fortuna, pois não se pode possuir uma sem a outra: "O jovem devasso vê as ocasiões de agradar a seu senhor escaparem pelas janelas do bordel e da taverna." O leitor do século XX, que percorre com um olhar um tanto cansado esses lugares-comuns, por isso mesmo ficará surpreso quando esse moralista minucioso desenvolver suas ideias sobre a utilidade social dos jogos de azar. Um dos capítulos se intitula: "Se um *particulier* (abreviação de *gentilhomme particulier*, por oposição a *gens de qualité*, ou seja, um pequeno fidalgo mais ou menos empobrecido) deve jogar jogos de azar e como?" Não se trata de uma questão decidida: o Marechal reconhece que os moralistas profissionais e o clero condenam formalmente o jogo. Isso poderia embaraçar nosso autor, e, de fato, o obriga a se explicar longamente. Ele permanece fiel à antiga opinião dos leigos, e tenta justificá-la moralmente: "Não será impossível provar que (o jogo) pode ser mais útil do que prejudicial se for acompanhado das circunstâncias que lhe são necessárias." "Digo que o jogo é tão perigoso para um *homme de qualité* (ou seja, um fidalgo rico) quanto útil a um *particulier* (ou seja, um fidalgo empobrecido). O primeiro arrisca muito porque é muito rico e o outro não arrisca nada porque não o é, e no entanto um *particulier* pode esperar tanto da fortuna do jogo quanto um grande senhor." Um tem tudo a perder, e o outro tudo a ganhar: estranha distinção moral!

Mas o jogo, segundo Caillière, apresenta outras vantagens além do lucro financeiro: "Sempre considerei que o amor ao jogo era um benefício da Natureza cuja utilidade reconheci." "Parto do princípio de que o amamos naturalmente." "Os jogos esportivos (que hoje seríamos mais tentados a recomendar) são belos de se ver, mas mal apropriados para se ganhar dinheiro." E especifica: "Estou falando das cartas e dos dados." "Ouvi um experiente jogador que havia ganho no jogo uma fortuna considerável dizer que, para transformar o jogo em arte, não tinha utilizado outro segredo além de dominar sua paixão e de se propor esse exercício como uma profissão, com o fito de ganhar dinheiro." Que o jogador não se inquiete, pois a má sorte não o pegará desprevenido: um jogador sempre conseguirá empréstimos mais facilmente "do que o faria um bom comerciante". "Além disso, esse exercício dá aos *particuliers* acesso aos melhores círculos, e um homem hábil pode extrair deles notáveis vantagens quando sabe manejá-los... Conheço alguns que têm como renda apenas um baralho e três dados, e que subsistem no mundo com maior luxo e magnificência do que senhores de província com suas grandes propriedades (mas sem dinheiro líquido)."

E o excelente Marechal conclui com esta opinião, que surpreende nossa moral de hoje: "Aconselho a um homem que saiba e que ame o jogo a arriscar nele seu dinheiro; como ele tem pouco a perder arrisca pouco e pode ganhar muito." Para o biógrafo do Padre Ange, o jogo é não apenas um divertimento, mas uma profissão, um meio e fazer fortuna e de manter relações - um meio perfeitamente honesto.

Caillière não é o único a defender esta opinião. O Chevalier de Méré, que era considerado em sua época como o típico homem de sociedade bem-educado, exprime a mesma ideia em sua *Suite du commerce du monde*.[51] "Diria também que o jogo produz bons efeitos quando o jogador se comporta como um homem

---

[51] Méré, *Oeuvres*, ed. Charles Boudhors, 3 vols., 1930.

hábil e de boa vontade: é por meio dele que um homem pode ter acesso a toda parte onde se joga, e os príncipes muitas vezes se entediariam se não pudessem jogar." Cita exemplos augustos: Luís XIII (que, ainda criança, ganhou uma turquesa em uma rifa), Richelieu, "que se relaxava jogando", Mazarino, Luís XIV e "a Rainha-mãe, (que) não fazia mais nada além de jogar e rezar". "Qualquer que seja o mérito que se possa ter, seria difícil conquistar uma boa reputação sem ingressar na alta sociedade, e o jogo é uma forma fácil de abrir suas portas. É mesmo um meio garantido de se estar frequentemente em boa companhia sem dizer nada, sobretudo quando se joga como um homem galante", ou seja, evitando "a esquisitice", "o capricho" e a superstição. "É preciso jogar como um homem bem-educado e saber perder como ganhar, sem que nem uma nem outra (dessas situações) se dê a conhecer no rosto nem no modo de agir." Mas cuidado para não arruinar os próprios amigos: por mais que ponderemos, "sempre resta algo em nosso coração contra aqueles que nos arruinaram".

Se os jogos de azar não provocavam nenhuma reprovação moral, não havia razão para proibi-los às crianças: daí as inúmeras cenas de crianças jogando cartas, dados, gamão etc., que a arte conservou até nossos dias. Os diálogos escolares que serviam aos estudantes ao mesmo tempo como manuais de civilidade e vocabulários latinos em certos casos admitem os jogos de azar, se não com entusiasmo, ao menos como uma prática muito difundida. O espanhol Vivès[52] contenta-se em fornecer certas regras para evitar os excessos: diz quando se deve jogar, com quem (evitar os brigões), que jogos, a que cacife ("o cacife não deve ser nulo, pois isso seria tolice e não valeria o jogo, mas também não deve ser tão alto a ponto de perturbar o espírito diante do jogo"), "de que maneira" (ou seja, como um bom jogador) e durante quanto tempo.

---

[52] Vivès, *Dialogues*, trad. francesa, 1571.

Mesmo nos colégios, centros da moralização mais eficaz, os jogos a dinheiro persistiram por muito tempo, apesar da repugnância que por eles sentiam os educadores. No início do século XVIII, o regulamento do colégio dos Oratorianos de Troyes precisa: "Não se poderá jogar a dinheiro, a menos que seja muito pouco e com permissão especial." O professor universitário moderno que citou esse texto em 1880 acrescenta, um tanto chocado diante de hábitos tão distantes dos princípios educacionais de sua época: "Era praticamente autorizar o jogo a dinheiro." Ao menos, era se conformar com ele.[53]

Em torno de 1830, ainda se jogava abertamente e se apostava alto nas *public schools* inglesas. O autor de *Tom Brown's School Days* descreve a febre de apostas e de jogos que o Derby provocava então entre os alunos de Rugby. A reforma do Dr. Arnold eliminaria mais tarde da escola inglesa essas práticas com vários séculos de existência, que outrora eram admitidas com indiferença e que foram então consideradas imorais e viciosas.[54]

Do século XVII até nossos dias, a atitude moral com relação aos jogos de azar evoluiu de maneira bastante complexa: à medida que se difundia o sentimento de que o jogo de azar era uma paixão perigosa, um vício grave, a prática tendeu a modificar alguns desses jogos, reduzindo o papel do azar – que no entanto ainda subsiste – em benefício do cálculo e do esforço intelectual do jogador: dessa forma, certos jogos de cartas ou de xadrez tornaram-se cada vez menos sujeitos à condenação que atingia o princípio do jogo de azar. Outro divertimento sofreu uma evolução diferente: a dança. Vimos que a dança, comum às crianças e aos adultos, ocupava um lugar importante na vida quotidiana.

---

53 G. Carré, "Les élèves de l'ancien collège de Troyes", *in Mémoires de la Société académique de l'Aube*, 1881.

54 Thomas Hughes, *Tom Brown's School Days*, 1857.

Nosso senso moral de hoje deveria ficar menos chocado com isso do que com a prática generalizada dos jogos de azar. Sabemos que os próprios religiosos dançavam ocasionalmente, sem que a opinião pública se escandalizasse, ao menos antes do movimento de reforma das comunidades no século XVII. Sabemos como era a vida na abadia de Maubuisson quando Madre Angélique Arnaud aí chegou no início do século XVII para reformá-la. Não era uma vida especialmente edificante, mas também não era necessariamente escandalosa: era sobretudo muito mundana. "Nos dias de verão, diz-nos M. Cognet, citando Madre Angélique de Saint-Jean, biógrafa de sua irmã,[55] quando o tempo era bonito, depois das vésperas, a priora conduzia a comunidade para um passeio longe da abadia, nas margens das lagoas que ficavam no caminho de Paris; muitas vezes, os monges de Saint-Martin de Pontoise, que habitavam perto, vinham dançar com as religiosas; e isso era feito com a mesma liberdade que ocorreria no mundo leigo, onde nada de mau se poderia dizer sobre tal fato." Essas danças de rodas de monges e monjas indignaram Madre Angélique, e temos de convir que não correspondiam ao espírito da vida monástica; mas, na época, elas não produziam na opinião pública o efeito chocante que hoje produziriam pares de religiosos e religiosas dançando enlaçados, como o exigem as danças modernas. É certo que os religiosos de outrora não tinham a consciência tão pesada. Havia costumes tradicionais que previam danças de clérigos em certas ocasiões. Em Auxère,[56] por exemplo, todo novo cônego, para festejar o feliz acontecimento, doava aos paroquianos uma bola que era então utilizada em um grande jogo coletivo. Esse jogo era sempre jogado em dois campos, que opunham solteiros contra casados ou paróquia contra paróquia.

---

[55] L. Cognet, *La Mère Angélique et saint François de Sales*, 1951, p. 28.

[56] J.-J. Jusserand, *op. cit.*

A festa de Auxère começava com o canto *Victimae laudes Paschali*, e terminava com uma roda em que dançavam todos os cônegos. Os historiadores informam-nos que esse costume, que remontaria ao século XIV, ainda era atestado no século XVIII. É provável que os partidários da reforma tridentina vissem essa dança de roda tão desaprovadoramente como Madre Angélique de Saint-Jean vira a dança das freiras de Maubuisson e dos padres de Pontoise: cada novo tempo possui uma nova concepção do profano. As danças familiares não tinham no século XVII o caráter sexual que acusariam muito mais tarde, nos séculos XIX e XX. Existiam até mesmo danças profissionais: em Biscaye havia danças de amas, em que estas carregavam seus bebês no colo.[57]

O exercício amplo da dança não tem o mesmo valor que a prática dos jogos de azar para ilustrar a indiferença da sociedade antiga com relação à moralidade dos divertimentos. Por outro lado, porém, ele permite avaliar melhor o rigor da intolerância das elites reformadoras.

Na sociedade do *Ancien Régime*, o jogo sob todas as suas formas – o esporte, o jogo de salão, o jogo de azar – ocupava um lugar importantíssimo, que se perdeu em nossas sociedades técnicas, mas que ainda hoje encontramos nas sociedades primitivas ou arcaicas.[58] Ora, a essa paixão que agitava todas as idades e todas as condições, a Igreja opôs uma reprovação absoluta. Ao lado da Igreja, colocaram-se também alguns leigos apaixonados pelo rigor e pela ordem, que se esforçavam para domar a massa ainda selvagem e para civilizar costumes ainda primitivos.

A Igreja medieval também condenava o jogo sob todas as suas formas, sem exceção nem reservas, e particularmente nas comunidades de clérigos bolsistas que deram origem aos colégios e às

---

[57] Essa dança chamava-se *Karril-danza*. Informação fornecida por Mme Gil Reicher.

[58] R. Caillois, *Quatre essais de sociologie contemporaine*, 1951.

universidades do *Ancien Régime*. Os estatutos dessas comunidades nos dão uma ideia dessa intransigência. Ao lê-los, o historiador inglês das universidades medievais, J. Rashdall,[59] ficou impressionado com a proscrição geral de todas as atividades de lazer, com a recusa em admitir que pudessem existir divertimentos inocentes, em escolas cujos alunos, entretanto, tinham basicamente entre 10 e 15 anos. Reprova-se a imoralidade dos jogos de azar, a indecência dos jogos de salão, da comédia ou da dança, e a brutalidade dos jogos esportivos, que, de fato, muitas vezes degeneravam em rixas. Os estatutos dos colégios foram redigidos para limitar tanto os pretextos de divertimento quanto os riscos de delito. *A fortiori*, a proibição era categórica e rigorosa para os religiosos, a quem um edito do Concílio de Sens de 1485 proibia o jogo da pela, sobretudo em manga de camisa e em público: é verdade que no século XV, um homem sem gibão ou sem túnica e com as calças desabotoadas ficava com quase tudo de fora! Tem-se a impressão de que a Igreja, ainda incapaz de controlar os leigos, adeptos de jogos tumultuados, decidiu preservar seus clérigos proibindo-lhes todo e qualquer tipo de jogo: formidável contraste de estilos de vida... se a proibição tivesse sido realmente respeitada. Eis, por exemplo, como o regulamento interno do colégio de Narbonne[60] encarava os jogos de seus bolsistas, em sua redação de 1379: "Ninguém nesta casa deverá jogar pela ou hóquei, ou outros jogos perigosos (*insultuosus*), sob pena de multa de seis dinares; ninguém deverá jogar dados ou quaisquer outros jogos a dinheiro, nem deverá entregar-se a divertimentos na mesa (*comessationes*: comezainas) sob pena de multa de 10 vinténs." O jogo e a comilança são colocados no mesmo plano. Não havia então jamais um momento de diversão? "Os alunos poderão apenas

---

[59] H. Rashdall, *The Universities of Europe in the Middle Ages*, 1895, 3 vols., reed. 1936.

[60] Félibien, vol. V, p. 662.

participar algumas vezes e a raros intervalos (quantas precauções! Certamente logo esquecidas, porém, pois essas mesmas palavras eram a porta entreaberta a todos os excessos) de jogos honestos ou recreativos (mas é difícil saber quais, já que até a pela era proibida; talvez jogos de salão?), apostando uma pequena jarra de vinho ou então uma fruta, e contanto que o jogo se faça sem barulho e de maneira não habitual (*sine mora*)."

No colégio de Seez, em 1477,[61] encontramos: "Ordenamos que ninguém pratique o jogo de dados, nem outros jogos desonestos ou proibidos, e nem mesmo os jogos admitidos, como a pela, sobretudo nos lugares comuns (ou seja, o claustro, a sala comum que servia de refeitório), e se alguém os praticar em outros lugares, que seja com pouca frequência (*non nimis continue*)." Na bula do Cardeal de Amboise que fundava o colégio de Montaigu em 1501, havia um capítulo intitulado *De exercitio corporali*.[62] O que quer dizer isso? O texto começa com uma apreciação geral um tanto ambígua: "O exercício físico parece ser de pouca utilidade quando se mistura aos estudos espirituais e aos exercícios religiosos; ao contrário, provoca um grande desenvolvimento da saúde quando é conduzido alternadamente com os estudos teóricos e científicos." Na realidade, o que o redator entende por exercícios físicos não são tanto os jogos, e sim todos os trabalhos manuais, por oposição aos trabalhos intelectuais. E ele dá primazia às tarefas domésticas, nas quais reconhece também uma função de relaxação: as tarefas de cozinha, de limpeza, o serviço da mesa. "Em todos os exercícios anteriores (ou seja, nas tarefas domésticas), nunca se deverá esquecer que se deve ser tão rápido e vigoroso quanto possível." Os jogos só vêm depois das tarefas, e mesmo assim sob reservas! "Quando o padre (o chefe da comunidade) estimar que

---

[61] *Ibid.*, p. 689.

[62] *Ibid.*, p. 721.

os espíritos fatigados pelo trabalho e pelo estudo devam ser relaxados por meio de recreações, ele as tolerará (*indulgebit*)." Alguns jogos são permitidos nos lugares comuns – os jogos honestos, nem fatigantes, nem perigosos. Em Montaigu havia dois grupos de estudantes: os bolsistas, que, como em outras fundações, eram chamados de *pauperes*, e os internos, que pagavam uma pensão. Esses dois grupos viviam separados. O regulamento estipulava que os bolsistas deveriam jogar por menos tempo e com menos frequência do que seus colegas internos, sem dúvida porque tinham a obrigação de ser melhores alunos, e, portanto, deviam ser menos distraídos. A reforma da Universidade de Paris em 1452,[63] ditada por um espírito de disciplina já moderno, mantém o rigor tradicional: "Os mestres (dos colégios) não permitirão que seus alunos, nas festas das profissões ou em outras, participem de danças imorais e desonestas ou usem trajes indecentes e leigos (trajes curtos). Deverão permitir, porém, que joguem de maneira honesta e agradável, para o alívio do trabalho e o justo repouso." "Não permitirão, nessas festas, que os alunos bebam na cidade nem batam de porta em porta." O reformador visa aí às saudações de porta em porta, acompanhadas de coletas, que a tradição permitia à juventude por ocasião das festas sazonais. Em um de seus diálogos escolares, Vivès resume a situação em Paris no século XVI,[64] nos seguintes termos: "Entre os estudantes, nenhum outro jogo além da pela pode ser jogado com a permissão dos mestres, mas algumas vezes os alunos jogam, em segredo, cartas e xadrez, as crianças pequenas jogam *garignons* e os mais indisciplinados jogam dados." De fato, os estudantes, assim como os outros meninos, não tinham o menor problema em frequentar as tavernas e os bordéis, em jogar dados e dançar.

---

[63] Publicado em Théry, *Histoire de l'éducation en France*, 1858, 2 vols., vol. II.

[64] Vivès, *Dialogues*, cf. nota 52 deste capítulo.

O rigor das proibições nunca foi abalado por sua ineficácia: tenacidade espantosa a nossos olhos de homens modernos, mais preocupados com a eficácia do que com princípios!

Os oficiais de justiça e de polícia, juristas adeptos da ordem e da boa administração, da disciplina e da autoridade, apoiavam a ação dos mestres-escola e dos eclesiásticos. Durante séculos, os decretos que fechavam aos estudantes o acesso às salas de jogo se sucederam ininterruptamente. Esses decretos ainda são citados no século XVIII: um exemplo é o decreto do tenente-general da polícia de Moulins, de 27 de março de 1752, cuja cópia destinada à afixação pública foi conservada no Museu de Artes e Tradições Populares: "É proibido aos donos das quadras de pela e das salas de bilhar abrir o jogo aos estudantes e aos criados durante as horas de aula, e aos donos das pistas de boliche ou outros jogos abrir o jogo aos mesmos em qualquer tempo." O leitor já terá observado essa assimilação dos empregados domésticos aos estudantes: eles muitas vezes tinham a mesma idade, e eram igualmente temidos por sua turbulência e sua falta de autocontrole. O boliche, hoje um divertimento pacífico, provocava tais brigas que nos séculos XVI e XVII os magistrados de polícia em certas ocasiões o proibiram inteiramente, tentando estender a toda a sociedade as restrições que os eclesiásticos queriam impor aos clérigos e aos estudantes. Assim, esses defensores da ordem moral praticamente classificavam os jogos entre as atividades semicriminosas, como a embriaguez e a prostituição, que quando muito podiam ser toleradas, mas que convinha proibir ao menor sinal de excesso.

Essa atitude de reprovação absoluta modificou-se, contudo, ao longo do século XVII, e principalmente sob a influência dos jesuítas. Os humanistas do Renascimento, em sua reação antiescolástica, já haviam percebido as possibilidades educativas dos jogos. Mas foram os colégios jesuítas que impuseram pouco a pouco às pessoas de bem e amantes da ordem uma opinião menos radical com relação aos jogos. Os padres compreenderam desde o início que não era nem possível nem desejável suprimi-los, ou mesmo fazê-los depender de permissões precárias e vergonhosas. Ao contrário, propuseram-se a assimilá-los e a introduzi-los oficialmente em seus programas e regulamentos, com a condição de que pudessem escolhê-los, regulamentá-los e controlá-los. Assim disciplinados, os divertimentos reconhecidos como bons foram admitidos e recomendados, e considerados a partir de então como meios de educação tão estimáveis quanto os estudos. Não apenas se parou de denunciar a imoralidade da dança, como se passou a ensinar a dançar nos colégios, pois a dança, ao harmonizar os movimentos do corpo, evitava a falta de graça e dava ao rapaz elegância e postura. Da mesma forma, a comédia, que os moralistas do século XVII condenavam, foi introduzida nos colégios. Os jesuítas começaram com diálogos em latim sobre temas sacros, e mais tarde passaram a peças francesas sobre temas profanos. Até mesmo os balés foram tolerados, apesar da oposição das autoridades da companhia: "O gosto pela dança", escreveu o Padre de Dainville,[65] "tão vivo nos contemporâneos do Rei Sol, que em 1669 fundou a Academia de Dança, prevaleceu sobre os editos dos padres gerais. Após 1650 quase não houve tragédias que não fossem entrecortadas pelas entradas de um balé".

Um álbum de gravuras de Crispin de Pos, datado de 1602, representa cenas da vida escolar em um "colégio batavo". Reconhecemos as salas de aula, a biblioteca, mas também a aula de dança, e o jogo da pela e de bola.[66] Um sentimento novo, portanto, apareceu: a educação adotou os jogos que até então havia proscrito ou tolerado como um mal menor. Os jesuítas editaram em latim tratados de ginástica que forneciam as regras dos jogos

[65] P. de Dainville, *Entre Nous*, 1958, 2.

[66] *Academia sive speculum vitae scolasticae*, 1602.

recomendados. Admitiu-se cada vez mais a necessidade dos exercícios físicos. Fénelon escreve: "Os (jogos) de que elas (as crianças) gostam mais são aqueles em que o corpo está em movimento; elas ficam contentes quando podem movimentar-se." Os médicos do século XVIII,[67] inspirados nos velhos "jogos de exercícios", na ginástica latina dos jesuítas, conceberam uma nova técnica de higiene corporal: a cultura física. No *Traité de l'éducation des enfants* de 1722, escrito por Crousez, um professor de filosofia e matemática de Lausanne, podemos ler: "É necessário que o corpo humano se agite muito enquanto cresce... Considero que os jogos que incluem exercícios devem ser preferidos a todos os outros." *La Gymmastique médicale et chirurgicale* de Tissot recomenda os jogos físicos como os melhores exercícios: "Exercitam-se ao mesmo tempo todas as partes do corpo... sem contar que a ação dos pulmões é constantemente estimulada pelos chamados e os gritos dos jogadores." No fim do século XVIII, os jogos de exercícios receberam outra justificativa, desta vez patriótica: eles preparavam os rapazes para a guerra. Compreenderam-se então os benefícios que a educação física podia trazer à instrução militar. Nessa época, que assistiu ao nascimento dos nacionalismos modernos, o treinamento do soldado tornou-se uma técnica quase científica. Estabeleceu-se um parentesco entre os jogos educativos dos jesuítas, a ginástica dos médicos, o treinamento do soldado e as necessidades do patriotismo. Durante o Consulado, foi publicada a *Gymmastique de la jeunesse*, ou *Traité élémentaire des jeux d'exercices considérés sous le rapport de leur utilité physique et morale*. Seus autores, Duvivier e Jauffret, afirmavam claramente que o exercício militar "havia constituído desde sempre a base da ginástica, e era particularmente adequado à época (o ano XI) e ao país" em que viviam. "Votadas por princípios à

---

[67] J.-J. Jusserand, *op. cit.*

defesa comum pela natureza e o espírito de nossa constituição, nossas crianças já são soldados antes de nascerem." "Tudo o que é militar transpira algo de grande e de nobre que eleva o homem acima dele mesmo."

Assim, sob as influências sucessivas dos pedagogos humanistas, dos médicos do Iluminismo e dos primeiros nacionalistas, passamos dos jogos violentos e suspeitos da tradição antiga à ginástica e ao treinamento militar, das pancadarias populares aos clubes de ginástica.

Essa evolução foi comandada pela preocupação com a moral, a saúde e o bem comum. Uma evolução paralela especializou, segundo a idade ou a condição, os jogos que originariamente eram comuns a toda a sociedade.

Daniel Mornet, em sua *História da Literatura Clássica*,[68] escreve a respeito dos jogos de salão: "Quando os jovens da burguesia de minha geração (Mornet nasceu em 1878) jogavam jogos de salão nas *matinées dansantes* de suas famílias, eles em geral não sabiam que esses jogos, mais numerosos e mais complexos do que em sua época, haviam sido, há 250 anos, o regalo da alta sociedade." Na realidade, há muito mais de 250 anos! No livro de horas da Duquesa de Bourgogne,[69] assistimos, já no século XV, a um "jogo de papeizinhos": uma dama aparece sentada com uma cesta no colo, onde os jovens depositam papeizinhos. No fim da Idade Média, os jogos de desafio estavam em grande moda. "Uma dama dizia a um fidalgo ou um fidalgo dizia a uma dama o nome de uma flor ou de um objeto qualquer, e a pessoa interpelada devia responder prontamente e sem hesitação por um cumprimento ou um epigrama rimado." Essa descrição das regras do jogo nos é dada pelo editor moderno dos poemas de

---

[68] D. Mornet, *Histoire de la littérature classique*, 1940, p. 120.

[69] Cf. nota 10 deste capítulo.

Christine de Pisan, que compôs 70 epigramas para esse tipo de jogo.[70] Por exemplo:

Je vous vens la passerose
Belle, dire ne vous ose.
Comment Amour vers vous me tire
*Si l'apercevez tant sans dire.**

Esse tipo de brincadeira sem dúvida se originou nos costumes da corte. Em seguida passou para a canção popular e para as brincadeiras infantis, como o jogo de rimas que, como vimos, divertia Luís XIII aos três anos de idade. Mas os adultos e os jovens que já haviam deixado a infância não abandonavam inteiramente esses jogos. Uma estampa de Epinal do século XIX representa ainda esses mesmos jogos, mas se intitula "Jogos de Outrora", o que indica que a moda começava a abandoná-los e que eles se tornavam provincianos, quando não infantis ou populares: a cabra-cega, o jogo do assobio, a faca na bacia com água, o esconde-esconde, o passarinho voa, o cavaleiro gentil, o homem que não ri, o pote do amor, o rabugento, a berlinda, o beijo embaixo do castiçal, o berço do amor. Alguns desses jogos se tornariam brincadeiras de criança, enquanto outros conservariam o caráter ambíguo e pouco inocente que outrora fizera com que fossem condenados pelos moralistas, mesmo os mais tolerantes como Erasmo.[71]

A *Maison des jeux de Sorel* nos permite estudar essa evolução em um momento interessante, ou seja, a primeira metade do

---

[70] Christine de Pisan, *Oeuvres poétiques*, editadas por M. Roy, 1886, pp. 34, 188, 196, 205.

* "Eu te vendo a malva-rosa / Bela chamar-te não ouso. / Como pode o Amor me empurrar em tua direção / Se tanto o percebes e nada dizes?" (N. T.)

[71] Erasmo, *Le Mariage chrétien*.

século XVII.[72] Sorel distingue as brincadeiras de salão dos "jogos de exercícios" e dos "jogos de azar". Os dois últimos são "comuns a todo tipo de pessoa, não sendo menos praticados pelos criados do que pelos senhores...; são tão fáceis para as pessoas ignorantes e grosseiras como para as pessoas cultas e sutis". Os jogos de salão, ao contrário, são "jogos de espírito e de conversação". Em princípio, "eles só podem agradar a pessoas de boa condição, educadas na civilidade e na galanteria, capazes de compor discursos e réplicas, cheias de julgamento e saber, e não podem ser jogados por outros". Esta ao menos é a opinião de Sorel, o que ele gostaria que os jogos de salão fossem. Na realidade, porém, nessa época, os jogos de salão também eram comuns às crianças e ao povo, às "pessoas ignorantes e grosseiras". Sorel é obrigado a admiti-lo. "Para começar, examinaremos os jogos infantis... Há os jogos de exercício" – o hóquei, o pião, as escadas, a bola, o jogo de peteca com raquetes e "as brincadeiras de pegar, seja com os olhos abertos ou vendados". Mas "há outros que dependem um pouco mais do espírito", e ele dá como exemplo os desafios de Christine de Pisan, que continuavam a divertir pequenos e grandes. Sorel adivinha a origem antiga desses jogos: "Esses jogos infantis em que há algumas palavras rimadas em geral se baseiam em uma linguagem muito antiga e muito simples, emprestada de alguma história ou romance dos tempos antigos, o que mostra como outrora as pessoas se divertiam com uma representação ingênua do que havia ocorrido a cavalheiros ou damas de alta dignidade."

Sorel observa finalmente que esses jogos infantis são os mesmos dos adultos das classes populares, e essa observação é, para nós, muito importante: "Como estes jogos são infantis, eles também servem para as pessoas rústicas cujo espírito não é mais

---

72 C. Sorel, *Maison des jeux*, 1642, 2 vols.

elevado do que o das crianças nesses assuntos." Contudo, no início do século XVII, Sorel tem de convir que "algumas vezes pessoas de condição elevada podiam praticar esses jogos como recreação", sem que a opinião pública visse aí algo de errado: esses jogos "mistos", ou seja, comuns a todas as idades e condições, "tornam-se recomendáveis devido ao bom emprego que sempre tiveram"... "Há certos tipos de jogos em que o espírito não trabalha muito, de forma que mesmo os muito jovens podem jogá-los, embora as pessoas mais velhas e sérias também os pratiquem ocasionalmente." Esse antigo estado de coisas, porém, não era mais admitido por todos. Na *Maison des jeux*, por exemplo, Ariste considera esses divertimentos de crianças e de plebeus indignos de um homem de bem. O porta-voz de Sorel não deseja contudo proscrevê-los completamente: "Mesmo os que parecem ser baixos podem ser soerguidos recebendo uma outra aplicação diferente da primeira, a qual só relatei para servir de modelo." E ele tenta então elevar o nível intelectual dos jogos de salão praticados dentro de casa. Mas na verdade, após a descrição de Sorel do jogo da *mourre* – em que o líder levanta um, dois ou três dedos e os participantes devem repetir o mesmo gesto imediatamente –, é difícil para o leitor moderno compreender sob que aspecto a *mourre* é mais elevada e mais espiritual do que o jogo de rimas, que Sorel abandonava sem apelação às crianças: o leitor atual tem a mesma opinião de Ariste, cujo ponto de vista já é moderno. Mas ele fica ainda mais surpreendido com o fato de um romancista e historiador como Sorel ter consagrado uma obra monumental à descrição e à revisão desses divertimentos. Este é mais um testemunho do lugar que os jogos ocupavam nas preocupações da antiga sociedade.

Portanto, no século XVII, havia uma distinção entre os jogos dos adultos e dos fidalgos, e os jogos das crianças e dos vilões. A distinção era antiga e remontava à Idade Média. Mas na Idade

Média, a partir do século XII, ela se aplicava apenas a certos jogos, pouco numerosos e muito particulares: os jogos de cavalaria. Antes disso, antes da constituição definitiva da ideia de nobreza, os jogos eram comuns a todos, independentemente da condição social. Alguns jogos conservaram esse caráter durante muito tempo: Francisco I e Henrique II não menosprezavam a luta, e Henrique II jogava bola: isso não seria mais admitido no século seguinte. Richelieu praticava o salto em sua galeria, como Tristão na corte do Rei Marcos, e Luís XIV jogava pela. Mas esses jogos tradicionais seriam por sua vez abandonados no século XVIII pelas pessoas de alta condição.

A partir do século XII, certos jogos já eram reservados aos cavaleiros,[73] e, mais precisamente, aos adultos. Assim, enquanto a luta era uma brincadeira comum, o torneio e a argolinha eram jogos de cavalaria. O acesso aos torneios era proibido aos plebeus, e as crianças, mesmo nobres, não tinham o direito de participar: pela primeira vez, talvez, um costume proibia às crianças e ao mesmo tempo aos plebeus participar de jogos coletivos. As crianças logo começaram a imitar os torneios proibidos: o calendário do breviário de Grimani mostra-nos torneios grotescos de crianças, entre as quais alguns pensaram reconhecer o futuro Carlos V: as crianças cavalgam barris em vez de cavalos.

Surgiu então a ideia de que os nobres deviam evitar misturar-se com os plebeus e distrair-se entre eles: uma opinião que não conseguiu impor-se totalmente, ao menos até que a nobreza desaparecesse enquanto função social e fosse substituída pela burguesia, no século XVIII. No século XVI e no início do século XVII, numerosos documentos iconográficos comprovam a mistura das classes sociais durante as festas sazonais. Em um dos diálogos de *Le Courtisan* de Balthazar Castiglione, um clássico do

[73] S. de Vriès e Marpugo, *Le Bréviaire Grimani*, 1904-1910, 12 vols.

século XVI que foi traduzido para todas as línguas, esse assunto é discutido e não se chega a um acordo:[74] "Em nosso país da Lombardia, diz o senhor Pallacivino, não temos essa opinião (de que o cortesão só deve jogar com outros fidalgos), e há muitos fidalgos que nas festas dançam o dia inteiro sob o sol com os camponeses e participam com eles de jogos como o arremesso da barra, de lutas, corridas e competições de saltos, e penso que não há mal nisso." Alguns ouvintes protestam; admitem que a rigor o fidalgo possa jogar com camponeses, mas contanto que vença sem esforço aparente: ele deve "estar praticamente certo de vencer". "É algo muito feio e indigno ver um fidalgo vencido por um camponês, e principalmente na luta." O espírito esportivo inexistia nessa época, a não ser nos jogos de cavalaria e sob outra forma, inspirada na honra feudal.

No fim do século XVI, a prática dos torneios foi abandonada. Outros jogos os substituíram nas assembleias de jovens nobres, na corte e nas aulas de preparação militar das Academias, onde, durante a primeira metade do século XVII, os fidalgos aprendiam o manejo das armas e a equitação. Surgiu a quintana, por exemplo: montado a cavalo, o indivíduo visava um alvo de madeira, que substituía o alvo vivo dos antigos torneios, a cabeça de um turco. Surgiu também a argolinha: o indivíduo disparava a cavalo e devia arrebatar uma argolinha com a lança em plena carreira. No livro de Pluvinel, diretor de uma dessas Academias, uma gravura de Crispin de Pos[75] representa Luís XIII criança participando de uma quintana. O autor diz que a quintana era um meio-termo entre "a fúria das lanças cruzadas na liça com o adversário (o torneio) e a delicadeza da argolinha". Nos anos 1550, em Montpellier, o

---

[74] B. Castiglione, *Le Courtisan*.

[75] Pluvinel, com gravuras de Crispin de Pos, Cabinet des Estampes, Ec. 35º, in-fº fig. 47.

estudante de medicina Félix Platter[76] conta que "no dia 7 de junho, a nobreza realizou um torneio de argolinha; os cavalos estavam ricamente ajaezados, cobertos com tapetes e ornados com penachos de todas as cores". Em seu diário da infância de Luís XIII, Heroard frequentemente menciona torneios de argolinha no Louvre e em Saint-Germain. "A argolinha é praticada todos os dias", observa o especialista Pluvinel. A quintana e a argolinha, como jogos reservados à nobreza, sucederam aos torneios e aos jogos de cavalaria da Idade Média. Mas o que aconteceu com elas depois disso? Elas não desapareceram inteiramente, como se poderia pensar. Mas hoje em dia não as encontramos mais perto das quadras de tênis ou dos campos de golfe dos bairros ricos, e sim nas feiras, onde se continua a arrancar cabeças de turcos e onde as crianças, montadas nos cavalos de pau dos carrosséis, ainda tentam pegar argolinhas. Isso é tudo que nos resta dos torneios de cavalaria da Idade Média: brincadeiras de crianças e divertimentos do povo.

Não faltam exemplos dessa evolução que gradualmente transferiu os jogos antigos para o repositório dos jogos infantis e populares. Tomemos o arco,* por exemplo: no fim da Idade Média, o arco não era monopólio das crianças, ou apenas das crianças pequenas. Em uma tapeçaria do século XVI[77] podemos ver adolescentes brincando com arcos: um deles está pronto para começar a rolar o seu com uma varinha. Em uma talha de Jean Leclerc do fim do século XVI, aparecem crianças já grandes que, não contentes em rolar seus arcos, mantendo o movimento com uma varinha, saltam através deles, como se pulassem corda.[78]

---

[76] Félix et Thomas Plater a Montpellier, p. 132.

* Círculo de madeira leve que as crianças fazem rolar com o auxílio de um bastão. (N. T.)

[77] Göbel, *op. cit.*, II, 196.

[78] Leclerc, *op. cit.*

O arco permite acrobacias, figuras às vezes difíceis. Era bastante familiar entre os jovens, e bastante antigo também para ser utilizado em danças tradicionais como a que nos descreve em 1596 em Avignon o estudante suíço Félix Platter: em uma terça-feira gorda, reuniram-se bandos de jovens mascarados, "fantasiados de peregrinos, camponeses, marinheiros, italianos, espanhóis, alsacianos" ou de mulheres, e escoltados por músicos. "À noite, eles executaram na rua a dança dos arcos, na qual tomaram parte muitos rapazes e moças da nobreza, vestidos de branco e cobertos de joias. Cada um dançava segurando no alto um arco branco e dourado. Eles entraram no albergue, onde fui olhá-los de perto. Era admirável vê-los passar e repassar sob esses círculos, dando uma volta, desfazendo a volta e entrecruzando-se em cadência, ao som dos instrumentos." Danças desse gênero pertencem ainda hoje ao repertório das aldeias do País Basco.

A partir do fim do século XVII, nas cidades, o arco parece ter sido deixado às crianças: uma gravura de Merian[79] nos mostra uma criancinha rolando seu arco, como o fariam as crianças durante todo o século XIX e parte do século XX. Brinquedo de todos, acessório da acrobacia e da dança, o arco seria confinado a crianças cada vez menores, até seu abandono definitivo: talvez a verdade seja que, para manter a atenção das crianças, o brinquedo deva despertar alguma aproximação com o universo dos adultos.

No início deste capítulo, vimos que se contavam histórias a Luís XIII, os contos de Melusina, que eram contos de fadas. Mas, nessa época, essas histórias se destinavam também aos adultos. Como observa M. E. Storer, historiador da "moda dos contos de fadas" no fim do século XVII,[80] "Mme de Sévigné tinha a cabeça

---

[79] Merian, gravura, Cabinet des Estampes, Ec 11 in-f^{o}, p. 58.

[80] M. E. Storer, *La Mode des contes de fées* (1685-1700), 1928.

cheia de histórias de fadas". Embora achasse graça nas brincadeiras de M. de Coulanges a respeito de uma certa Cuverdon, ela não lhe respondeu, "por medo que um sapo pulasse em seu rosto para puni-la por sua ingratidão". Ela aludia aí a uma fábula do trovador Gauthier de Coincy, que conhecia por intermédio da tradição.

Mme de Sévigné escreve em 6 de agosto de 1677: "Mme de Coulanges... quis gentilmente nos pôr a par dos contos com os quais se distraem as damas de Versalhes: ou, como se diz, com o quais elas são mimadas. Portanto, ela nos mimou também e falou-nos de uma ilha verde onde vivia uma princesa mais bela que o dia. Eram as fadas que sopravam sobre ela o tempo todo, etc." "Esse conto durou bem uma hora."

Sabemos também[81] que Colbert, "em suas horas vagas, *tinha pessoas com a função* (o grifo é nosso) de entretê-lo com histórias muito semelhantes aos contos de fadas".

Contudo, na segunda metade do século, começou-se a achar esses contos muito simples. Ao mesmo tempo, surgiu por eles um novo tipo de interesse, que tendia a transformar em um gênero literário da moda as recitações orais tradicionais e ingênuas. Esse interesse manifestou-se de duas maneiras: nas publicações reservadas às crianças, ao menos em princípio, com os contos de Perrault, que ainda revelavam uma certa vergonha em admitir o gosto pelos velhos contos, e nas publicações mais sérias, destinadas aos adultos, e das quais se excluíam as crianças e o povo. A evolução do conto de fadas lembra a dos jogos de salão descrita anteriormente. Eis como Mme de Murat se dirigia às fadas modernas: "As fadas antigas, vossas precursoras, parecem criaturas frívolas comparadas a vós. Suas ocupações eram baixas e pueris, e só divertiam as criadas e as amas. Todo o seu serviço consistia em varrer a casa, cuidar do fogão, lavar a roupa, embalar

---

81 *Ibid.*

e adormecer as crianças, ordenhar as vacas, bater a manteiga e mil outras ninharias dessa ordem... Eis por que tudo o que nos resta hoje de seus feitos e gestos são apenas contos de fadas." "Elas não passavam de mendigas." "Mas vós, senhoras (as fadas modernas), vós seguistes por outro caminho. Só vos ocupais com coisas importantes. Dentre elas, as menos importantes são dar espírito àqueles que não o têm, beleza aos feios, eloquência aos ignorantes e riqueza aos pobres."

Outros autores, porém, continuavam sensíveis ao sabor dos velhos contos ouvidos outrora, e procuravam perservá-lo. Mlle Lhéritier apresenta seus contos da seguinte maneira:

Cent fois ma nourrice ou ma mie
M'ont fait ce beau récit, le soir près des tisons:
*Je n'y fais qu'ajouter un peu de broderie.**

"Talvez vos espanteis... com o fato de que esses contos, embora inverossímeis, nos tenham sido transmitidos ao longo dos séculos sem que ninguém tenha tido o trabalho de escrevê-los."

Ils ne sont pas aisés à croire.
Mais tant que dans le monde on verra des enfants.
Des mères et des mères grands
*On en gardera la mémoire.***

Começou-se a fixar essa tradição que durante tanto tempo fora mantida oralmente: certos contos "que me contaram quando eu era criança... nos últimos anos foram postos no papel por penas engenhosas". Mlle Lhéritier pensava que sua origem devia remontar à Idade Média: "Ela (a tradição) assegura-me que os

---

* "Cem vezes minha ama ou minha amiga / Contaram-me esta história à noite, ao pé do fogo: / Não faço mais aqui do que acrescentar alguns ornamentos." (N. T.)

** "Eles não são fáceis de acreditar, / mas enquanto neste mundo houver crianças, / Mães e avós, / Serão lembrados." (N. T.)

trovadores ou contadores de histórias da Provença inventaram Finette muito antes que Abelardo ou o célebre Conde Thibaud de Champagne produzissem seus romances." Assim, o conto tornou-se um gênero literário próximo do conto filosófico ou arcaizante, como o de Mlle Lhéritier: "Deveis admitir que os melhores contos que temos são os que mais imitam o estilo e a simplicidade de nossas amas."

Enquanto o conto se tornava, no fim do século XVII, um gênero novo da literatura escrita e séria (filosófica ou arcaizante, tanto faz), a recitação oral dos contos foi abandonada por aqueles a quem se dirigia a moda dos contos escritos. Colbert e Mme de Sévigné ouviam os contos que lhes contavam, e ninguém na época pensava em sublinhar esse fato como uma singularidade – era uma distração banal, como hoje seria a leitura de um romance policial. Em 1771, porém, já não era mais assim, e na boa sociedade, entre os adultos, os velhos contos da tradição oral, mais ou menos esquecidos, eventualmente se tornavam objeto de uma curiosidade de caráter arqueológico ou etnológico que já anunciava o gosto moderno pelo folclore ou a gíria. A Duquesa de Choiseul escreve a Mme du Deffand que Choiseul "manda que lhe leiam contos de fadas o dia inteiro. Todos nós os estamos lendo agora. Consideramo-los tão verossímeis quanto a história moderna". Isso equivaleria a vermos hoje um de nossos estadistas, após uma derrota política, lendo o Pato Donald ou Tintin em seu recolhimento, como se essas historinhas não fossem mais bobas do que a realidade! A Duquesa de Choiseul não resistiu à tentação e escreveu dois contos, em que reencontramos o tom do conto filosófico, a julgar pelo início do *Le Prince enchanté*: "Minha amiga Margot, tu que em meu quarto chamavas o sono ou reabrias minhas pálpebras com lindos contos de fadas, conta-me alguma história sublime com a qual eu possa alegrar os presentes. Não, diz Margot, não é preciso nada de sublime. Tudo o que os homens precisam é de contos de fadas."

Segundo outro episódio da época, uma dama, em um dia de tédio, sentiu a mesma curiosidade dos Choiseuls. Chamou sua criada e pediu-lhe a história de Pierre de Provence e da bela Maguelonne, que hoje teríamos esquecido inteiramente se não fosse o admirável Lieder de Brahms. "A criada espantada pediu que a senhora repetisse três vezes e recebeu com desprezo a ordem estranha; no entanto, teve de obedecer; desceu até a cozinha e voltou vermelha com a brochura."

De fato, no século XVIII, havia alguns editores especializados, principalmente em Troyes, que publicavam edições impressas de contos para o público rural que sabia ler e que era alcançado por meio de mascates. Mas essas edições (conhecidas como *Bibliothèque Bleue* ou "contos azuis", por serem impressas em papel azul) nada tinham a ver com a moda literária do fim do século XVII. Elas transcreviam, tão fielmente quanto o permitia a inevitável evolução do gosto, as velhas histórias da tradição oral. Uma edição de 1784 da *Bibliothèque Bleue* contém, ao lado da história de Pierre de Provence e da bela Naguelonne, as histórias de Robert le Diable e os quatro irmãos Aymon, os contos de Perrault, e os de Mlle de la Force e Mme d'Aulnay.

Ao lado dos livros da *Bibliothèque Bleue*, havia ainda os contadores de histórias ocasionais das longas noites de inverno, e também os contadores profissionais, herdeiros dos velhos declamadores, cantores e jograis. Na pintura e na gravura dos séculos XVII e XVIII e na litografia pitoresca do início do século XIX, o tema do contador de histórias e do charlatão é muito popular.[82] O charlatão aparece trepado em um estrado, contando sua história e mostrando com uma vareta o texto escrito em um

---

[82] Guardi, em Fiocco, *Venetian Painting*, prancha LXXIV; Magnasco, em Geiger, *Magnasco*, prancha XXV; G. Dou, Munique, K. d. K., prancha LXXXI.

quadro grande que um ajudante segura com os braços esticados, para que os ouvintes possam ler enquanto ouvem. Em algumas cidades da província, a pequena burguesia algumas vezes ainda conservava esse passatempo. Um memorialista conta-nos que em Troyes, no fim do século XVIII, os homens se reuniam durante o inverno nos cabarés e durante o verão "nos jardins, onde, após tirar a peruca, colocavam seus gorros".[83] Esses grupos eram chamados de *cotteries*. "Cada *cotterie* tinha pelo menos um contador de histórias, no qual todos os outros modelavam seu talento." O memorialista lembra-se de um desses contadores de histórias, um velho açougueiro. "Dois dias que passei com ele (quando eu era criança) correram entre histórias e contos cujo encanto, cujo efeito e cuja ingenuidade mal poderiam ser – não digo expressos – mas sentidos pela raça atual" (a geração atual).

Assim, os velhos contos que todos ouviam na época de Colbert e de Mme de Sévigné foram pouco a pouco abandonados, primeiro pelos nobres, e a seguir pela burguesia, às crianças e ao povo do campo. Este último abandonou-os também por sua vez quando o jornal substituiu a *Bibliothèque Bleue*; as crianças tornaram-se então seu público, por pouco tempo, aliás, pois a literatura infantil está passando hoje pela mesma renovação que os jogos, as brincadeiras e os costumes.

A pela era um dos jogos mais difundidos entre os jogos desportivos. Era o que os moralistas do fim da Idade Média toleravam com menos repugnância: durante vários séculos, foi o jogo mais popular, comum a todas as condições sociais, aos reis e aos plebeus. Mas essa unanimidade cessou no fim do século XVII. Constata-se então um declínio da popularidade da pela entre a nobreza. Em Paris, em 1657, contavam-se 114 quadras de pela;

---

[83] *Vie de M. Groslev*, 1787.

em 1700, apesar do aumento da população, seu número havia caído para 10; no século XIX havia apenas duas, uma na Rue Mazarine e outra no terraço das Tulherias, onde se manteve até 1900.[84] Segundo Jusserand, o historiador dos jogos, Luís XIV já jogava pela sem entusiasmo. Embora os adultos bem-criados abandonassem esse jogo, os camponeses e as crianças (mesmo bem-criadas) permaneceram-lhe fiéis sob diversas formas de jogos de raquetes. No País Basco, a pela subsistiu até seu renascimento sob a forma aperfeiçoada da pelota basca, jogada com cestas grandes ou pequenas.

Uma gravura de Merian[85] do fim do século XVII mostra-nos um jogo de bola que reúne pequenos e grandes: no quadro, a bola está sendo enchida. Mas, nessa época, o jogo de bola já era suspeito para os especialistas em etiqueta e boas maneiras. Thomas Elyot e Shakespeare o desaconselhavam aos nobres. Jaime I da Inglaterra o proibiu a seu filho. Segundo du Cange, ele só era praticado pelos camponeses: "A chole, uma espécie de bola que cada jogador chuta com o pé com violência, e que ainda é usada em um jogo dos camponeses de nossas províncias." Esse jogo sobreviveu até o século XIX na Bretanha, por exemplo: "O senhor da aldeia", lemos em um texto do ano VIII, "lançava no meio da multidão uma bola cheia de farelo, que os homens dos diferentes cantões tentavam arrebatar... Vi em minha infância (o autor nascera em 1749), um homem quebrar a perna ao saltar sobre um respiradouro para pegar a bola. Esses jogos estimulavam a força física e a coragem, mas, repito-o, eram perigosos". Sabemos que o uso da bola se conservou entre as crianças e os camponeses.

Muitos outros "jogos de exercício" passariam assim para o domínio das crianças e do povo. Foi o que aconteceu com a

---

84 J.-J. Jusserand, *op. cit.*

85 Merian, gravura, Cabinet des Estampes, Ec 10 in-fº.

malha, por exemplo, sobre a qual Mme de Sévigné escreveu em uma carta de 1685 a seu genro:[86] "Assisti a dois jogos de malha (em Les Rochers). Ah! meu caro conde, penso sempre em vós, e na graça que tínheis ao atingir a bola. Gostaria que tivésseis em Grignan uma aleia igualmente bonita." Todos esses jogos de boliche e críquete, abandonados pela nobreza e pela burguesia, no século XIX passaram aos adultos dos campos e às crianças.

Essa sobrevivência popular e infantil de jogos outrora comuns a toda a coletividade preservou também uma das formas de divertimento mais gerais da antiga sociedade: o disfarce, a fantasia. Os romances do século XVI ao XVIII estão cheios de histórias de disfarces: rapazes vestidos de mulher, princesas vestidas de pastoras etc. Essa literatura traduz um gosto que sempre se expressava nas festas sazonais ou ocasionais: festas de Reis, terça-feira gorda, festas de novembro. Durante muito tempo usaram-se normalmente máscaras para sair, sobretudo as mulheres. As pessoas bem-nascidas gostavam de ser retratadas usando sua fantasia favorita. A partir do século XVIII, as festas à fantasia se tornaram mais raras e mais discretas na boa sociedade. O carnaval tornou-se então popular e atravessou o oceano, impondo-se aos escravos negros da América, enquanto os disfarces e fantasias foram reservados às crianças. Atualmente, só as crianças se mascaram no carnaval e se fantasiam para brincar.

Em cada caso a mesma evolução se repete monotonamente. E nos conduz a uma conclusão importante.

Partimos de um estado social em que os mesmos jogos e brincadeiras eram comuns a todas as idades e a todas as classes. O fenômeno que se deve sublinhar é o abandono desses jogos pelos adultos das classes sociais superiores, e, simultaneamente,

---

[86] Mme de Sévigné, *Lettres*, 13 de junho de 1685.

sua sobrevivência entre o povo e as crianças dessas classes dominantes. É verdade que na Inglaterra os fidalgos não abandonaram, como na França, os velhos jogos, mas transformaram-nos, e foi sob formas modernas e irreconhecíveis que esses jogos foram adotados pela burguesia e pelo "esporte" do século XIX.

É notável que a antiga comunidade dos jogos se tenha rompido ao mesmo tempo entre as crianças e os adultos e entre o povo e a burguesia. Essa coincidência nos permite entrever desde já uma relação entre o sentimento da infância e o sentimento de classe.

CAPÍTULO 5

Do Despudor à Inocência

Uma das leis não escritas de nossa moral contemporânea, a mais imperiosa e a mais respeitada de todas, exige que diante das crianças os adultos se abstenham de qualquer alusão, sobretudo jocosa, a assuntos sexuais. Esse sentimento era totalmente estranho à antiga sociedade. O leitor moderno do diário em que Heroard, o médico de Henrique IV, anotava os fatos corriqueiros da vida do jovem Luís XIII[1] fica confuso diante da liberdade com que se tratavam as crianças, da grosseria das brincadeiras e da indecência dos gestos cuja publicidade não chocava ninguém e que, ao contrário, pareciam perfeitamente naturais. Nenhum outro documento poderia dar-nos uma ideia mais nítida da total ausência do sentimento moderno da infância nos últimos anos do século XVI e início do XVII.

Luís XIII ainda não tem um ano: "Ele dá gargalhadas quando sua ama lhe sacode o pênis com a ponta dos dedos." Brincadeira encantadora, que a criança não demora a dominar. Ele chama um pajem "com um Ei!, e levanta a túnica, mostrando-lhe o pênis".

Luís XIII tem um ano: "Muito alegre", anota Heroard, "ele manda que todos lhe beijem o pênis". Ele tem certeza de que todos se divertem com isso. Todos se divertem também com sua brincadeira diante de duas visitas, o Senhor de Bonnières e sua filha: "Ele riu muito para (o visitante), levantou a roupa

---

[1] Heroard, *Journal sur l'enfance et la jeunesse de Louis XIII*, editado por E. Saulié e E. de Barthélémy, 1868, 2 vols.

e mostrou-lhe o pênis, mas sobretudo à sua filha; então, segurando o pênis e rindo com seu risinho, sacudiu o corpo todo." As pessoas achavam tanta graça que a criança não se cansava de repetir um gesto que lhe valia tanto sucesso. Diante de "uma pequena senhorita", "Levantou a túnica, e mostrou-lhe o pênis com um tal ardor que ficou fora de si. Ele se deitou de costas para mostrá-lo melhor".

Luís XIII tem um pouco mais de um ano quando seu casamento com a Infanta de Espanha é decidido. As pessoas explicam-lhe o que isso significa e ele compreende muito bem. Perguntam-lhe: "Onde está o benzinho da Infanta? Ele põe a mão no pênis."

Durante seus três primeiros anos, ninguém desaprova ou vê algum mal em tocar por brincadeira em suas partes sexuais: "A Marquesa (de Verneuil) muitas vezes punha a mão embaixo de sua túnica; ele pedia para ser colocado na cama de sua ama, onde ela brincava com ele e punha a mão embaixo de sua túnica." "Mme de Verneuil quis brincar com ele e segurou seus mamilos; ele a empurrou e disse: sai, sai, deixa isso, vai embora. Ele nunca permitia que a Marquesa tocasse em seus mamilos, pois sua ama o havia instruído, dizendo-lhe: Monsieur, não deixeis ninguém jamais tocar em vossos mamilos nem em vosso pênis, pois podem cortá-lo. Ele se lembrava disso."

"Ao se levantar, de manhã, não quis nem por nada vestir a camisa e disse: camisa não (Heroard gosta de reproduzir o jargão e até mesmo a pronúncia da infância balbuciante), primeiro quero dar a todo o mundo um pouco de leite do meu pênis; as pessoas estenderam a mão e ele fingiu que tirava leite, fazendo pss... pss; deu leite a todos e só então deixou que lhe pusessem a camisa."

Era uma brincadeira comum e muitas vezes repetida as pessoas lhe diziam: "Monsieur não tem pênis." "Ele respondia: É, olha aqui!, e alegremente levantava-o com o dedo." Essas brincadeiras não eram restritas à criadagem ou a jovens desmiolados ou a mulheres de costumes levianos, como a amante do Rei. A Rainha, sua mãe, também gostava dessa brincadeira: "A Rainha, pondo a mão em seu pênis, disse: – Meu filho, peguei a sua torneira." O trecho seguinte é ainda mais extraordinário: "Ele e Madame (sua irmã) foram despidos e colocados na cama junto com o Rei, onde se beijaram, gorjearam e deram muito prazer ao Rei. O Rei perguntou-lhe: – Meu filho, onde está a trouxinha da Infanta? – Ele mostrou o pênis dizendo: – Não tem osso dentro, papai. – Depois, como seu pênis se enrijecesse um pouco, acrescentou: – Agora tem, de vez em quando tem."

De fato, as pessoas se divertiam em observar suas primeiras ereções: "Tendo acordado às 8h, ele chamou Mlle Bethouzay e lhe disse: – Zezai, meu pênis parece uma ponte levadiça; levanta e abaixa. – E ele o levantava e o abaixava."

Aos quatro anos, sua educação sexual já estava adiantada: "Foi levado aos aposentos da Rainha; aí, Mme de Guise mostrou-lhe a cama da Rainha e disse-lhe: – Monsieur, foi aqui que fostes feito. – Ele respondeu: – Com mamãe?" – "Ele perguntou ao marido de sua ama: – O que é isto? – É a minha meia de seda, disse este. – E isto? (à maneira dos jogos de salão). – São as minhas calças. – Elas são de quê? – De veludo. – E isto? – É uma braguilha. – O que é que tem dentro? – Não sei, Monsieur. – Eh, é um pênis. Para quem é esse pênis? – Não sei, Monsieur. – Eh, é para Mme Doundoun (sua ama)."

"Ele se pôs entre as pernas de Mme de Monglat (sua governanta, uma mulher muito digna, muito responsável e que, no entanto, não parecia incomodar-se – não mais do que Heroard – com todas essas brincadeiras que hoje consideramos intoleráveis). O Rei lhe disse: – Vede o filho de Mme de Monglat, ela está dando à luz. – Ele saiu de lá rapidamente e foi instalar-se entre as pernas da Rainha."

Entre cinco e seis anos, as pessoas pararam de se divertir com as partes sexuais do Delfim. Enquanto isso, porém, ele começou a se divertir com as dos outros. Mlle Mercier, uma de suas criadas que havia dormido tarde na noite anterior, certa manhã ainda estava deitada em uma cama ao lado da sua (seus criados, às vezes casados, dormiam em seu quarto, e a presença do menino não devia incomodá-los muito). "Ele brincou com ela", mandou que ela mexesse os dedos dos pés com as pernas para cima e "mandou sua ama buscar uma vara para bater em seu traseiro, no que foi obedecido... Sua ama perguntou-lhe: – Monsieur, o que vistes de Mlle Mercier? – Ele respondeu friamente: – Vi sua bunda. – Que mais? – Ele respondeu friamente e sem rir que havia visto sua vagina". Em outra ocasião, ele "brincou com Mlle Mercier, e me chamou (Heroard), dizendo-me que a Mercier tinha uma vagina deste tamanho (mostrou seus dois punhos) e que havia água dentro".

A partir de 1608, esse gênero de brincadeira desaparece: o Delfim se tornara um homenzinho – atingindo a idade fatídica de sete anos – e era preciso ensinar-lhe modos e linguagem decentes. Quando lhe perguntam por onde nascem as crianças, ele responde, como a Agnès de Molière, que é pela orelha. Mme de Monglat o repreende quando ele "mostra seu pênis à pequena Ventelet". E, se seus criados continuam a colocá-lo de manhã ao acordar na cama de Mme de Monglat entre esta e seu marido, Heroard fica indignado e anota na margem do diário: *insignis impudentia*. O menino de 10 anos era forçado a se comportar com uma compenetração que ninguém pensava em exigir de um menino de cinco. A educação praticamente só começava depois dos sete anos. E esses escrúpulos tardios de decência devem também ser atribuídos a um início de reforma dos costumes, sinal da renovação religiosa e moral do século XVII. Era como se o valor da educação começasse apenas com a aproximação da idade adulta. Por volta dos 14 anos, entretanto, Luís XIII nada mais tinha a aprender, pois foi aos 14 anos e dois meses que o colocaram quase à força na cama de sua mulher. Após a cerimônia, ele "se deitou e ceou na cama às 6h45min. M. de Gramont e alguns jovens senhores contaram-lhe histórias grosseiras para encorajá-lo. Ele pediu suas pantufas, colocou o robe e foi para o quarto da Rainha às 8h. Foi instalado na cama ao lado da Rainha, sua mulher, na presença da Rainha, sua mãe; às 10h15min, ele voltou, após ter dormido cerca de uma hora e ter feito duas vezes, segundo nos disse; de fato, parecia verdade, pois seu pênis estava todo vermelho".

O casamento de um menino de 14 anos talvez começasse a se tornar mais raro. O casamento de uma menina de 13 ainda era comum.

Não há por que pensar que o clima moral devesse ser diferente em outras famílias de fidalgos ou plebeus. Essa prática familiar de associar as crianças às brincadeiras sexuais dos adultos fazia parte do costume da época e não chocava o senso comum. Na família de Pascal, Jacqueline Pascal aos 12 anos escrevia versos sobre a gravidez da Rainha.

Thomas Platter relata em suas memórias de estudante de medicina em Montpellier, no fim do século XVI: "Conheci um menino que fez essa afronta (amarrar a agulheta de uma moça na hora do casamento, para tornar o marido impotente) à criada de seus pais. Esta suplicou-lhe que desfizesse o encantamento, desamarrando a agulheta. Ele consentiu e logo o noivo, recuperando sua potência, ficou completamente curado." O Pe. de Dainville, historiador dos jesuítas e da pedagogia humanista, também constata: "O respeito devido às crianças era então (no século XVI) algo totalmente ignorado. Os adultos se permitiam tudo diante delas: linguagem grosseira, ações e situações escabrosas; elas ouviam e viam tudo."[2]

---

[2] Pe. de Dainville, *La Naissance de l'humanisme moderne*, 1940, p. 261; Mechin, *Annales du collège royal de Bourbon Aix*, 2 vols., 1892.

Essa ausência de reserva diante das crianças, esse hábito de associá-las a brincadeiras que giravam em torno de temas sexuais para nós é surpreendente: é fácil imaginar o que diria um psicanalista moderno sobre essa liberdade de linguagem, e mais ainda, essa audácia de gestos e esses contatos físicos. Esse psicanalista, porém, estaria errado. A atitude diante da sexualidade, e sem dúvida a própria sexualidade, variam de acordo com o meio, e, por conseguinte, segundo as épocas e as mentalidades. Hoje, os contatos físicos descritos por Heroard nos pareceriam beirar a anomalia sexual e ninguém ousaria praticá-los publicamente. Ainda não era assim no início do século XVII. Uma gravura de Baldung Grien, de 1511, representa uma sagrada família. O gesto de Sant'Ana nos parece singular: ela está abrindo as pernas da criança, como se quisesse descobrir seu sexo e fazer-lhe cócegas. Seria errado ver aí uma intenção picante.[3]

Esse hábito de brincar com o sexo das crianças pertencia a uma tradição muito difundida, que hoje em dia ainda encontramos nas sociedades muçulmanas. Essas sociedades se mantiveram alheias não apenas ao progresso científico, mas também à grande reforma moral, inicialmente cristã e a seguir leiga, que disciplinou a sociedade aburguesada do século XVIII e sobretudo do século XIX, na Inglaterra e na França. Encontramos assim nessas sociedades muçulmanas traços cuja estranheza nos surpreende, mas que não teriam surpreendido tanto o excelente Heroard. Podemos julgá-lo por uma página extraída do romance *La Statute de Sel* [1953]. Seu autor é um judeu tunisino, Albert Memmi, e o livro é um testemunho curioso sobre a sociedade tunisina tradicional e a mentalidade dos jovens semiocidentalizados. O herói do romance conta uma cena passada no bonde que o conduzia à escola em Túnis: "À minha frente, estavam um muçulmano e seu

---

[3] Curjel, *H. Baldung Grien*, prancha XLVIII.

filho, um menininho mínimo, com um fez miniatura e henê nas mãos; à minha esquerda, um quitandeiro djerbiano a caminho do mercado, com uma cesta entre as pernas e um lápis atrás da orelha. O djerbiano, tomado pelo calor e a quietude do vagão, se agitou. Sorriu para o menino, que em resposta sorriu com os olhos e olhou para o pai. O pai, reconhecido e lisonjeado, tranquilizou o filho e sorriu para o djerbiano. – Quantos anos você tem? – perguntou o quitandeiro ao menino. – Dois anos e meio, respondeu o pai (a idade do pequeno Luís XIII). – Será que o gato comeu a sua língua? – perguntou o quitandeiro ao menino. – Não – respondeu o pai –, ele ainda não foi circuncidado mas vai ser em breve. – Ah! Ah! disse o outro. – Ele havia encontrado um assunto para conversar com a criança. – Você quer me vender o seu pintinho? – Não – disse o menino com raiva. – Ele visivelmente conhecia essa cena, e já lhe haviam feito a mesma proposta antes. Eu também [a criança judia] a conhecia. Já havia participado dela em outros tempos, provocado por outras pessoas, com os mesmos sentimentos de vergonha e de concupiscência, de revolta e de curiosidade cúmplice. Os olhos do menino brilhavam de prazer por sua virilidade nascente [sentimento moderno, atribuído à criança pelo evoluído Memmi, que conhece as descobertas recentes sobre a precocidade do despertar sexual das crianças: os homens de outrora, ao contrário, acreditavam que a criança impúbere era estranha à sexualidade] e também de revolta contra essa inqualificável agressão. O menino olhou para o pai. O pai sorria, *era uma brincadeira permitida* [o grifo é meu]. Nossos vizinhos se interessavam pela *cena tradicional* com uma aprovação complacente. – Eu lhe dou 10 francos, propôs o djerbiano. – Não, disse o menino... – Vamos lá, me venda o seu p..., replicou o djerbiano. – Não, não! – Eu lhe dou 50 francos. – Não! – ... Vou lhe dar tudo o que posso: 1.000 francos! – Não! – Os olhos do velho djerbiano assumiram uma expressão de gula. – E mais um saco de balas! – Não, não! – Então é não? É a sua última palavra? – gritou o djerbiano fingindo raiva. – Repita pela última vez: é não mesmo? – Não! – Então, bruscamente, o adulto pulou em cima da criança, com uma expressão terrível no rosto e a mão brutal remexendo dentro de sua braguilha. O menino se defendeu com socos. O pai ria às gargalhadas, o djerbiano se contorcia nervosamente e nossos vizinhos sorriam divertidos."

Essa cena do século XX não nos permite compreender melhor o século XVII, antes da reforma moral? Devemos evitar os anacronismos, como a explicação dos excessos barrocos do amor materno de Mme de Sévigné por intermédio do incesto, segundo seu último editor. Tratava-se de um jogo cujo caráter escabroso não devemos exagerar: ele não era maior do que hoje, nas anedotas picantes das conversas entre homens.

Essa semi-inocência, que nos parece viciosa ou ingênua, explica a popularidade do tema da criança fazendo pipi, que data do século XV. Esse tema aparece nas imagens dos livros de horas e nos quadros de igreja. Nos calendários do livro de horas de Henessy[4] e do breviário de Grimani[5] do início do século XVI, um mês de inverno é representado por uma aldeia coberta de neve; a porta de uma casa está aberta e vê-se uma mulher fiando e um homem se aquecendo junto do fogo; uma criança faz pipi na frente da porta, em cima da neve, bem à vista.

Um *Ecce homo* flamengo, de P. Pietersz,[6] destinado sem dúvida a uma igreja, mostra entre uma multidão de espectadores um grande número de crianças: a mãe segura o filho no alto, por cima da cabeça, para que ele possa ver melhor, enquanto meninos levados escalam pórticos. Uma criança faz pipi, segura pela mãe.

---

[4] J. Destrée, *Les Heures de Notre-Dame dites de Henessy*, 1895 e 1923.

[5] S. de Vriès e Marpugo, *Le Bréviaire Grimani*, 1904-1910, 12 vols.

[6] H. Gerson, *Von Geertgen tot Fr. Halz*, 1950, vol. I. p. 95.

Enquanto assistiam à missa na capela de seu Palácio da Justiça, os magistrados de Toulouse podiam distrair-se com uma cena do mesmo gênero. Um grande tríptico representava a história de São João Batista.[7] No painel central, aparece São João Batista pregando. As crianças se misturam à multidão: uma mulher dá de mamar, um menino está trepado em uma árvore; um pouco afastado, um menino levanta a túnica e faz pipi, na frente dos parlamentares.

Essa abundância de crianças nas cenas de multidão e essa repetição de certos temas (a criança ao seio, a criança fazendo pipi) no século XV e sobretudo no século XVI são o indício de um interesse novo e especial.

É notável, também, a frequência com que aparece nessa época outra cena da iconografia religiosa, a circuncisão. A circuncisão é representada com uma precisão quase cirúrgica, mas não devemos ver aí nenhuma malícia. Tudo indica que a circuncisão e a apresentação da Virgem no Templo eram tratadas nos séculos XVI e XVII como festas da infância, as únicas festas religiosas da infância antes da celebração solene da primeira comunhão. Podemos ver na igreja parisiense de Saint-Nicolas uma tela do início do século XVII, proveniente da abadia de Saint-Martin-des-Champs. A cena da circuncisão é assistida por um grande número de crianças: algumas estão junto dos pais, outras sobem nas pilastras para ver melhor. Não há algo de estranho, quase chocante para nós, nessa escolha da circuncisão como festa da infância, representada no meio das crianças? Talvez isso seja chocante para nós, mas não o é para um muçulmano de hoje, nem o era para o homem do século XVI ou do início do século XVII.

Esse homem não apenas misturava sem repugnância as crianças a uma operação de natureza religiosa, é verdade, do órgão sexual

---

[7] Musée des Augustins, Toulouse.

masculino, mas também se permitia, com a consciência limpa e publicamente, gestos e contatos físicos que só passavam a ser proibidos quando a criança atingia a puberdade, ou seja, praticamente, o mundo dos adultos. Isso acontecia por duas razões. Primeiro, porque se acreditava que a criança impúbere fosse alheia e indiferente à sexualidade. Portanto, os gestos e as alusões não tinham consequência sobre a criança, tornavam-se gratuitos e perdiam sua especificidade sexual – neutralizavam-se. Segundo, porque ainda não existia o sentimento de que as referências aos assuntos sexuais, mesmo que despojadas na prática de segundas intenções equívocas, pudessem macular a inocência infantil – de fato ou segundo a opinião que se tinha dessa inocência. Na realidade, não se acreditava que essa inocência realmente existisse.

Essa era, ao menos, a opinião geral: não era mais, porém, a dos moralistas e dos educadores, ao menos dos melhores dentre eles, inovadores aliás pouco seguidos. A importância retrospectiva desses inovadores provém do fato de que, no final, eles acabaram por fazer triunfar suas ideias, que hoje são as nossas.

Essa corrente de ideias remontava no século XV, época em que fora bastante poderosa para provocar uma mudança na disciplina tradicional das escolas. Gerson fora então seu principal representante. Ele exprimiu suas ideias com muita clareza, revelando-se para a sua época um excelente observador da infância e de suas práticas sexuais. Essa observação dos costumes particulares da infância e a importância que Gerson lhes atribuiu, dedicando-lhes o tratado *De confessione mollicei*,[8] revelam uma preocupação totalmente nova, que deve ser relacionada com todos os outros sinais que já examinamos na iconografia e no traje, e que indicam um interesse inédito pela infância.

---

[8] Gerson, *De confessione mollicei*, Opera, 1706, vol. II, p. 309.

Gerson, portanto, estudou o comportamento sexual das crianças com o objetivo de ajudar os confessores, para que estes despertassem em seus pequenos penitentes – de 10 a 12 anos de idade – um sentimento de culpa. Ele sabia que a masturbação e a ereção sem ejaculação eram práticas generalizadas: se alguém for interrogado a esse respeito e negar, com toda a certeza estará mentindo. Para Gerson, a questão era muito grave. O *peccatum mollicei*, "mesmo que, em virtude da idade, não tenha sido acompanhado de polução... tira a virgindade da criança, mais do que se o menino, com a mesma idade, tivesse frequentado mulheres". Além disso, ele beirava a sodomia.

Nesse ponto, o julgamento de Gerson está mais próximo da doutrina moderna, que considera a masturbação um estágio inevitável da sexualidade prematura, do que os sarcasmos do romancista Sorel, que via aí a consequência do enclausuramento escolar do internato.

De fato, segundo Gerson, a criança não era originariamente consciente de sua culpa: "*Sentiunt ibi quemdam pruritum incognitum tum stat erectio* e pensam que é permitido que *se fricent ibi et se palpent et se tractent sicut in aliis locis dum pruritus inest*. Isso seria a consequência da corrupção original: *ex corruptione naturae*. Estamos ainda muito longe da ideia de uma inocência infantil, mas já estamos muito perto de um conhecimento objetivo do comportamento da criança, cuja originalidade se torna evidente sob a luz do que foi dito anteriormente. Como preservar a infância desse perigo? Por intermédio do conselho do confessor, mas também por meio da modificação dos hábitos da educação e do estabelecimento de um novo comportamento com relação às crianças. Dever-se-á falar-lhes sobriamente, utilizando apenas palavras castas. Dever-se-á evitar que as crianças se beijem, se toquem com as mãos nuas ou se olhem durante as brincadeiras: *figerent oculi in eorum decore*. Dever-se-á evitar a promiscuidade entre pequenos e grandes, ao menos na cama: os *pueri capaces doli, puellae, juvenes*, não devem dormir na mesma cama com pessoas mais velhas, mesmo que sejam do mesmo sexo. A coabitação na mesma cama era então uma prática muito difundida em todas as camadas sociais. Vimos que ela ainda subsistia no fim do século XVI, até mesmo na corte de França: as brincadeiras de Henrique IV com seu filho, o futuro Luís XIII, que era colocado em sua cama com a irmã, justificariam quase dois séculos mais tarde a prudência de Gerson. Gerson proibia que as crianças se tocassem *in nudo* durante as brincadeiras ou em outras situações, e convidava seus leitores a desconfiar "*a societaliatibus persuis ubi colloquia prava et gestus impudici fiunt in lecto absque dormitione*".

Gerson volta a essa questão em um sermão contra a luxúria proferido em um quarto domingo do Advento: a criança não deve deixar que os outros a toquem ou beijem, e, se o fizer, deve sempre se confessar, *in omnibus casibus* – é preciso frisar, pois em geral não se via mal nisso. Mais adiante, ele diz que "seria bom" separar as crianças durante a noite: a propósito, lembra o caso contado por São Jerônimo de um menino de nove anos que fizera um filho; mas ele diz apenas que "seria bom", não ousando ir mais longe, de tal forma era generalizada a prática de se colocarem todas as crianças da família para dormir na mesma cama – quando não com um criado, uma criada ou os pais.[9]

No regulamento que elaborou para a escola de Notre-Dame de Paris, Gerson tentou isolar as crianças e submetê-las à vigilância constante do mestre. O espírito dessa nova disciplina será estudado em um capítulo especial mais adiante. O professor de canto não devia ensinar *cantilenas dissolutas impudicasque*, e os alunos tinham o dever de denunciar seus camaradas se estes cometessem alguma falta contra a decência e o pudor (entre os

---

[9] Gerson, *Doctrina pro pueris ecclesiae parisiensis*, Opera, 1706, vol. IV, p. 717.

outros delitos figuravam falar *gallicum* – e não latim –, jurar, mentir, dizer injúrias, demorar-se na cama, faltar às horas e conversar na igreja). À noite, uma lamparina devia ficar acesa no dormitório: "Tanto por devoção à imagem da virgem como por causa das necessidades naturais, e para que eles pratiquem sob a luz apenas os atos que podem e devem ser vistos." Nenhuma criança deveria trocar de cama durante a noite: ela devia ficar com o colega que lhe fora escalado. Os *conventicula*, *vel societates ad partem extra alias*, não seriam permitidos nem de dia nem de noite. Todo o cuidado era tomado para evitar as amizades particulares e as más companhias, especialmente da criadagem: "Será proibida à criadagem toda familiaridade com as crianças, sem exceção dos clérigos, dos *capellani* e do pessoal da igreja (havia uma certa falta de confiança): eles não deverão dirigir a palavra às crianças fora da presença dos mestres."

As crianças estranhas à fundação não teriam permissão para ficar junto dos alunos, nem mesmo para estudar com eles (salvo licença especial do superior) "a fim de que nossas crianças (*pueri nostri*) não adquiram maus hábitos a exemplo dos outros".

Tudo isso era inteiramente novo, e não devemos imaginar que as coisas se passassem realmente dessa maneira na escola. Na segunda parte deste livro, veremos como era realmente a vida escolar, e quanto tempo e esforço foram precisos para fazer reinar mais tarde, no século XVIII, uma disciplina rigorosa nos colégios. Gerson estava muito adiante das instituições de seu tempo. Seu regulamento é interessante pelo ideal moral que revela, que jamais fora formulado com essa precisão, e que se tornaria o ideal dos jesuítas, de Port-Royal, dos irmãos da doutrina cristã e de todos os moralistas e educadores rigorosos do século XVII.

No século XVI, os educadores eram mais tolerantes, embora tivessem o cuidado de não ultrapassar certos limites. Sabemos disso por meio dos livros escritos para os escolares, onde estes aprendiam a leitura, a escrita, o vocabulário latino e, finalmente, as boas maneiras: os tratados de civilidade e os colóquios que, para se tornarem mais vivos, colocavam em cena vários alunos ou um aluno e seu mestre. Esses diálogos são excelentes documentos sobre os costumes escolares. Nos diálogos de Vivès, lemos afirmações que não teriam sido endossadas por Gerson, mas que eram tradicionais: "Que parte é mais vergonhosa, a parte da frente (observemos a preocupação com a discrição) ou o cu? – Todas as duas são muito indecentes, a de trás devido à vilania, e a outra, devido à luxúria e à desonra."[10]

Não faltam nesses diálogos brincadeiras um tanto grosseiras e assuntos sem nenhum caráter educativo. Nos diálogos ingleses de Charles Hoole,[11] assistimos a algumas disputas. Uma delas passa-se em uma taverna – e as tavernas eram então lugares bem piores do que os nossos bares. Há uma longa discussão sobre o albergue onde se bebe a melhor cerveja. Contudo, mesmo em Vivès, observamos um certo sentimento de pudor: "O terceiro dedo é chamado de infame. Por quê? – O mestre disse que sabia a razão, mas não queria contá-la porque era suja e infame; logo, não a procures, *pois não convém a uma criança de boa natureza se interrogar sobre coisas tão vis*." Isso é notável para a época. A liberdade de linguagem era tão natural, que mais tarde até mesmo os reformadores mais rigorosos deixariam passar em seus sermões para as crianças e os escolares comparações que hoje em dia pareceriam chocantes. Assim, em 1653, o padre jesuíta Lebrun exorta os "nobilíssimos pensionistas do colégio de Clermont" a evitarem a gula: "Eles se fazem de difíceis, *tamquam praegnantes mulierculae*."[12]

---

[10] Vivès, *Dialogues*, trad. francesa, 1571.

[11] Citado em F. Watson, *The English Grammar Schools* to 1660, 1907, p. 112.

[12] A. Schimberg, *Education morale dans les collèges de jésuites*, 1913, p. 227.

Mas no fim do século XVI uma mudança muito mais nítida teve lugar. Certos educadores, que iriam adquirir autoridade e impor definitivamente suas concepções e seus escrúpulos, passaram a não tolerar mais que se dessem às crianças livros duvidosos. Nasceu então a ideia de se fornecerem às crianças edições expurgadas de clássicos. Essa foi uma etapa muito importante. É dessa época realmente que podemos datar o respeito pela infância. Essa preocupação surgiu na mesma época tanto entre católicos como entre protestantes, na França como na Inglaterra. Até então nunca se havia hesitado em deixar as crianças lerem Terêncio, como um clássico. Os jesuítas retiraram-no de seus currículos.[13] Na Inglaterra, as escolas utilizavam uma edição expurgada de Cornelius Schonaeus, publicada em 1592 e reeditada em 1674. Brinsley a recomendava em seu manual do mestre-escola.[14]

Nas academias protestantes francesas, utilizavam-se os colóquios de Cordier (1564), que substituíram os colóquios de Erasmo, de Vivès, de Mosellanus etc. Os colóquios de Cordier revelam uma nova preocupação com o pudor e um novo cuidado em evitar afrontas à castidade e à civilidade da linguagem. O máximo que é tolerado é uma brincadeira sobre os usos do papel[15] – "papel de aluno de escola", "papel de envelope", "papel de rascunho" – em um jogo de salão. Finalmente, um menino desiste, mas o outro descobre a resposta que falta: "Papel que serve para limpar as nádegas no reservado." Uma concessão inocente às brincadeiras tradicionais. Cordier podia realmente "ser posto entre as mãos de todos". De qualquer forma, seus colóquios eram lidos junto com os diálogos religiosos de S. Castellion.

---

[13] P. de Dainville, *op. cit.*

[14] F. Watson, *op. cit.*

[15] Mathurin Cordier, *Colloques*, 1586.

Port-Royal, por sua vez, publicou uma edição muito expurgada de Terêncio: *Comédias de Terêncio tornadas muito decentes e muito pouco modificadas.*[16]

Quanto ao pudor, os colégios jesuítas introduziram precauções inabituais, especificadas em regulamentos, com respeito à administração dos castigos corporais. Especificava-se que não era preciso tirar as calças das vítimas, *adolescentum*, "qualquer que fosse a condição ou a idade do menino" (gosto muito dessa referência à condição); devia-se descobrir apenas a pele necessária para a aplicação da pena, e não mais: *non amplius.*[17]

Uma grande mudança nos costumes se produziria durante o século XVII. A menor das liberdades permitidas na corte de Henrique IV não teria sido tolerada por Mme de Maintenon com os filhos do Rei, mesmo os bastardos, como tampouco teria sido permitida nas casas dos libertinos. Não se tratava mais de alguns moralistas isolados como Gerson, e sim de um grande movimento cujos sinais se percebiam em toda a parte, tanto em uma farta literatura moral e pedagógica como em práticas de devoção e em uma nova iconografia religiosa.

Uma noção essencial se impôs: a da inocência infantil. Já a encontramos em Montaigne, que, entretanto, tinha poucas ilusões sobre a castidade dos jovens estudantes. "Cem estudantes pegaram varíola antes de chegar à lição de Aristóteles sobre a temperança."[18] Mas ele narra também um episódio que anuncia um novo sentimento: Albuquerque, "correndo um grande perigo de naufragar, colocou um menininho sobre os ombros, para que em sua associação a *inocência* da criança

---

[16] *Comédies de Térence rendues trés honnêtes en y changeant fort peu de choses*, por *Pomponius* e *Trobatus.*

[17] Citado por Pe. de Dainville, *op. cit.*

[18] Montaigne, *Essais*, I, 26.

lhe servisse de garantia e de recomendação para obter o favor divino e assim chegar são e salvo à terra".[19] Cerca de um século mais tarde, essa ideia da inocência infantil havia-se tornado um lugar-comum. Vejamos, por exemplo, a legenda de uma gravura de F. Guérard, representando brincadeiras de crianças (boneca e tambor):[20]

Voilà l'âge de l'innocence
Où nous devons tous revenir
Pour jouir des biens avenirs
Qui sont icy nostre espérance;
L'âge où l'on sait tout pardonner
L'âge où l'on ignore la haine.
Où rien ne peut nous chagriner;
L'âge d'or de la vie humaine
L'âge qui brave les Enfers
L'âge où la vie est peu pénible
L'âge où la mort est peu terrible
Et pour qui les cieux sont ouverts
A ces jeunes plans de l'Eglise
Qu'on porte un respect tendre et doux
Le ciel est tout plein de courroux
*Pour quiconque les scandalise.**

---

[19] Montaigne, *Essais*, I, 39.

[20] F. Guérard, Cabinet des Estampes, Ee 3a, pet. in-fº.

* "Esta é a idade da inocência / À qual devemos todos voltar / Para gozar a felicidade futura / Que é a nossa esperança na terra; / A idade em que tudo se perdoa, / Em que o ódio é desconhecido, / Em que nada nos preocupa; / A idade de ouro da vida humana, / A idade que desafia os Infernos, / A idade em que a vida é fácil / E em que a morte não é terrível, / A idade para a qual os céus estão abertos. / Que um respeito terno e doce / Seja mostrado a essas jovens plantas da Igreja. / O Céu está cheio de raiva / Daqueles que as escandalizam." (N. T.)

Que longo caminho foi percorrido até chegarmos a esse ponto! Podemos acompanhá-lo por meio de uma farta literatura, da qual examinaremos a seguir algumas amostras.

L'Honneste Garçon, ou "a arte de educar a nobreza na virtude, na ciência e em todos os exercícios convenientes à sua condição", publicado em 1643[21] por M. de Grenaille, escudeiro e Senhor de Chatauniers, é um bom exemplo. O autor já havia escrito *L'Honneste Fille*. Esse interesse pela educação, pela "instituição da juventude" é digno de nota. O autor sabe que não é o único a tratar desse assunto, e desculpa-se em seu prefácio: "Não creio estar entrando no campo de M. Faret[22] ao tratar de um assunto que ele apenas aflorou, ao falar da educação daqueles cuja perfeição final ele retratou." "Conduzo aqui o menino bem-educado desde o começo da infância até a juventude. Trato primeiramente de seu nascimento e depois de sua educação; refino suas maneiras e seu espírito ao mesmo tempo; instruo-o na religião e no decoro, para que não seja nem ímpio, nem supersticioso." Antes existiam tratados de civilidade que eram apenas manuais de *savoir-vivre*, de boas maneiras. Esses manuais só deixariam de ser apreciados no início do século XIX. Mas ao lado desses livros de etiqueta que se dirigiam principalmente às crianças, no início do século XVII surgiu uma literatura pedagógica destinada aos pais e aos educadores. Por mais que essas obras se referissem a Quintiliano, a Plutarco e a Erasmo, eram uma novidade. Eram tão novas que M. de Grenaille se considerou obrigado a defender-se contra aqueles que viam na educação da juventude um assunto apenas prático, e não um tema para um livro. Havia Quintiliano e outros, mas havia algo mais, e o assunto era particularmente grave para

---

[21] M. de Grenaille, *L'Honneste Garçon*, 1642.

[22] M. Faret, *L'Honnête Homme*, 1630.

os cristãos. "Já que o Senhor chama a si os pequenos inocentes, não creio que seus súditos tenham o direito de rejeitá-los, nem que os homens devam ter repugnância em educá-los, pois, ao fazê-lo, estão apenas imitando os anjos." A comparação de anjos com crianças tornar-se-ia um tema edificante comum. "Diz-se que um anjo em forma de criança iluminou Santo Agostinho, mas, em compensação, o santo gostava de comunicar sua sabedoria às crianças, e em sua obra encontramos tratados destinados às crianças ao lado de tratados destinados aos grandes teólogos." M. de Grenaille cita São Luís, que redigiu uma instrução para seu filho. "O Cardeal Bellarmin escreveu um catecismo para crianças." Richelieu, "esse grande príncipe da Igreja, deu Instruções aos pequeninos, bem como conselhos aos maiores". Montaigne também, que não esperávamos encontrar em tão boa companhia, preocupava-se com os maus educadores, especialmente os pedantes.

M. de Grenaille continua: "Não devemos imaginar que toda vez que se fala da infância está-se falando de algo frágil; ao contrário, pretendo mostrar aqui que um estado que muitos julgam desprezível é perfeitamente ilustre." De fato, foi nessa época que se começou realmente a falar na fragilidade e na debilidade da infância. Antes, a infância era mais ignorada, considerada um período de transição rapidamente superado e sem importância. Essa ênfase dada ao lado desprezível da infância talvez tenha sido uma consequência do espírito clássico e de sua insistência na razão, mas acima de tudo foi uma reação contra a importância que a criança havia adquirido dentro da família e dentro do sentimento da família. Voltaremos a esse ponto na conclusão da primeira parte deste livro. Lembremos apenas que os adultos de todas as condições sociais gostavam de brincar com as crianças pequenas. Esse hábito era sem dúvida antigo, mas em determinado momento passou a ser notado a ponto de provocar irritação. Assim nasceu esse sentimento de irritação diante da infantilidade, que é o reverso moderno do sentimento da infância. A ele se somava o desprezo que essa sociedade de homens do ar livre e de homens mundanos sentia pelo professor, o mestre do colégio, o "pedante", em uma época em que os colégios se tornavam mais numerosos e mais frequentados, e em que a infância já começava a lembrar aos adultos seu tempo de escola. Na realidade, a antipatia pelas crianças demonstrada pelos espíritos sérios ou preocupados é um testemunho do papel – a seu ver demasiado importante – reservado às crianças.

Para o autor de *L'Honneste Garçon*, a infância era *ilustre* graças à infância de Cristo. Esta era, aliás, interpretada como o sinal da humilhação a que se submetera Cristo adotando não apenas a natureza humana, mas a condição de criança – colocando-se, portanto, em um nível inferior ao do primeiro Adão, segundo São Bernardo. Por outro lado, havia também as crianças santas: os santos Inocentes, as crianças santas que se haviam recusado a cultuar ídolos e o pequeno judeu de São Gregório de Tours, que quase morrera queimado pelo pai em um forno porque se havia convertido à fé cristã. "Eu poderia mostrar ainda que até hoje a Fé encontra mártires nas crianças, tanto quanto nos séculos passados. A história do Japão nos mostra um pequeno Luís que, aos 12 anos de idade, mostrou muito mais coragem do que homens feitos." Na mesma fogueira de D. Carlos Spínola morrera uma mulher com "seu filhinho", o que mostra que "Deus tira seus louvores da boca das crianças". E o autor acumula os exemplos de crianças santas dos dois Testamentos, citando mais este, tirado da história medieval francesa e surpreendente na literatura clássica: "Não devo esquecer a virtude desses bravos meninos franceses cujo elogio foi feito por Nauclerus, e que, em número de 20.000, participaram de uma cruzada no tempo do Papa Inocêncio III para tirar Jerusalém das mãos dos infiéis." A cruzada das crianças.

Sabemos que as crianças das gestas e dos romances de cavalaria se comportavam como cavaleiros, o que para M. de Grenaille era uma prova da virtude e do juízo das crianças. Ele cita o caso de uma criança que se tornara campeão da Imperatriz, mulher do Imperador Conrado, em um duelo contra "um famoso gladiador". "Que se leia nos Amadis (nos romances de cavalaria) sobre o que fizeram os Renauds, os Tancrèdes, e tantos outros cavaleiros: a lenda não lhes atribui mais vantagens em nenhum combate do que a História real assegura a esse pequeno Aquiles."

"Depois disso, pode alguém dizer que a primeira idade não é comparável, e muitas vezes até mesmo preferível a todas as outras?" "Quem ousará dizer que Deus favorece igualmente as crianças e as pessoas mais velhas?" Ele favorece as crianças devido à sua inocência, que "se aproxima muito de sua impecabilidade". As crianças não têm paixão nem vício: "Sua vida parece ser ditada pela razão, em uma época em que elas parecem ser menos capazes de utilizar a força da razão." Evidentemente, não se mencionava mais o *peccatum mollicei*, e nesse ponto, aos nossos olhos informados pela psicanálise, nosso fidalgo de 1642 parece estar mais atrasado do que Gerson. É que a própria ideia de despudor e de pecado carnal por parte da criança o incomodava, na medida em que era um argumento utilizado por aqueles que consideravam a infância "parva" e "viciosa".

Esse novo espírito também é encontrado em Port-Royal, exemplificado antes de tudo por Saint-Cyran. Seus biógrafos jansenistas nos informam sobre a alta consideração em que ele tinha a infância e os deveres para com as crianças. "Ele admirava o filho de Deus, que, nas mais altas funções de seu ministério, não permitiu que se impedissem as crianças de se aproximar dele, que as beijava e as abençoava, que tanto nos recomendou que não as desprezássemos ou negligenciássemos, e que, finalmente, falou delas em termos tão elogiosos e surpreendentes a ponto de atordoar aqueles que escandalizam os pequeninos. M. de Saint-Cyran dava sempre provas às crianças de uma bondade que chegava a uma espécie de respeito, com o fito de reverenciar nelas a inocência e o Espírito Santo que as habita."[23] M. de Saint-Cyran era "muito esclarecido" e "distante dessas máximas mundanas (o desprezo dos educadores), e, como sabia quão importante eram o cuidado e a educação da juventude, considerava-os também de maneira diferente. Por mais penosa e humilhante que fosse essa tarefa aos olhos dos homens, ele ainda assim não deixava de empregar nela pessoas eminentes, sem que estas pensassem ter o direito de se lamentar".

Formou-se assim essa concepção moral da infância que insistia em sua fraqueza mais do que naquilo que M. de Grenaille chamava de sua "natureza ilustre", que associava sua fraqueza à sua inocência, verdadeiro reflexo da pureza divina, e que colocava a educação na primeira fileira das obrigações humanas. Essa concepção reagia ao mesmo tempo contra a indiferença pela infância, contra um sentimento demasiado terno e egoísta que tornava a criança um brinquedo do adulto e cultivava seus caprichos, e contra o inverso deste último sentimento, o desprezo do homem racional. Essa concepção dominou a literatura pedagógica do final do século XVII. Eis o que escreve Coustel em 1687 em suas *Règles de l'éducation des enfants*[24] sobre a necessidade de se amarem as crianças e vencer a repugnância que elas inspiravam ao homem racional: "Se considerarmos o exterior das crianças, feito apenas de imperfeição e fraqueza, tanto no corpo como no espírito, é certo que não teremos motivos para lhes ter grande estima. Mas se olharmos o futuro e agirmos sob a inspiração da

---

[23] F. Cadet, *L'Education à Port-Royal*, 1887.

[24] Coustel, *Règles de l'éducation des enfants*, 1687.

Fé, mudaremos de opinião." Além da criança, veremos então o "bom magistrado", o "bom cura", o "grande senhor". Mas, acima de tudo, devemos lembrar que as almas das crianças, ainda impregnadas da inocência batismal, são a morada de Jesus Cristo. "Deus dá o exemplo ordenando aos Anjos que acompanhem as crianças em todos os seus passos, sem jamais abandoná-las."

Este era o motivo pelo qual, segundo Varet em *De l'éducation chrétienne des enfants*, de 1666,[25] "a educação das crianças é uma das coisas mais importantes do mundo". E, como escreve Jacqueline Pascal no regulamento dos pequenos internos de Port-Royal: "É tão importante cuidar das crianças,[26] que devemos preferir esta obrigação a todas as outras quando a obediência no-la impõe, e, mais ainda, até mesmo às nossas satisfações particulares, mesmo quando elas se referem a coisas espirituais."

Não se tratava de afirmações isoladas, mas de uma verdadeira doutrina – geralmente aceita tanto pelos jesuítas como pelos oratorianos ou os jansenistas – que em parte explica a multiplicação das instituições educacionais como os colégios, as pequenas escolas e as casas particulares, e a evolução dos hábitos escolares em direção a uma disciplina mais rigorosa.

Alguns princípios gerais decorrentes dessa doutrina figuravam como lugares-comuns na literatura da época. Por exemplo, não se deve nunca deixar as crianças sozinhas: este princípio remontava ao século XV, e se originava na experiência monástica, mas só começou realmente a ser aplicado no século XVIII, porque sua necessidade se revelou então ao grande público, e não mais apenas a um punhado de religiosos ou de "pedantes". "Tanto quanto possível, devem-se fechar todas as aberturas da

---

25 Varet, *De l'éducation chrétienne des enfants*, 1666.

26 Jacqueline Pascal, *Règlement pour les enfants. Appendice aux Constitutions de Port-Royal*, 1721.

gaiola... mas algumas barras devem ser deixadas abertas para que as crianças vivam e gozem de boa saúde; é assim que se faz com os rouxinóis para que eles cantem, e com os papagaios para que aprendam a falar."[27] Essa atitude não era desprovida de fineza, pois tanto os jesuítas como as escolas de Port-Royal haviam aprendido a conhecer melhor a psicologia infantil. No Regulamento para as crianças de Port-Royal de Jacqueline Pascal, lê-se: "É preciso vigiar as crianças com cuidado, e jamais deixá-las sozinhas em nenhum lugar, estejam elas sãs ou doentes." Mas "é preciso que essa vigilância contínua seja feita com doçura e uma certa confiança, que faça a criança pensar que é amada, e que os adultos só estão a seu lado pelo prazer de sua companhia. Isso faz com que elas amem essa vigilância, em lugar de temê-la".[28]

Esse princípio seria absolutamente geral, mas só seria aplicado ao pé da letra nos internatos jesuítas, nas escolas de Port-Royal e em algumas pensões particulares, ou seja, em estabelecimentos que abrigavam apenas um pequeno número de crianças ricas. Com isso, pretendia-se evitar a promiscuidade dos colégios, que durante muito tempo tiveram má reputação – na França, graças aos jesuítas, durante menos tempo do que na Inglaterra. "Assim que as crianças", escreve Coustel,[29] "põem o pé nesse tipo de lugar ('a enorme multidão de alunos e de colégios'), elas não tardam a inocência, a simplicidade e a modéstia que as tornavam antes tão amáveis aos olhos de Deus e dos homens." Havia uma relutância geral em confiar as crianças a um único preceptor: a extrema sociabilidade dos costumes opunha-se a essa solução. Considerava-se conveniente que a criança aprendesse desde muito cedo a conhecer os homens e a se dar com eles; isso era

---

[27] F. Cadet, *op. cit.*

[28] Jacqueline Pascal, *op. cit.*

[29] Coustel, *op. cit.*

muito importante, mais necessário do que o latim. Valia mais a pena "colocar cinco ou seis crianças com um ou dois homens de bem em uma casa particular", ideia esta já encontrada em Erasmo.

O segundo princípio rezava que se deveria evitar mimar as crianças, habituando-as desde cedo à seriedade: "Não me digas que são apenas crianças e que é preciso ter paciência. Pois os efeitos da concupiscência já aparecem bastante nessa idade." Tratava-se de uma reação contra a "paparicação" das crianças de menos de oito anos, e contra a opinião de que elas ainda eram muito pequenas para serem repreendidas. *La Civilité Nouvelle*, de Courtin, de 1671,[30] explica longamente essa visão: "Deixa-se que esses pequenos espíritos passem o tempo sem prestar atenção ao que é bom ou mau. Tudo lhes é permitido, indiferentemente. Nada lhes é proibido: eles riem quando deviam chorar, choram quando deviam rir, falam quando deviam calar e ficam mudos quando a boa educação os obriga a responder" (era já o '*merci, monsieur*' das crianças francesas, que surpreende e escandaliza os pais de família norte-americanos). "Deixá-los viver dessa forma é ser cruel para com eles. Os pais e as mães dizem que, quando eles ficarem grandes, serão corrigidos. Seria mais apropriado agir de modo que não houvesse nada a corrigir."

Terceiro princípio: o recato, a "grande modéstia" do comportamento. Em Port-Royal,[31] "logo que se deitam, as crianças são fielmente visitadas em cada cama em particular, para se verificar se estão deitadas com a modéstia requerida e também para ver se estão bem cobertas no inverno. Uma verdadeira campanha de propaganda tentava extirpar o hábito enraizado de deitar várias crianças na mesma cama. Esse conselho se repetiu ao longo de todo o século XVII. É encontrado ainda, por exem-

---

[30] *La Civilité nouvelle*, Basileia, 1671.

[31] Jacqueline Pascal, *op. cit.*

plo, em *La Civilité Chrétienne* de J.-B. de La Salle, cuja primeira edição data de 1713: "A não ser que se esteja comprometido pelo casamento (hoje em dia, não se pensaria em introduzir essa ressalva em um livro destinado às crianças, mas, na época, os livros destinados às crianças não se limitavam a elas, e os imensos progressos da decência e do pudor não impediam liberdades que hoje não se ousaria mais tomar), não se deve ir para a cama na frente de nenhuma pessoa do sexo oposto, pois isso é absolutamente contrário à prudência e à honestidade. É muito menos permitido ainda a pessoas de sexos diferentes dormirem na mesma cama, mesmo que se trate de crianças bem pequenas, pois não é decente que até mesmo pessoas do mesmo sexo durmam juntas. Estas são duas coisas que São Francisco de Sales recomendou particularmente a Mme de Chantal com relação às crianças." E: "Os pais e as mães devem ensinar seus filhos a esconder o próprio corpo ao se deitar."

Essa preocupação com a decência aparecia também na escolha das leituras e das conversas: "Ensinai-os a ler em livros em que a pureza de linguagem coincida com a seleção de bons temas." "Quando eles começarem a escrever, não permitis que seus exemplos traduzam uma maneira feia de falar."[32] Estamos longe aqui da liberdade de linguagem de Luís XIII criança, que divertia até mesmo o digno Heroard. Deveriam ser evitados também os romances, o baile e a comédia, que também eram desaconselhados aos adultos. Dever-se-ia prestar atenção às canções, uma precaução muito importante e necessária em uma sociedade em que a música era tão popular: "Tende um cuidado todo especial em impedir que vossos filhos aprendam canções modernas."[33] Mas as velhas canções também não valiam mais do

---

[32] Varet, *op. cit.*

[33] *Ibid.*

que estas: "Entre as canções que são comuns a toda a sociedade e que se ensinam às crianças assim que elas começam a falar... quase não existe nenhuma que não esteja cheia das difamações e das calúnias mais atrozes, e que não seja uma sátira mordaz, em que não se poupam nem a pessoa sagrada do soberano nem os magistrados ou as pessoas mais inocentes e devotas." Essas canções exprimem "paixões desregradas" e estão "cheias de equívocos indecentes".[34]

São João Batista de La Salle, no início do século XVIII,[35] mantinha essa desconfiança com relação aos espetáculos: "Não é mais decente para um cristão assistir a representações de marionetes (do que assistir à comédia)." "Uma pessoa sábia deve olhar esse tipo de espetáculo apenas com desprezo... e os pais e as mães jamais devem permitir que seus filhos a eles assistam." As comédias, os bailes, as danças e os espetáculos "mais ordinários" "dos saltimbancos e dos funâmbulos" eram proibidos. Eram permitidos apenas os jogos educativos, ou seja, os jogos que haviam sido integrados na educação: todos os outros eram suspeitos.

Outra recomendação reaparece muitas vezes nessa literatura pedagógica, extremamente preocupada com a "modéstia": não deixar as crianças na companhia de criados. Essa recomendação ia contra um costume absolutamente geral: "Não os deixeis sozinhos – ao menos, deixai-os o menos possível – com os criados, e sobretudo com os lacaios (os servidores domésticos tinham um sentido mais amplo do que o atual; compreendiam também os 'colaboradores', como diríamos hoje, e que podiam ser parentes). Essas pessoas, para se insinuar e garantir um lugar no espírito das

---

[34] *Ibid.*

[35] Jean-Baptiste de La Salle, *Les Régles de la bienséance et de la civilité chrétienne.* A primeira edição é de 1713.

crianças, em geral só lhes contam bobagens e só lhes inspiram amor ao jogo, ao divertimento e à vaidade."[36]

Ainda no início do século XVIII, o futuro Cardeal de Bernis, lembrando-se de sua infância (nascera em 1715),[37] dizia: "Nada é mais perigoso para os costumes e talvez para a saúde do que deixar as crianças muito tempo sob a tutela dos criados de quarto." "*Ousa-se fazer com uma criança coisas que se teria vergonha de arriscar com um rapaz.*" Esta última frase referia-se claramente à mentalidade que analisamos anteriormente na corte de Henrique IV e no bonde de Cartago no século XX. Essa mentalidade persistia entre o povo, mas não era mais tolerada nos meios evoluídos. A insistência dos moralistas em separar as crianças desse mundo diverso dos criados mostra o quanto eles estavam conscientes dos perigos que apresentava essa promiscuidade das crianças com os criados, eles próprios com frequência muito jovens. Os moralistas queriam isolar a criança para preservá-la das brincadeiras e dos gestos que então passaram a ser considerados indecentes.

O quarto princípio era apenas outra aplicação da preocupação com a decência e com a "modéstia": extinguir a antiga familiaridade e substituí-la por uma grande reserva nas maneiras e na linguagem, mesmo na vida quotidiana. Essa política se traduziu pela luta contra o emprego do pronome *tu*. No pequeno colégio jansenista de Chesnay,[38] "Havia-se de tal forma habituado as crianças a se tratarem com respeito umas às outras, que elas nunca se tratavam por tu, e nunca diziam qualquer palavra que pudessem considerar desagradável a alguns de seus companheiros".

---

[36] Varet, *op. cit.*

[37] *Mémoires du cardinal de Bernis*, 2 vols., 1878.

[38] Regulamento do colégio de Chesnay, *in* Wallon de Beaupuis, *Suite des vies des amis de Port-Royal*, 1751, vol. I, p. 175.

Um manual de civilidade de 1671[39] reconhece que a boa educação exige o tratamento *vous*, mas tem de admitir, não sem um certo embaraço, algumas concessões ao antigo costume francês: "Normalmente se usa o pronome *vous* e não se deve tratar ninguém por *tu* – a não ser uma criança pequena, quando aquele que fala é muito mais velho, e quando o costume entre os mais corteses e os mais instruídos é falar dessa maneira. Contudo, os pais que se dirigem aos filhos até uma certa idade – na França, até eles se emanciparem –, os mestres que se dirigem a seus pequenos alunos e outras pessoas em posição superior semelhante, segundo o costume mais comum, parecem ter o direito de empregar apenas *tu* e *toi*, e no caso de parentes amigos que conversam juntos, em certos lugares o costume permite que eles se tratem mais livremente por *tu* e *toi*; nos outros casos, deve-se ser mais reservado e civilizado."

Mesmo nas pequenas escolas, onde as crianças são menores, São João Batista de La Salle proíbe aos mestres o uso do tratamento *tu*: "Eles só devem falar às crianças com reserva, sem jamais tratá-las por *tu* ou *toi*, o que revelaria uma familiaridade exagerada." É certo que sob uma tal pressão, o emprego do *vous* tornou-se mais comum. Ficamos surpresos ao ler nas memórias do Coronel Guérard, do fim do século XVIII, que dois soldados amigos, um de 25 e outro de 23 anos, tratavam-se por *vous*. Ao menos, o Coronel Guérard usava o *vous* sem parecer ridículo.

No Saint-Cyr de Mme de Maintenon, as moças deviam evitar "tratar-se por *tu* ou *toi*, e adotar maneiras contrárias ao decoro".[40] "O adulto nunca deve acomodar-se às crianças por intermédio de uma linguagem infantil ou de maneiras pueris; deve, ao contrário, elevá-las ao seu nível, falando-lhes sempre de modo razoável."

---

[39] Cf. nota 30 deste capítulo.

[40] Th. Lavallée, *Histoire de la maison royale de Saint-Cyr,* 1862.

Os escolares dos diálogos de Cordier, da segunda metade do século XVI, já se tratavam por *vous* no texto francês, embora no texto latino se tratassem naturalmente por *tu*.

De fato, essa preocupação com a gravidade, que analisamos aqui, só triunfaria realmente no século XIX, apesar da evolução contrária da puericultura e de uma pedagogia mais liberal e mais naturalista. Um professor de francês norte-americano chamado L. Wylie, que passou seu ano sabático de 1950-1951 em uma aldeia do sul da França, participando da vida quotidiana, ficou espantado com a seriedade com que os mestres da escola primária tratavam os alunos, e com que os pais camponeses tratavam seus filhos. O contraste com o espírito norte-americano pareceu-lhe grande: "Cada passo no desenvolvimento da criança parece depender do desenvolvimento daquilo que as pessoas chamam de sua *raison*..." "A criança é então considerada *raisonnable* e espera-se que permaneça *raisonnable*." Essa *raison*, esse autocontrole e essa seriedade que se exigem da criança francesa desde muito cedo, enquanto ela prepara seu certificado de estudos, e que não existem mais nos Estados Unidos, são o resultado final da campanha iniciada no fim do século XVI pelos religiosos e pelos moralistas reformadores. Esse estado de espírito, aliás, começa a desaparecer das cidades francesas: ele só subsiste no campo, onde o observador norte-americano o constatou.

O sentido da inocência infantil resultou, portanto, em uma dupla atitude moral com relação à infância: preservá-la da sujeira da vida, e especialmente da sexualidade tolerada – quando não aprovada – entre os adultos; e fortalecê-la, desenvolvendo o caráter e a razão. Pode parecer que existe aí uma contradição, pois de um lado a infância é conservada, e de outro é tornada mais velha do que realmente é. Mas essa contradição só existe para nós, homens do século XX. Nosso sentimento contemporâneo da infância caracteriza-se por uma associação da infância ao primitivismo e ao irracionalismo ou pré-logismo. Essa ideia surgiu com Rousseau, mas pertence à história do século XX. Há apenas muito pouco tempo ela passou das teorias dos psicólogos, pedagogos, psiquiatras e psicanalistas para o senso comum. É essa ideia que serve ao professor norte-americano Wylie como ponto de referência para avaliar a atitude diferente que ele encontra em uma aldeia da região de Vaucluse. E nessa ideia reconhecemos também a sobrevivência de outro sentimento da infância, diferente e mais antigo, que surgiu nos séculos XV e XVI e se tornou geral e popular a partir do século XVII.

Nessa concepção, que nos parece antiga se comparada à nossa mentalidade contemporânea, mas que era nova em comparação com a Idade Média, as noções de inocência e de razão não se opunham. *Si puer prout decet, vixit* era traduzido em um manual de civilidade francês em 1671 por "se a criança viveu como um homem".[41]

Sob a influência desse novo clima moral, surgiu uma literatura pedagógica infantil distinta dos livros para adultos. Entre a massa de tratados de civilidade redigidos a partir do século XVI, é muito difícil reconhecer os que se dirigiam aos adultos e os que se dirigiam às crianças. Essa confusão se explica por questões ligadas à estrutura da família e às relações entre a família e a sociedade – que serão examinadas na última parte deste estudo.

Ao longo do século XVII, essa confusão se atenuou. Os padres jesuítas publicaram manuais de civilidade ou adotaram os existentes como livros habituais, ao mesmo tempo em que realizaram expurgos nos autores antigos ou patrocinaram tratados de ginástica: um exemplo é o livro *Bienséance de la conversation*

---

[41] L. Wylie, *Village in the Vaucluse*, Cambridge, EUA, 1957.

entre les hommes,[42] publicado em 1617 em Port-à-Mousson para os internatos da Companhia de Jesus em Pont-à-Mousson e La Flèche. As *Règles de la bienséance et de la civilité chrétienne*, destinadas às escolas cristãs de meninos, de São João Batista de La Salle, publicadas em 1713, seriam reeditadas ao longo de todo o século XVIII e mesmo no início do século XIX: foi um livro durante muito tempo considerado clássico e cuja influência sobre os costumes foi sem dúvida considerável. Contudo, mesmo esse livro ainda não se dirigia de forma direta e aberta às crianças. Certos conselhos destinavam-se mais aos pais (e, no entanto, tratava-se de um livro em que as crianças aprendiam a ler, um livro que fornecia exemplos de escrita, servia de modelo de conduta e que elas deviam aprender de cor), ou mesmo a adultos ainda mal instruídos em questões de boas maneiras. Essa ambiguidade se dissiparia nos manuais de civilidade da segunda metade do século XVIII. Eis um deles, um manual de civilidade "pueril e decente" de 1761,[43] "para a instrução das crianças, apresentando no início uma forma de aprender a ler, pronunciar e escrever corretamente, novamente corrigido (pois todos se apresentavam como reedições dos velhos manuais de civilidade de Cordier, Erasmo ou do *Galatée*: o gênero era tradicional, e toda a novidade era montada sobre uma trama antiga, donde a persistência de certos sentimentos que sem dúvida haviam saído de moda) e aumentado no final com um belo tratado de ortografia. Escrito por um missionário com preceitos e instruções a serem ensinados à juventude". O tom é novo; o autor dirige-se nominalmente às crianças, de um modo sentimental: "A leitura deste livro não vos será inútil, caras crianças, ela vos ensinará... Observai contudo, caras crianças..." "Cara criança, que considero como filho de

---

[42] *Bienséance de la conversation entre les hommes*, Pont-à-Mousson, 1617.

[43] *Civilité puerile et honnête pour l'instruction des enfants*, escrita por um missionário, 1753.

Deus e irmão de Jesus Cristo, começai cedo a praticar o bem... Pretendo ensinar-vos as regras de um cristão decente." "Assim que vos levantardes, fazei o sinal da cruz." "Se estiverdes no quarto de vosso pai e vossa mãe, dai-lhes bom-dia a seguir." Na escola, "Não incomodeis vossos companheiros..." "Não converseis na escola." "Não utilizeis com tanta facilidade as palavras *tu* e *toi*"... Mas essa doçura e essa ternura tão ao estilo do século XVIII em nada diminuem o ideal de caráter, razão e dignidade que o autor deseja despertar na criança: "Minhas caras crianças, não sejais daquelas que falam sem cessar e não dão tempo aos outros de dizer o que pensam." "Cumpri vossas promessas, pois assim age o *homem* de bem." O Espírito ainda é o do século XVII, mas o estilo já pertence ao século XIX: "Minhas caras crianças." O domínio das crianças estava bem separado do dos adultos.

Mas ainda restavam estranhos resquícios da antiga indiferença das idades. Durante muito tempo, ensinaram-se o latim e até mesmo o grego às crianças em dísticos falsamente atribuídos a Catão. O pseudocatão está citado no *Roman de la Rose*. Esse hábito persistiu ao menos durante todo o século XVII, e em 1802 ainda existia uma edição desses dísticos. O espírito dessas recomendações morais extremamente cruas era o espírito do Império Bizantino e da Idade Média, que simplesmente ignoravam a delicadeza de Gerson, de Cordier, dos jesuítas e de Port-Royal, em suma, de toda a opinião do século XVII. Portanto, ainda se mandavam as crianças traduzirem máximas do gênero: "Não acredites em tua esposa quando ela se queixar de teus criados; com efeito, muitas vezes a mulher detesta aquele que gosta do marido." Ou ainda: "Não procures por meio de sortilégios conhecer os desígnios de Deus" "Foge da esposa que te dominaria em nome de seu dote; não a retenhas se ela se tornar insuportável" etc.

É verdade que, no fim do século XVI, se haviam considerado insuficientes essas lições de moralidade, e, por essa razão, foram propostas às crianças as quadras de Pibrac, escritas na época dentro de um espírito mais cristão, mais edificante e mais moderno. Contudo, as quadras de Pibrac não tomaram o lugar do pseudocatão, apenas somaram-se a ele até o início do século XIX: as últimas edições escolares ainda continham os dois textos. O pseudocatão e Pibrac cairiam juntos então no esquecimento.

A essa evolução do sentimento da infância no século XVII correspondeu uma nova tendência da devoção e da iconografia religiosa. Aí também a criança iria ocupar um lugar quase central.

A partir do início do século XVII, a pintura, a gravura e a escultura religiosas passaram a dar uma grande importância à representação do Menino Jesus isolado, e não mais junto da Virgem ou no meio da Sacra Família. Como podemos ver no Van Dyck de Dresden, o Menino Jesus em geral aparece em uma atitude simbólica: calca uma serpente com o pé, apoia-se em um globo, segura uma cruz com a mão esquerda e com a direita faz o gesto da bênção. Essa criança dominadora ergue-se sobre os portais das igrejas (como na igreja de Dalbade de Toulouse). Uma devoção particular passou então a ser dirigida à infância sagrada. Ela já havia sido preparada, ao menos iconograficamente, por todas as sagradas famílias, as apresentações e as circuncisões dos séculos XV e XVI. Mas, no século XVII, ela adquiriu um acento muito diferente. Esse tema já foi bem estudado. Gostaríamos apenas de destacar aqui a relação que imediatamente se estabeleceu entre essa devoção da santa infância e o grande movimento de interesse pela infância, de criação de pequenas escolas e colégios e de preocupação pedagógica. O colégio de Juilly foi dedicado pelo Cardeal de Bérulle ao mistério do Menino Jesus.[44] Em seus regulamentos para as meninas internas

---

[44] H. Bremond, *Histoire littéraire du sentiment religieux*, 1921, vol. III, p. 512.

de Port-Royal, Jacqueline Pascal inseriu duas orações, uma das quais[45] é também uma prece "em honra do mistério da infância de Jesus Cristo". Ela merece ser citada: "Sede como as crianças recém-nascidas." "Fazei, Senhor, com que sempre sejamos crianças pela simplicidade e a inocência, assim como as pessoas do mundo sempre o são por sua ignorância e fraqueza." (Reencontramos aqui os dois aspectos do sentimento da infância do século XVIII, a inocência que é preciso conservar e a ignorância ou a fraqueza que é preciso suprimir ou tornar razoáveis.) "Dai-nos uma infância santa, que o curso dos anos não nos possa tirar e da qual jamais possamos passar à velhice do antigo Adão, nem à morte em pecado; mas que nos torne cada vez mais novas criaturas de Jesus Cristo e nos conduza à sua imortalidade gloriosa."

Uma carmelita do convento de Beaune, Marguerite du Saint-Sacrement, era famosa por sua devoção à santa infância. Nicolas Rolland,[46] fundador de várias pequenas escolas no fim do século XVII, fez uma peregrinação a seu túmulo. Nessa ocasião, a superiora do convento das carmelitas deu-lhe "uma imagem do Menino Jesus que a venerável irmã Marguerite costumava reverenciar com suas longas preces". As fundações dos institutos de ensino, como os colégios oratorianos do Cardeal de Bérulle, foram dedicadas à santa infância: em 1685, o padre Barré registrou os *Status et Règlements* das escolas cristãs e caridosas do Santo Menino Jesus. As Damas de Saint-Maur, modelo das congregações dedicadas ao ensino, intitularam-se oficialmente Instituto do Santo Menino Jesus. O primeiro selo da Instituição dos Irmãos das Escolas Cristãs, dos Irmãos Ignorantinhos, representava o Menino Jesus conduzido por São José.

---

[45] Jacqueline Pascal, *op. cit.*

[46] Rigault, *Histoire générale des frères des écoles chrétiennes*, 1937, vol. I.

A literatura moral e pedagógica do século XVII muitas vezes cita também trechos do Evangelho em que Jesus faz alusão às crianças. Em *L'Honneste Garçon*,[47] citado anteriormente, lê-se: "Já que o Senhor chama a si os pequenos inocentes, considero que nenhum de seus súditos tem o direito de rejeitá-los." A oração que Jacqueline Pascal insere no regulamento das crianças de Port-Royal parafraseia sentenças de Cristo. "Sede como crianças recém-nascidas." "Se não vos tornardes como as Crianças, não entrareis no Reino dos céus." E o final dessa prece lembra um episódio do Evangelho que no século XVII conheceu uma nova sorte: "Senhor, concedei-nos a graça de estarmos entre as Crianças que chamais a vós, que mandais se aproximar de vós, e de cuja boca tirais vossos louvores."

A cena em questão, em que Jesus pede que se deixe vir a ele as criancinhas, não era absolutamente desconhecida da iconografia antiga; já tivemos a ocasião[48] de mencionar uma miniatura otoniana em que as crianças eram representadas como adultos de tamanho reduzido em torno de Cristo. Reconhecemos também representações dessa cena nas bíblias moralizadas do século XIII – mas elas, além de pouco frequentes, são tratadas como ilustrações banais, sem que delas se desprenda um sentido ou um fervor.

A partir do fim do século XVI, ao contrário, tal cena reaparece com frequência, sobretudo na gravura, e é evidente que ela corresponde a uma forma especial e nova de devoção. Isso fica claro quando examinamos uma bela estampa de Stradan, cujas gravuras, como sabemos, inspiraram os artistas da época.[49] O tema definido pela legenda: *Jesus parvulis oblatis imposuit manus et benedixit eis* (Mateus, 39; Marcos, 60; Lucas, 18). Jesus está

---

[47] De Grenaille, *op. cit.*

[48] Cf. Parte 1, Capítulo 2.

[49] Stradan (1523-1605), gravura, Cabinet des Estampes, Cc9 in-fº, p. 239.

sentado. Uma mulher lhe apresenta seus filhos, alguns *putti* nus. Outras mulheres e crianças esperam sua vez. Observemos que, aqui, a criança está acompanhada da mãe: nas representações medievais, mais conformes à literalidade do texto – um texto que não estimulava a imaginação dos artistas a ponto de incitá-los a inventar por conta própria – as crianças apareciam sozinhas em torno de Cristo. Aqui, porém, a criança não se separa de sua família, o que indica a nova importância adquirida pela família na sensibilidade comum. Uma pintura holandesa de 1620 reproduz a mesma cena.[50] Cristo está acocorado no meio de uma multidão de crianças que se comprimem à sua volta. Algumas ainda estão no colo da mãe. Outras, nuas, brincam e lutam (o tema da luta dos *putti* era frequente na época), ou choram e gritam. As maiores, mais reservadas, estão de mãos postas. A expressão de Cristo aparece sorridente e atenta: a mesma mistura de diversão e ternura que os adultos adotam para falar com as crianças nas épocas modernas, e sobretudo no século XIX. Ele está com uma das mãos sobre uma cabecinha e ergue a outra para abençoar uma criança que corre em sua direção. Essa cena se tornou popular: é provável que os adultos dessem às crianças gravuras representando-a, assim como mais tarde lhes dariam santinhos de primeira comunhão. Uma exposição consagrada à imagem da criança,[51] realizada em Tours em 1947, mostra em seu catálogo uma gravura do século XVIII que representa o mesmo tema.

Estabeleceu-se nessa mesma época uma religião para as crianças, e uma nova devoção lhes foi praticamente reservada – a devoção do anjo da guarda. "Diria ainda", lemos em

---

[50] Volcskert (1585-1627), reproduzido em Berndt, nº 871.

[51] Catálogo nº 106.

L'Honneste Garçon,[52] "que, embora todos os homens sejam acompanhados por esses espíritos bem-aventurados que se tornam seus ministros a fim de ajudá-los a serem capazes de receber a herança da salvação, parece que Jesus Cristo concedeu apenas às crianças o privilégio de ter anjos da guarda. Não é que nós não participemos desse favor; mas os adultos devem esse benefício à sua infância". Por seu lado, os anjos preferem a "suavidade" das crianças à "revolta dos homens". E Fleury, em seu *Traité des études* de 1686,[53] afirma que "o Evangelho nos proíbe desprezar as crianças pela alta consideração que elas recebem dos anjos bem-aventurados que as guardam". A figura da alma conduzida por um anjo, representada sob a forma de uma criança ou de um adolescente, tornou-se familiar na iconografia dos séculos XVI e XVII. Conhecem-se vários exemplos, como o do dominicano[54] da pinacoteca de Nápoles: uma criancinha vestindo uma camisa cortada em panos é protegida por um anjo, um menino um pouco efeminado de 13-14 anos, dos ataques do demônio, um homem maduro que a persegue. O anjo estende seu escudo entre a criança e o homem maduro, fornecendo uma ilustração inesperada da frase de *L'Honneste Garçon*: "Deus possui a primeira idade, mas o Diabo possui em muitas pessoas as melhores partes da velhice e da idade que o Apóstolo chama de realizada."

O antigo tema de Tobias conduzido pelo anjo a partir de então passou a simbolizar o pai da alma-criança e seu guia, o anjo da guarda. Como exemplos, temos a bela tela de Tournier recentemente exposta em Londres e Paris (1958), e a gravura de Abraham

---

[52] M. de Grenaille, *op. cit.*

[53] Fleury, *Traité du choix et de la méthode des études*, 1686.

[54] Nápoles, pinacoteca.

Bosse.[55] Em uma gravura de Mariette,[56] o anjo mostra à criança por ele conduzida uma cruz no céu, levada por outros anjos.

Esse tema do anjo da guarda e da alma-criança era utilizado na ornamentação das pias batismais, como pude observar em uma igreja barroca da Alemanha meridional, a igreja da Cruz em Donaüworth. A tampa da pia é encimada por um globo em torno do qual se enrola a serpente. Em cima do globo está o anjo, um rapazinho um pouco efeminado, que guia a alma-criança. Não se trata apenas de uma representação simbólica da alma sob a aparência tradicional da criança (esse recurso à criança para representar a alma é, aliás, uma curiosa ideia medieval) – trata-se da ilustração de uma devoção particular da infância, derivada do sacramento do batismo: o anjo da guarda.

Esse período dos séculos XVI e XVII foi também a época das crianças-modelo. O historiador do colégio dos jesuítas da La Flèche[57] conta, segundo os anais da Congregação de La Flèche de 1722 (por conseguinte, cerca de 50 anos após o acontecimento), a vida edificante de Guillaume Ruffin, nascido em 19 de janeiro de 1657. Em 1671, aos 14 anos, o menino estava no primeiro ano colegial. Pertencia, é claro, à Congregação (associação devota reservada aos bons alunos e colocada sob a proteção da Virgem: ela ainda existe, acredito, nos colégios jesuítas). Visitava os doentes e distribuía esmolas aos pobres. Em 1674, estava terminando seu primeiro ano de filosofia (eram dois, na época) quando caiu doente. A Virgem lhe apareceu duas vezes. Ele foi prevenido da data de sua morte, "no dia da festa de minha boa Mãe", no dia da Assunção. Ao ler esse texto, confesso que não pude deixar de me

---

55 Tournier, "L'Ange gardien", Narbonne, 1656-1657. Exposição do Petit Palais, 1958, nº 139. Abraham Bosse, gravura, Cabinet des Estampes Ed. 30a in-fº, GD 127.

56 Mariette, gravura. Cabinet de Estampes, Ed. 82 in-fº.

57 C. de Rochemonteinx, *Un collège de jésuites aux XVIIIe-XVIIIe siècles, Le collège Henri IV de La Flèche*, Le Mans, 1889, 4 vols.

lembrar de um episódio de minha própria infância, em um colégio jesuíta onde alguns meninos faziam campanha pela canonização de um aluno pequeno que havia morrido há alguns anos em um clima de santidade, ao menos segundo a opinião de sua família. Podia-se muito bem chegar à santidade durante uma curta vida de menino de escola e isso sem prodígios excepcionais ou precocidade particular: ao contrário, por intermédio da simples prática das virtudes da infância, da simples preservação da inocência original. Este foi o caso de São Luís Gonzaga, tantas vezes citado na literatura do século XVII referente aos problemas da educação.

Além da vida dos pequenos santos, ofereciam-se às crianças como tema edificante as histórias da juventude dos santos adultos – ou de seus remorsos por sua juventude desregrada. Lemos nos anais do colégio dos jesuítas de Aix, de 1634: "Nossa juventude não deixou de ouvir seus sermões duas vezes por semana durante a quaresma. Foi o padre de Barry, o reitor, quem lhes fez as ditas exortações, tendo escolhido como tema os feitos heroicos dos santos em sua juventude." Na quaresma anterior, de 1633, o reitor "havia escolhido como tema os remorsos de Santo Agostinho por sua juventude".[58]

Na Idade Média, não existiam festas religiosas da infância além das grandes festas sazonais, geralmente mais pagãs do que cristãs. A partir do século XV, como já observamos, os artistas começaram a representar certos episódios, como a apresentação da Virgem e sobretudo a circuncisão, no meio de uma plateia de crianças mais numerosa do que as geralmente representadas entre as multidões da Idade Média ou do Renascimento. Mas essas festas do Antigo Testamento, embora se tivessem tornado festas da infância na iconografia religiosa, não podiam mais desempenhar o mesmo papel na vida religiosa real, sobretudo

---

[58] Mechin, *Annales du collége royal Bourbon Aix*, 1892, 2 vols., vol. I, p. 89.

na vida religiosa refinada do século XVII francês. A primeira comunhão iria tornar-se progressivamente a grande festa religiosa da infância, e continuaria a sê-lo até hoje, mesmo nos lugares em que a prática cristã não é mais observada com regularidade. Hoje em dia a primeira comunhão substituiu as antigas festas folclóricas abandonadas. Talvez ela deva essa persistência, a despeito da descristianização, ao fato de ser uma festa individual da criança, celebrada na igreja, é certo, mas sobretudo na intimidade, dentro da família: as festas mais coletivas foram as que desapareceram mais depressa.

A celebração mais solene da primeira comunhão foi uma consequência da maior atenção que se dispensou, sobretudo em Port-Royal, às condições exigidas para a criança receber bem a Eucaristia. Não houve um movimento no sentido de tornar a comunhão menos frequente, e sim no sentido de torná-la mais bem preparada, mais consciente e mais eficaz. É provável que outrora as crianças recebessem a comunhão sem uma preparação especial, assim que começavam a ir à missa, e certamente muito cedo – a julgar pelos hábitos de precocidade e pela mistura das crianças com os adultos na vida quotidiana. No regulamento das crianças de Port-Royal, Jacqueline Pascal enfatiza a necessidade de se avaliar a capacidade moral e espiritual das crianças antes de lhes permitir a comunhão, a de prepará-las com bastante antecedência:[59] "Não se permitirá a comunhão às crianças muito pequenas e especialmente àquelas que forem travessas, levianas ou ligadas a algum defeito considerável. É preciso esperar que Deus provoque alguma mudança nelas e convém esperar mesmo algum tempo, um ano ou ao menos seis meses, para ver se suas ações têm continuidade. Jamais me arrependi de ter feito as crianças esperarem, pois isso sempre serviu para

---

[59] Jacqueline Pascal, *op. cit.*

tornar mais virtuosas aquelas que tinham boa disposição e para revelar a pouca disposição das que ainda não estavam prontas. *Toda precaução é pouca no que concerne à primeira comunhão*: pois muitas vezes todas as outras dependem dessa primeira."

A primeira comunhão era retardada em Port-Royal até depois da crisma: "Quando nos dão crianças que ainda não foram crismadas... e que ainda não fizeram também sua primeira comunhão, nós em geral retardamos esta última até depois da crisma, para que, impregnadas com o espírito de Jesus, elas fiquem mais bem preparadas para receber seu Santo Corpo."

No século XVIII, a primeira comunhão havia-se tornado uma cerimônia organizada nos conventos e nos colégios. O Coronel Gérard[60] conta-nos em suas memórias suas lembranças de uma primeira comunhão difícil. Ele nascera em 1766, de uma família pobre de seis filhos. Tornando-se órfão, começou a trabalhar aos 10 anos como empregado doméstico, até que o vigário de sua paróquia, que se interessava por ele, o enviou à abadia de Saint-Avit, onde ele se tornou capelão auxiliar. O primeiro capelão era um jesuíta que implicou com o menino. Ele devia ter cerca de 15 anos quando foi "admitido" à primeira comunhão (esta era a expressão utilizada). "Havia sido decidido que eu faria minha primeira comunhão *junto com vários internos*. Na véspera do dia marcado, eu estava brincando com o cachorro no quintal, quando M. de N., o jesuíta, passou. Esquecestes, disse ele, que amanhã devereis receber o corpo e o sangue de Nosso Senhor? A abadessa me mandou chamar e me disse que eu não participaria da *cerimônia* do dia seguinte." "Três meses após ter feito minhas penitências, fiz minha primeira comunhão. Após a segunda, mandaram-me comungar todos os domingos e dias santos."

---

[60] *Les Cachiers du colonel Gérard (1766-1846)*, 1951.

A primeira comunhão havia-se tornado a cerimônia que é até hoje. A partir de meados do século XVIII, criou-se o hábito de perpetuar sua lembrança por meio de uma mensagem inscrita em uma imagem devota. Em 1931, foi exposta em Versalhes[61] uma gravura representando São Francisco de Assis. Nas costas, estava escrito: "Como lembrança da primeira comunhão de François Bertrand, em 26 de abril de 1761, dia de Quasímodo, na paróquia de Saint-Sébastien de Marly. Barail, cura de Saint-Sébastien." Tratava-se não apenas de um costume devoto, mas de um certificado inspirado nos atos oficiais da Igreja Católica.

Faltava apenas acentuar a solenidade da ocasião por meio de um traje especial, e isso foi feito no século XIX.

A cerimônia da primeira comunhão tornou-se a manifestação mais visível do sentimento da infância entre o século XVII e o fim do século XIX: ela celebrava ao mesmo tempo seus dois aspectos contraditórios, a inocência da infância e sua apreciação racional dos mistérios sagrados.

---

[61] Exposição "Enfants d'autrefois", Versalhes, 1931.

CONCLUSÃO

Os Dois Sentimentos da Infância

Na sociedade medieval, que tomamos como ponto de partida, o sentimento da infância não existia – o que não quer dizer que as crianças fossem negligenciadas, abandonadas ou desprezadas. O sentimento da infância não significa o mesmo que afeição pelas crianças: corresponde à consciência da particularidade infantil, essa particularidade que distingue essencialmente a criança do adulto, mesmo jovem. Essa consciência não existia. Por essa razão, assim que a criança tinha condições de viver sem a solicitude constante de sua mãe ou de sua ama, ela ingressava na sociedade dos adultos e não se distinguia mais destes. Essa sociedade de adultos hoje em dia muitas vezes nos parece pueril: sem dúvida, por uma questão de idade mental, mas também por sua questão de idade física, pois ela era em parte composta de crianças e de jovens de pouca idade. A língua não atribuía à palavra *enfant* o sentido restrito que lhe atribuímos hoje: em francês, dizia-se *enfant* como hoje se diz *gars* na linguagem corrente. Essa indeterminação da idade se estendia a toda a atividade social: aos jogos e brincadeiras, às profissões, às armas. Não existem representações coletivas em que as crianças pequenas e grandes não tenham seu lugar, amontoadas em um cacho pendente do pescoço das mulheres,[1] urinando em um canto, desempenhando seu papel em uma festa tradicional, trabalhando como aprendizes em um ateliê, ou servindo como pajens de um cavaleiro.

A criança muito pequenina, demasiado frágil ainda para se misturar à vida dos adultos, "não contava": essa expressão de Molière comprova a persistência no século XVII de uma mentalidade muito antiga. O Argan de *Le Malade imaginaire* tinha duas filhas, uma em idade de casar e a outra, a pequena Louison, mal começando a falar e a andar. Argan ameaçava pôr a filha mais velha em um convento, para desencorajar seus amores. Seu irmão lhe diz: "De onde tirastes a ideia, meu irmão, vós que possuís tantos bens e tendes apenas uma filha – *pois não conto a pequena* – de mandar a menina para um convento?"[2] A pequena não contava porque podia desaparecer. "Perdi dois ou três filhos pequenos, não sem tristeza, mas sem desespero", reconhece Montaigne.[3] Assim que a criança superava esse período de alto nível de mortalidade, em que sua sobrevivência era improvável, ela se confundia com os adultos.

As palavras de Montaigne e Molière comprovam a permanência dessa atitude arcaica com relação à infância. Era uma sobreviência tenaz, porém ameaçada. Já desde o século XIV, uma tendência do gosto procurava exprimir na arte, na iconografia e na religião (no culto dos mortos) a personalidade que se admitia existir nas crianças, e o sentido poético e familiar que se atribuía à sua particularidade. Acompanhamos a evolução do

---

[1] P. Michault, *Doctrinal du temps présent*, ed. Th. Walton, 1931 p. 119: *Puis vecy une femme grausse, // Portant deux enfants en sa trousse*. Pintura de Van Laer (1592-1642) reproduzida em Berndt, nº 468.

[2] *Le Malade imaginaire*, ato III, cena III.

[3] Montaigne, *Essais*, II, 8.

putto, do retrato da criança, até mesmo da criança morta em pequena. Essa evolução terminou por dar à criança, à criancinha pequena – ao menos onde esse sentimento aflorava, ou seja, nas camadas superiores da sociedade dos séculos XVI e XVII – um traje especial que a distinguia dos adultos. Essa especialização do traje das crianças, e sobretudo dos meninos pequenos, em uma sociedade em que as formas exteriores e o traje tinham uma importância muito grande, é uma prova da mudança ocorrida na atitude com relação às crianças: elas contavam muito mais do que o imaginava o irmão do *Malade imaginaire*. De fato, nessa peça que parece ser tão severa para com as criancinhas quanto certas expressões de La Fontaine, há uma conversa entre Argan e a pequena Louison: "Olha para mim, sim? – Que é, papai? – Aqui. – O quê? – Não tens nada a me dizer? – Se quiserdes, eu vos contarei, para distrair-vos, a história da Pele de Asno, ou então a fábula do Corvo e da Raposa, que aprendi há pouco tempo." Um novo sentimento da infância havia surgido, em que a criança, por sua ingenuidade, gentileza e graça, se tornava uma fonte de distração e de relaxamento para o adulto, um sentimento que poderíamos chamar de "paparicação". Originariamente, esse sentimento pertencera às mulheres, encarregadas de cuidar das crianças – mães ou amas. Na edição do século XVI do *Grand Propriétaire de toutes choses*, lemos a propósito da figura da ama:[4] "A ama se alegra quando a criança fica alegre, e sente pena da criança quando esta fica doente; levanta-a quando cai, enfaixa-a quando se agita e a limpa quando se suja." Ela educa a criança "e a ensina a falar, pronunciando as palavras como se fosse tatibitate, para ensiná-la melhor e mais depressa... ela carrega a criança nos braços, nos ombros ou no colo, para acalmá-la quando chora; mastiga a carne para a criança quando esta ainda não tem dentes,

---

4 *Le Grand Propriétaire de toutes choses*, traduzido para o francês por J. Carbichon, 1556.

para fazê-la engolir sem perigo e com proveito; nina a criança para fazê-la dormir, e enfaixa seus membros para que não fique com nenhuma rigidez no corpo, e a banha e a unta para nutrir sua pele..." Thomas More detém-se longamente nas imagens da primeira infância, do menino que é enviado à escola por sua mãe: "Quando o menino não se levantava a tempo, demorando-se na cama, e quando, já de pé, ele chorava porque estava atrasado, sabendo que lhe bateriam na escola, sua mãe lhe dizia que isso só acontecia nos primeiros dias, e que ele teria tempo de chegar na hora: – Vai, bom filho, juro-te que eu mesma já preveni teu mestre; toma teu pão com manteiga, pois não serás surrado." E assim ela o enviava à escola, consolado o suficiente para não cair em prantos ante a ideia de deixá-la em casa. Mas ela não tocava no fundo da questão e a criança atrasada seria realmente surrada quando chegasse à escola.[5]

A maneira de ser das crianças deve ter sempre parecido encantadora às mães e às amas, mas esse sentimento pertencia ao vasto domínio dos sentimentos não expressos. De agora em diante, porém, as pessoas não hesitariam mais em admitir o prazer provocado pelas maneiras das crianças pequenas, o prazer que sentiam em "paparicá-las". Mme de Sévigné confessa, não sem uma certa afetação, que passava longo tempo se distraindo com sua netinha: "Estou lendo a história da descoberta das Índias por Cristóvão Colombo, que me diverte imensamente; mas vossa filha me distrai ainda mais. Eu a amo muito... Ela acaricia vosso retrato e o paparica de um jeito tão engraçado que tenho de correr a beijá-la."[6] "Há uma hora que me distraio com vossa filha, ela é encantadora." "Mandei cortar seus cabelos. Ela agora usa um penteado solto. Esse penteado foi feito para ela. Sua tez,

---

[5] Citado por Jarman, *Landmarks in the History of Education*, Londres, 1951.

[6] Mme de Sévigné, *Lettres*, 1º de abril de 1672.

seu colo e seu corpinho são admiráveis. Ela faz cem gracinhas, fala, faz carinho, faz o sinal da cruz, pede desculpas, faz reverência, beija a mão, sacode os ombros, dança, agrada, segura o queixo: enfim, ela é linda em tudo que faz. Divirto-me com ela horas a fio." E, como se temesse alguma infecção, acrescenta com uma leviandade que nos surpreende, pois para nós a morte de uma criança é um assunto grave com o qual não se brinca: "Não quero que essa coisinha morra." Isso se explica, no entanto, pelo fato de que esse primeiro sentimento da infância se combinava – como vimos em Molière – com uma certa indiferença, ou, melhor ainda, com a indiferença tradicional. A mesma Mme de Sévigné descreve o luto de uma mãe da seguinte maneira: "Mme de Coetquen acabara de receber a notícia da morte de ua filhinha; ela desmaiou. Ficou muito aflita e disse que jamais teria outra tão bonita." Mas talvez Mme de Sévigné achasse que essa mãe não tinha muito coração, pois acrescenta: "Mas seu marido ficou inconsolável."[7]

Esse sentimento da infância pode ser ainda melhor percebido por meio das reações críticas que provocou no fim do século XVI e sobretudo no século XVII. Algumas pessoas rabugentas consideraram insuportável a atenção que se dispensava então às crianças: sentimento novo também, como que o negativo do sentimento da infância a que chamamos "paparicação". Essa irritação é a base da hostilidade de Montaigne: "Não posso conceber essa paixão que faz com que as pessoas beijem as crianças recém-nascidas, que não têm ainda nem movimento na alma, nem forma reconhecível no corpo pela qual se possam tornar amáveis, e nunca permiti de boa vontade que elas fossem alimentadas na minha frente." Ele não admite a ideia de se amarem as crianças "como passatempo, como se fossem macacos", nem

---

[7] Mme de Sévigné, *Lettres*, 19 de agosto de 1671.

de se achar graça em "seus sapateados, brincadeiras e bobagens pueris". É que, em torno dele, as pessoas se ocupavam demais com as crianças.[8]

Outro testemunho desse estado de espírito seria dado um século mais tarde por Coulanges, o primo de Mme de Sévigné.[9] A maneira como seus amigos e parentes paparicavam as crianças evidentemente o exasperava. Ele dedicou aos "pais de família" uma canção que dizia:

Pour bien élever vos enfants
N'épargnez précepteur ni mie;
Mais, jusques à ce qu'ils soient grands,
Faites-les taire en compagnie
Car rien ne donne tant d'ennui
Que d'écouter l'enfant d'autrui.

Le Père aveugle croit toujours
Que son fils dit choses exquises,
Les autres voudraient être sourds
Qui n'entendent que des sottises,
Mais il faut de nécessité
Applaudir l'enfant gâté.

Quand on vous a dit d'un bon ton
Qu'il est joly, qu'il est bien sage,
Qu'on luy a donné du bon bon
N'en exigez paz davantage,
Faites-luy faire serviteur
Aussi bien qu'à son Précepteur.

---

8 Montaigne, *Essais*, II, 8.

9 Coulanges, *Chansons choisies*, 1694.

Qui croirait qu'avec du bon sens
Quelqu'un put s'aviser d'écrire
A des marmousets de trois ans
Qui de quatre ans ne scauront lire.
D'un père encor dernièrement
Je vis ce fade amusement.

Sachez encor, mes bonnes gens
Que rien n'est plus insupportable
Que de voir vos petits enfans
En rang d'oignon à la grande table
Des morveux *qui, le menton gras*
Mettent les doigts dans tous les plats.

Qu'ils mangent d'un autre costé
Sous les yeux d'une gouvernante
Qui leur presche la propreté
Et qui ne soit point indulgente
Car on ne peut peut trop promptement
*Apprendre à manger proprement.**

---

* "Para bem educar vossas crianças, / Não poupeis o preceptor; / Mas, até que elas cresçam, / Fazei-as calar quando estiverem entre adultos, / Pois nada aborrece tanto / Como escutar as crianças dos outros. // O Pai cego acredita sempre / Que seu filho diz coisas inteligentes, / Mas os outros, que só ouvem bobagens, / Gostariam de ser surdos; / E no entanto é preciso / Aplaudir a criança mimada. // Quando alguém vos disser por polidez / Que vosso filho é bonito e bem-comportado, / Ou lhe der balas, / Não exijais mais nada / – Fazei vosso filho, assim como seu preceptor, / Agir como um servidor. // Ninguém acreditaria que uma pessoa de bom senso / Pudesse escrever / Para criancinhas de três anos, / Se as de quatro não sabem ler. / No entanto, há pouco tempo, / Vi um pai entregue a essa tola diversão. // Sabei ainda, caros amigos, / Que nada é mais insuportável do que ver vossos filhinhos, / Pendurados na mesa como uma réstia de cebolas, / Moleques que, com o queixo engordurado, / Enfiam o dedo em todos os pratos. // Que eles comam em outro lugar, / Sob as vistas de uma governanta / Que lhes ensine a limpeza / E não seja indulgente, / Pois não se pode com rapidez / Aprender a comer com limpeza." (N. T.)

Vejamos ainda este bilhete a um pai de família, um convite para jantar de M. de Coulanges:

> *Emportez votre fils*
> *Et ne vous montrez pas nourrice,*
> *Qu'on fasse manger les petits*
> *Et leur Précepteur à l'office,*
> *Car aujourd'hui dîne céans*
> *Le fléau des petits enfants.**

É preciso deixar claro que esse sentimento de exasperação era tão novo quanto a "paparicação", e ainda mais estranho à promiscuidade indiferente das idades da sociedade medieval. Montaigne e Coulanges, assim como Mme de Sévigné, mostravam-se sensíveis justamente à presença das crianças. E devemos até mesmo notar que Montaigne e Coulanges são mais modernos do que Mme de Sévigné, na medida em que consideram necessária a separação das crianças. Não se considerava mais desejável que as crianças se misturassem com os adultos, especialmente na mesa – sem dúvida porque essa mistura permitia que fossem mimadas e se tornassem mal-educadas.

Os moralistas e os educadores do século XVII partilhavam a repugnância de Montaigne e Coulanges pela "paparicação". O austero Fleury, em seu *Traité des études*,[10] fala quase como Montaigne:

> *"Quando os adultos fazem-nas [as crianças] cair em uma armadilha, quando elas dizem uma bobagem ao tirar uma conclusão acertada de um princípio impertinente que lhes foi ensinado, os adultos dão gargalhadas de triunfo por havê-las enganado,*

---

* "Trazei vosso filho, / Mas não banqueis a ama-seca. / Mandemos os pequenos / E seu preceptor comer na cozinha, / Pois hoje janta aqui / A turba das criancinhas." (N. T.)

[10] Fleury, *op. cit.*

beijam-nas e acariciam-nas como se elas tivessem dito algo correto [era a paparicação]. É como se as pobres crianças fossem feitas apenas para divertir os adultos, como cãezinhos ou macaquinhos [os macacos de Montaigne]."

O autor do *Galatée*, um manual de civilidade muito difundido nos melhores colégios, os colégios jesuítas, fala como Coulanges: "Estão muito errados aqueles que não têm nada na língua além de sua mulher, seus filhinhos e sua ama. – Meu filhinho me fez rir tanto! – Ora, tende paciência..."[11]

M. D'Argonne, em um tratado sobre a educação de M. de Moncade (1690),[12] queixa-se também de as pessoas só se interessarem pelas crianças pequenas, por seus "carinhos" e "estripulias"; muitos pais "só consideram seus filhos pequenos na medida em que estes lhes proporcionam diversão e alegria".

É importante observar que no fim do século XVII essa "paparicação" não se limitava apenas às pessoas bem-nascidas, as quais, ao contrário, sob a influência dos moralistas, começavam a abandoná-la. A paparicação também era denunciada entre o povo. J.-B. de La Salle, em sua *Conduite des écoles chrétiennes*,[13] constata que as crianças dos pobres eram especialmente mal-educadas, pois "só fazem o que querem, sem que os pais se importem (mas não por negligência), chegando mesmo a ser idolatradas; o que as crianças querem os pais também querem".

É entre os moralistas e os educadores do século XVII que vemos formar-se esse outro sentimento da infância que estudamos no capítulo anterior e que inspirou toda a educação até o século XX, tanto na cidade como no campo, na burguesia como no povo. O apego à infância e à sua particularidade não se exprimia

---

[11] G. della Casa, *Galatée*, tradução francesa de 1609, pp. 162-168.

[12] M. D'Argonne, *L'Education de Monsieur de Moncade*, 1690.

[13] J.-B. de La Salle, *Conduite des écoles chrétiennes*, 1720.

mais por meio da distração e da brincadeira, mas por meio do interesse psicológico e da preocupação moral. A criança não era nem divertida nem agradável: "Todo homem sente dentro de si essa insipidez da infância que repugna à razão sadia; essa aspereza da juventude, que só se sacia com objetos sensíveis e não é mais do que o esboço grosseiro do homem racional." Assim falava *El Discreto* de Balthazar Gratien, um tratado sobre a educação de 1646, traduzido para o francês em 1723 por um padre jesuíta.[14] "Só o tempo pode curar o homem da infância e da juventude, idades da imperfeição sob todos os aspectos." Como vemos, essas opiniões devem ser recolocadas em seu contexto da época e comparadas aos outros textos para serem compreendidas. Elas já foram interpretadas por alguns historiadores como uma ignorância da infância. No entanto, devemos ver nelas o início de um sentimento sério e autêntico da infância. Pois não convinha ao adulto se acomodar à leviandade da infância: este fora o erro antigo. Era preciso antes conhecê-la melhor para corrigi-la, e os textos do fim do século XVI e do século XVII estão cheios de observações sobre a psicologia infantil.[15] Tentava-se penetrar na mentalidade das crianças para melhor adaptar a seu nível os métodos de educação. Pois as pessoas se preocupavam muito com as crianças, consideradas testemunhos da inocência batismal, semelhantes aos anjos e próximas de Cristo, que as havia amado. Mas esse interesse impunha que se desenvolvesse nas crianças uma razão ainda frágil e que se fizesse delas homens racionais e cristãos. O tom às vezes era austero e a ênfase recaía sobre a severidade, por oposição ao relaxamento e às facilidades dos costumes; mas nem sempre era assim. Havia também humor, até

---

[14] B. Gratien, *El Discreto*, Huesca, 1646. Tradução francesa de 1723 pelo pe. de Courbeville, S. J.

[15] Como se pode ver na *Ratio* dos Jesuítas (1586) e no Regulamento de Jacqueline Pascal para as meninas educadas em Port-Royal.

mesmo em Jacqueline Pascal, e havia uma ternura declarada. No final do século, procurou-se conciliar a doçura e a razão. Para o abade Goussault, conselheiro do Parlamento, em *Le Portrait d'une honnête femme*,[16] "familiarizar-se com os próprios filhos, fazê-los falar sobre todas as coisas, tratá-los como pessoas racionais e conquistá-los pela doçura é um segredo infalível para se fazer deles o que se quiser. As crianças são plantas jovens que é preciso cultivar e regar com frequência: alguns conselhos dados na hora certa, algumas demonstrações de ternura e amizade feitas de tempos em tempos as comovem e as conquistam. Algumas carícias, alguns presentinhos, algumas palavras de confiança e cordialidade impressionam seu espírito, e poucas são as que resistem a esses meios doces e fáceis de transformá-las em pessoas honradas e probas". A preocupação era sempre a de fazer dessas crianças pessoas honradas e probas e homens racionais.

O primeiro sentimento da infância – caracterizado pela "paparicação" – surgiu no meio familiar, na companhia das criancinhas pequenas. O segundo, ao contrário, proveio de uma fonte exterior à família: dos eclesiásticos ou dos homens da lei, raros até o século XVI, e de um maior número de moralistas no século XVII, preocupados com a disciplina e a racionalidade dos costumes. Esses moralistas haviam-se tornado sensíveis ao fenômeno outrora negligenciado da infância, mas recusavam-se a considerar as crianças como brinquedos encantadores, pois viam nelas frágeis criaturas de Deus que era preciso ao mesmo tempo preservar e disciplinar. Esse sentimento, por sua vez, passou para a vida familiar.

No século XVIII, encontramos na família esses dois elementos antigos associados a um elemento novo: a preocupação com a

---

[16] Goussault, *Le Portrait d'une honnête femme*, 1693.

higiene e a saúde física. O cuidado com o corpo não era desconhecido dos moralistas e dos educadores do século XVII. Tratava-se dos doentes com dedicação (e também com grandes precauções para desmascarar os simuladores), mas não havia interesse pelo corpo dos que gozavam de boa saúde, a não ser com um objetivo moral: um corpo mal enrijecido inclinava à moleza, à preguiça, à concupiscência, a todos os vícios.

A correspondência do General de Martange com sua mulher[17] nos dá uma ideia das preocupações íntimas de uma família, cerca de um século depois de Mme de Sévigné. Martange nasceu em 1722 e casou-se em 1754. Mais adiante teremos a oportunidade de voltar a esses textos. Martange se preocupava com tudo o que dissesse respeito à vida de seus filhos, desde a "paparicação" até a educação. Havia também uma grande preocupação com sua saúde e até mesmo sua higiene. Tudo o que se referia às crianças e à família tornara-se um assunto sério e digno de atenção. Não apenas o futuro da criança, mas também sua simples presença e existência eram dignas de preocupação – a criança havia assumido um lugar central dentro da família.

---

[17] *Correspondance inédite du général de Martange*, 1576-1782, ed. Bréard, 1898.

SEGUNDA
PARTE

A Vida Escolástica

CAPÍTULO 1

Jovens e Velhos Escolares da Idade Média*

A segunda parte deste livro, intitulada "A vida escolástica", é consagrada aos aspectos da história da educação que revelam o progresso do sentimento da infância na mentalidade comum: como a escola e o colégio que, na Idade Média, eram reservados a um pequeno número de clérigos e misturavam as diferentes idades dentro de um espírito de liberdade de costumes, se tornaram no início dos tempos modernos um meio de isolar cada vez mais as crianças durante um período de formação tanto moral como intelectual, de adestrá-las, graças a uma disciplina mais autoritária, e, desse modo, separá-las da sociedade dos adultos. Essa evolução do século XV ao XVIII não se deu sem resistências. Os traços comuns da Idade Média persistiram por longo tempo, até mesmo no interior do colégio, e, *a fortiori*, na camada não escolarizada da população.

É muito raro encontrarmos nos textos medievais referências precisas à idade dos alunos. Quando, a despeito da oposição dos capítulos, as escolas particulares se multiplicaram e ameaçaram o monopólio da escola da catedral, os cônegos, para se defender, tentaram impor limites à atividade de seus concorrentes. Ora, esses limites nunca foram limites de idade. Os cônegos

---

* Na presente edição foram conservadas apenas as conclusões de cada capítulo. O capítulo intitulado "Do externato ao internato" foi inteiramente suprimido.

se contentaram em proibir às escolas particulares todo ensino mais avançado do que o Donat, sinônimo de gramática rudimentar. Essa ausência de referências à idade persistiu por muito tempo e muitas vezes ainda a constatamos nos moralistas do século XVII. Os contratos de pensão, espécies de contratos de aprendizagem, pelos quais as famílias fixavam as condições de pensão de seu filho escolar, raramente mencionavam a idade do menino, como se isso não tivesse importância. O elemento psicológico essencial dessa estrutura demográfica era a indiferença pela idade daqueles que a compunham: ao contrário, a preocupação com a idade se tornaria fundamental no século XIX e em nossos dias. Podemos constatar, entretanto, que os alunos iniciantes geralmente tinham cerca de 10 anos. Mas seus contemporâneos não prestavam atenção nisso e achavam natural que um adulto desejoso de aprender se misturasse a um auditório infantil, pois o que importava era a matéria ensinada, qualquer que fosse a idade dos alunos. Um adulto podia ouvir a leitura do livro de Donat no mesmo momento em que um menino precoce repetia o *Organon*: não havia nisso nada de estranho.

Se considerarmos essa indiferença com relação à idade, se nos lembrarmos do que foi dito atrás sobre os métodos pedagógicos utilizados, sobre a simultaneidade e a repetição do ensino, não nos surpreenderemos em ver na escola medieval todas as idades confundidas no mesmo auditório. E essa observação é capital para nosso estudo. A escola não dispunha então de acomodações amplas. O mestre instalava-se no claustro após livrá-lo dos comércios parasitas, ou então dentro ou na porta da igreja. Mais tarde, porém, com a multiplicação das escolas autorizadas, quando não tinha recursos suficientes, ele às vezes se contentava com uma esquina de rua – São Tomás, aliás, demonstrou seu desdém por esses homens empobrecidos que falavam *coram pueris in angulis.*[1] Em geral, o mestre alugava uma sala, uma *schola*, por um preço que era regulamentado nas cidades universitárias. Em Paris, essas escolas se concentravam em uma rua, a Rue du Fouarre: *vicus straminis*. Essas escolas, é claro, eram independentes umas das outras. Forrava-se o chão com palha, e os alunos aí se sentavam. Mais tarde, a partir do século XIV, passou-se a usar bancos, embora esse novo hábito de início parecesse suspeito. Então, o mestre esperava pelos alunos, como o comerciante espera pelos fregueses. Algumas vezes, um mestre roubava os alunos do vizinho. Nessa sala, reuniam-se então meninos e homens de todas as idades, de seis a 20 anos ou mais. "Vi os estudantes na escola, diz Robert de Salisbury no século XII.[2] Seu número era grande (podia ser superior a 200). Vi homens de idades diversas: *pueros, adolescentes, juvenes, senes*", ou seja, todas as idades da vida, pois não havia uma palavra para designar o adulto, e as pessoas passavam sem transição de *juvenes* a *senes*.

Ainda no século XV, os mestres do *Doctrinal* de Pierre Michault se dirigiam ao mesmo tempo aos pequenos e aos grandes que compunham seu auditório:[3]

> *Bons escoliers, entendements ouverts*
> *Tant soiez* vieux ou josnes, meurs ou vers...*

"E essa escola, com uma grande multidão de alunos, jovens e velhos, estava lendo o capítulo sobre as construções (do *Doctrinal* de Alexandre la Villedieu, sucessor de Priscien e predecessor de Despeutères)." Como poderia ser de outra forma, se não havia gradação nos currículos, e os alunos mais velhos simplesmente

---

[1] *De unitate intellectus contra Averrioistos* (LXIX, p. 252).

[2] R. de Salisbury, *De vanitate mundi*, P. L., 176, col. 709.

[3] P. Michault, *Doctrinal du temps présent*, ed. Th. Walton, 1931.

* "Bons alunos, de compreensão aberta, / Quer sejais *velhos ou jovens, maduros ou verdes...*" (N. T.)

haviam repetido mais vezes o que os jovens haviam escutado apenas uma vez, sem que houvesse outras diferenças entre eles?

E essa mistura de idades continuava fora da escola. A escola não cerceava o aluno. O mestre único, às vezes assistido por um auxiliar, e com uma única sala à sua disposição, não estava organizado para controlar a vida quotidiana de seus alunos. Estes, terminada a lição, escapavam à sua autoridade. Ora, originariamente, essa autoridade, o *for* do mestre, era a única que eles reconheciam. "Velhos ou jovens", os alunos eram abandonados a si mesmos. Alguns, muito raros, viviam com os pais. Outros viviam em regime de pensão, quer na casa do próprio mestre, quer na casa de um padre ou cônego, segundo as condições fixadas por um contrato semelhante ao contrato de aprendizagem. Estes últimos eram os mais vigiados, ou ao menos os mais seguidos. Pertenciam a uma casa, à família do clérigo ao qual haviam sido confiados, e nesse caso havia uma espécie de compromisso entre a educação pela aprendizagem, que estudaremos adiante,[4] e a educação escolar de tipo moderno. Essa era a única forma de internato conhecida. Mas a maior parte dos alunos morava onde podia, como o habitante local, vários em cada quarto. E é preciso admitir que aí também os velhos se misturavam com os jovens. Longe de serem separados pela idade, suas relações deviam ser reguladas por tradições de iniciação que uniam com laços estreitos os alunos pequenos aos maiores. Voltaremos a este ponto a propósito da história da disciplina escolar.

Essa promiscuidade das idades hoje nos surpreende, quando não nos escandaliza: no entanto, os medievais eram tão pouco sensíveis a ela que nem a notavam, como acontece com as coisas muito familiares. Mas como poderia alguém sentir a mistura das idades quando se era tão indiferente à própria ideia de idade?

---

[4] Cf. Parte 3, Capítulo 2.

Assim que ingressava na escola, a criança entrava imediatamente no mundo dos adultos. Essa confusão, tão inocente que passava despercebida, era um dos traços mais característicos da antiga sociedade, e também um de seus traços mais persistentes, na medida em que correspondia a algo enraizado na vida. Ela sobreviveria a várias mudanças de estrutura. A partir do fim da Idade Média, percebem-se os germes de uma evolução inversa que resultaria em nosso sentimento atual das diferenças de idade. Mas até o fim do *Ancien Régime*, ao menos, restaria algo desse estado de espírito medieval. Sua resistência aos outros fatores de transformação mental mostra-nos bem que estamos na presença de uma atitude fundamental diante da vida, que foi familiar a uma longa sucessão de gerações.

CAPÍTULO 2

Uma Instituição Nova: O Colégio

No século XIII, os colégios eram asilos para estudantes pobres, fundados por doadores. Os bolsistas aí viviam em comunidades, segundo estatutos que se inspiravam em regras monásticas. Não se ensinava nos colégios. A partir do século XV, essas pequenas comunidades democráticas tornaram-se institutos de ensino, em que uma população numerosa (e não mais apenas os bolsistas da fundação, entre os quais figuravam alguns administradores e professores) foi submetida a uma hierarquia autoritária e passou a ser ensinada no local. Finalmente, todo o ensino das artes passou a ser ministrado nos colégios, que forneceriam o modelo das grandes instituições escolares do século XV ao XVII, os colégios dos jesuítas, os colégios dos doutrinários e os colégios dos oratorianos: o colégio do *Ancien Régime*, mais distante dos primeiros colégios de bolsistas do século XIV do que de nossos colégios de hoje, diretamente anunciados por ele apesar de diferenças importantes, e, sobretudo, da ausência de internato. O estabelecimento definitivo de uma regra de disciplina completou a evolução que conduziu da escola medieval, simples sala de aula, ao colégio moderno, instituição complexa, não apenas de ensino, mas de vigilância e enquadramento da juventude.

Essa evolução da instituição escolar está ligada a uma evolução paralela do sentimento das idades e da infância. No início, o senso comum aceitava sem dificuldade a mistura das idades.

Chegou um momento em que surgiu uma repugnância nesse sentido, de início em favor das crianças menores. Os pequenos alunos de gramática foram os primeiros a ser distinguidos. Mas essa repugnância não parou neles. Estendeu-se também aos maiores, alunos de lógica e de física e a todos os alunos de artes, embora a idade de alguns deles lhes permitisse exercer fora da escola funções reservadas aos adultos. É que, embora tivesse começado pelos mais jovens, essa separação não os atingia como crianças, e sim como estudantes, e no princípio como estudantes-clérigos, pois quase todos eram tonsurados. Por essa razão, não se aplicou aos estudantes, com o fito de distingui-los dos adultos, um regime realmente infantil ou juvenil – aliás, não se conhecia nem a natureza nem o modelo de um tal regime. Desejava-se apenas proteger os estudantes das tentações da vida leiga, uma vida que muitos clérigos também levavam, desejava-se proteger sua moralidade. Os educadores inspiraram-se então no espírito das fundações monásticas do século XIII, dos dominicanos e franciscanos, que conservavam os princípios da tradição monástica, mas haviam abandonado a clausura, a reclusão, e tudo o que restava do cenobitismo original. É certo que os estudantes não estavam comprometidos por nenhum voto. Mas, durante o período de seus estudos, eles foram submetidos ao *modo de vida* particular dessas novas comunidades. Graças a esse modo de vida, a juventude escolar foi separada do resto da sociedade, que continuava fiel à mistura das idades, dos sexos e das condições sociais. Esta era a situação ao longo do século XIV.

Mais tarde, o objetivo fixado para esse tipo de existência, a meio caminho entre a vida leiga e a vida monástica, se alterou. No início, ele fora considerado um meio de garantir a um jovem clérigo uma vida honesta. A seguir, adquiriu um valor intrínseco, tornou-se a condição imprescindível de uma boa educação, mesmo leiga. A ideia de educação era estranha às concepções do início do século XIV. Em 1452, porém, o Cardeal d'Estouteville falava do *regimen puerorum* e da responsabilidade moral dos mestres encarregados das almas dos alunos. Tratava-se tanto da formação como da instrução do estudante, e por esse motivo convinha impor às crianças uma disciplina estrita: a disciplina tradicional dos colégios, modificada porém em um sentido mais autoritário e mais hierárquico. O colégio tornou-se então um instrumento para a educação da infância e da juventude em geral.

Nessa mesma época, no século XV e sobretudo no XVI, o colégio modificou e ampliou seu recrutamento. Composto outrora de uma pequena minoria de clérigos letrados, ele se abriu a um número crescente de leigos, nobres e burgueses, mas também a famílias mais populares, como veremos adiante. O colégio tornou-se então uma instituição essencial da sociedade: o colégio com um corpo docente separado, com uma disciplina rigorosa, com classes numerosas, em que se formariam todas as gerações instruídas do *Ancien Régime*. O colégio constituía, se não na realidade mais incontrolável da existência, ao menos na opinião mais racional dos educadores, pais, religiosos e magistrados, um grupo de idade maciço, que reunia alunos de oito-nove anos até mais de 15, submetidos a uma lei diferente da que governava os adultos.

CAPÍTULO 3

Origens das Classes Escolares

Como se passou da indeterminação medieval ao rigor do conceito moderno, como e quando a classe escolar adquiriu seu aspecto atual de classe de idade?

Desde o início do século XV, pelo menos, começou-se a dividir a população escolar em grupos de mesma capacidade que eram colocados sob a direção de um mesmo mestre, em um único local – a Itália, por exemplo, durante muito tempo permaneceu fiel a essa fórmula de transição. Mais tarde, ao longo do século XV, passou-se a designar um professor especial para cada um desses grupos, que continuaram a ser mantidos, porém, em um local comum – essa formação ainda subsistia na Inglaterra na segunda metade do século XIX. Finalmente, as classes e seus professores foram isolados em salas especiais – e essa iniciativa de origem flamenga e parisiense gerou a estrutura moderna de classe escolar. Assistimos então a um processo de diferenciação da massa escolar, que no início do século XV era desorganizada. Esse processo correspondeu a uma necessidade ainda nova de adaptar o ensino do mestre ao nível do aluno. Foi este o ponto essencial. Essa preocupação em se colocar ao alcance dos alunos opunha-se tanto aos métodos medievais de simultaneidade ou de repetição, como à pedagogia humanista, que não distinguia a criança do homem e confundia a instrução escolar – uma preocupação para a vida – com a cultura – uma aquisição da vida.

Essa distinção das classes indicava, portanto, uma conscientização da particularidade da infância ou da juventude, e do sentimento de que no interior dessa infância ou dessa juventude existiam várias categorias. A instituição do colégio hierarquizado no século XIV já havia retirado a infância escolar da barafunda em que, no mundo exterior, as idades se confundiam. A criação das classes no século XVI estabeleceu subdivisões no interior dessa população escolar.

Essas categorias, esboçadas às vezes a partir de uma circunstância que ainda não correspondia àquilo que mais tarde seria exigido delas em termos de ordem, disciplina e eficácia pedagógica, seriam na época categorias de idade? Sem dúvida, em 1538, Baduel via no sistema de classes um meio de repartir os alunos segundo "sua idade e seu desenvolvimento". No primeiro terço do século XVI, Thomas Platter, ao termo de uma juventude errante, foi ter em uma boa escola de Schlestadt, frequentada por 900 *discipuli*; ora, ele já não devia achar muito normal que sua ignorância o situasse aos 18 anos no meio das crianças, pois que sentiu a necessidade de registrar o fato como uma anomalia: "Quando entrei para a escola, não sabia nada, nem mesmo ler o Donat, e no entanto eu tinha 18 anos. Tomei meu lugar entre as crianças pequenas; parecia uma galinha no meio dos pintinhos."

Não nos deixemos enganar, contudo, por esses poucos indícios, que corremos o risco de aumentar ao isolar. Algumas vezes havia uma coincidência entre a idade e o grau, mas nem sempre, e, quando havia contradição, a surpresa era pequena, e, muitas vezes, nenhuma. Na realidade, prestava-se sempre mais atenção ao grau do que à idade. No início do século XVII, a classe não possuía a homogeneidade demográfica que a caracteriza desde o fim do século XIX, embora se aproximasse constantemente dela. As classes escolares que se haviam formado por questões não demográficas serviriam gradualmente para enquadrar categorias de idades, não previstas de início. Existia, portanto, uma relação despercebida entre a estruturação das classes e as idades, despercebida porque estranha os hábitos mais comuns. A nova necessidade de análise e de divisão, que caracterizou o nascimento da consciência moderna em sua zona mais intelectual, ou seja, na formação pedagógica, provocou por sua vez necessidades e métodos idênticos, quer na ordem do trabalho – a divisão do trabalho –, quer na representação das idades – a repugnância em misturar espíritos, e, portanto, idades muito diferentes. Mas essa preocupação de separação das idades só foi teoricamente reconhecida e afirmada mais tarde, quando já se havia imposto na prática, após tentativas longas e empíricas. E isso nos leva a estudar mais de perto o problema das idades escolares e de sua correspondência às classes.

CAPÍTULO 4

As Idades dos Alunos

O estudo da correspondência entre as classes escolares e as idades dos alunos, o estudo do ciclo escolar mediante o exame de alguns casos biográficos dos séculos XV, XVII e XVIII, e finalmente a análise de alguns "catálogos" em que os diretores e professores atualizavam a lista de alunos, o que possibilita estabelecer a composição das classes por idade, nos permitem deduzir algumas ideias essenciais.

A precocidade de certas infâncias do século XVI e início do século XVII nos pareceu ser uma sobrevivência dos hábitos escolares medievais, mas também do costume geral da aprendizagem, em que as idades eram misturadas e uma habilidade precoce não surpreendia mais do que o caráter excepcional de certos dons. Observamos, aliás, que as carreiras brilhantes, como as dos nossos memorialistas, ainda se caracterizavam por uma relativa precocidade: durante certo tempo, a precocidade esteve ligada ao sucesso. Contudo, a admiração comum logo se desviou desses jovens prodígios – no mais tardar, durante o século XVIII. A repugnância pela precocidade marca a primeira brecha aberta na indiferenciação das idades dos jovens. A política escolar que eliminava as crianças muito pequenas, fossem quais fossem seus dotes, quer recusando-lhes a entrada na escola, quer – como era mais comum – concentrando-as nas classes mais baixas, ou ainda fazendo-as repetir o ano, implicava um sentimento novo de distinção entre uma primeira infância mais longa, e a infância propriamente escolástica. Até o meio do século XVII, tendia-se a considerar como término da primeira infância a idade de 5-6 anos, quando o menino deixava sua mãe, sua ama ou suas criadas. Aos sete anos, ele podia entrar para o colégio, e até mesmo para o 7º ano. Mais tarde, a idade escolar, ao menos a idade da entrada para as três classes de gramática, foi retardada para os 9-10 anos. Portanto, eram as crianças de até 10 anos que eram mantidas fora do colégio. Dessa maneira conseguia-se separar uma primeira infância que durava até 9-10 anos de uma infância escolar que começava nessa idade. O sentimento mais comumente expresso para justificar a necessidade de retardar a entrada para o colégio era a fraqueza, "a imbecilidade", ou a incapacidade dos pequeninos. Raramente era o perigo que sua inocência corria, ou ao menos esse perigo, quando admitido, não era limitado apenas à primeira infância.

A repugnância pela precocidade marcou, portanto, a diferenciação por meio do colégio de uma primeira camada: a da primeira infância, prolongada até cerca de 10 anos.

Mas embora a primeira infância fosse assim isolada, a mistura arcaica das idades persistiu nos séculos XVII e XVIII entre o resto da população escolar, em que crianças de 10 a 14 anos, adolescentes de 15 a 18 e rapazes de 19 a 25 frequentavam as mesmas classes. Até o fim do século XVIII, não se teve a ideia de separá-los. Ainda no início do século XIX, separavam-se de modo definitivo os homens feitos, os "barbudos" de mais de 20 anos, mas não se considerava estranha a presença no colégio de adolescentes atrasados, e a promiscuidade de elementos de idades muito diferentes não chocava ninguém, contanto que os menores não fossem expostos a ela. De fato, ainda não se sentia a necessidade de distinguir a segunda infância, além dos 12-13 anos, da adolescência ou da juventude. Essas duas categorias de idade ainda continuavam a ser confundidas: elas só se separariam mais para o fim do século XIX, graças à difusão, entre a burguesia, de um ensino superior: universidade ou grandes escolas. Durante o Primeiro Império na França, nem mesmo a época do recrutamento, facilmente evitado nas camadas burguesas, dividia esse longo período de idade em que nossas distinções modernas ainda não era admitidas.

Observaremos que essa ausência de separação entre a segunda infância e a adolescência, que desapareceu na burguesia durante o século XIX, subsiste ainda hoje na França nas classes populares em que não há formação secundária. A maioria das escolas primárias permanece fiel ao velho hábito da simultaneidade do ensino. O jovem operário que obtém o certificado de conclusão do primeiro grau e não passa por uma escola técnica ou um centro de aprendizagem entra diretamente para o mundo do trabalho, que continua a ignorar a distinção escolar das idades. E aí ele pode escolher seus camaradas em uma faixa de idade mais extensa do que a faixa reduzida da classe do colégio. O fim da infância, a adolescência e o início da maturidade não se opõem como na sociedade burguesa, condicionada pela prática dos ensinos secundário e superior.

O período da segunda infância-adolescência foi distinguido graças ao estabelecimento progressivo e tardio de uma relação entre a idade e a classe escolar. Durante muito tempo, no século XVI e até mesmo no século XVII, essa relação foi muito incerta.

A regularização do ciclo anual das promoções, o hábito de impor a todos os alunos a série completa de classes, em lugar de limitá-la a alguns apenas, e as necessidades de uma pedagogia nova, adaptada a classes menos numerosas e mais homogêneas, resultaram, no início do século XIX, na fixação de uma correspondência cada vez mais rigorosa entre a idade e a classe. Os mestres se habituaram, então, a compor suas classes em função da idade dos alunos. As idades outrora confundidas começaram a se separar na medida em que coincidiam com as classes, pois desde o fim do século XVI a classe fora reconhecida como uma unidade estrutural. Sem o colégio e suas células vivas, a burguesia não dispensaria às diferenças mínimas de idade de suas crianças a atenção que lhes demonstra, e partilharia nesse ponto da relativa indiferença das sociedades populares.

CAPÍTULO 5

Os Progressos da Disciplina[1]

Portanto, antes do século XV, o estudante não estava submetido a uma autoridade disciplinar extracorporativa, a uma hierarquia escolar. Mas tampouco estava entregue a si mesmo. Ou bem residia perto de uma escola com sua própria família, ou, como era mais frequente, morava com outra família à qual havia sido confiado com um contrato de aprendizagem que previa a frequência a uma escola, sempre latina. O menino entrava então para uma dessas associações, corporações ou confrarias... que, por meio de exercícios devotos ou festivos, do culto religioso, de bebedeiras ou banquetes, mantinham vivo o sentimento de sua comunidade de vida. Outra possibilidade era o pequeno estudante seguir um menino mais velho, compartilhando sua vida na alegria ou na desgraça, e, muitas vezes, em troca, sendo surrado e explorado. Em todos esses casos, o estudante pertencia a uma sociedade ou a um bando de companheiros, em que uma camaradagem às vezes brutal porém real regulava sua vida quotidiana, muito mais do que a escola e seu mestre, e, porque essa camaradagem era reconhecida pelo senso comum, tinha um valor moral.

A partir do fim da Idade Média, esse sistema de camaradagem encontraria na opinião influente uma oposição crescente, e se deterioraria gradativamente, até aparecer no final como uma forma

[1] As reticências indicam passagens suprimidas.

de desordem e de anarquia. Em sua ausência, a juventude escolar seria organizada com base em novos princípios de comando e de hierarquia autoritária. Essa evolução, é certo, não foi particular à infância, e se estendeu a toda a sociedade – o estabelecimento do absolutismo monárquico foi um de seus aspectos. Contudo, na escola, ela provocou – ou acompanhou – uma modificação paralela do sentimento da infância, particularmente interessante para nosso estudo.

Acompanharemos agora os progressos desses novos princípios de disciplina:

|...|

Desde o século XV, ao mesmo tempo que lutavam contra os hábitos escolares de solidariedade corporativa, esses homens adeptos da ordem, esses organizadores esclarecidos, procuravam difundir uma ideia nova da infância e de sua educação. Gerson e o Cardeal d'Estouteville são exemplos muito característicos desse estado de espírito. Para o Cardeal d'Estouteville,[2] as crianças não podiam ser abandonadas sem perigo a uma liberdade sem limites hierárquicos. Elas pertenciam a uma *etas infirma* que exigia "uma disciplina maior e princípios mais estritos". Para ele, os mestres-escola – os *principales* – não deviam mais ser os primeiros camaradas da criança. Eles se separavam dos *infirmi* que dirigiam. Sua missão não consistia apenas em transmitir, como mais velhos diante de companheiros mais jovens, os elementos de um conhecimento; eles deviam, além disso, e em primeiro lugar, formar os espíritos, inculcar virtudes, educar tanto quanto instruir. Essa preocupação não aparecia de forma tão explícita nos textos anteriores.

---

[2] Théry, *Histoire de l'éducation*, 1858, 2 vols., t. II, apêndice.

Esses educadores eram responsáveis pela alma dos alunos: *monemus omnes et singulos pedagogos presentes et futuros... ut sic intendant regimini suorum domesticorum puerorum et scolarium.* Para eles, era um dever de consciência escolher judiciosamente seus colaboradores, os outros mestres e submonitores: *viros bonos, graves et doctos.* Era um dever também usar sem indulgência culpada de seus poderes de correção e punição, pois isso envolvia a salvação da alma das crianças, pelas quais eles eram responsáveis perante Deus: *ne eorum dampnationem.*

Duas ideias novas surgem ao mesmo tempo: a noção da fraqueza da infância e o sentimento da responsabilidade moral dos mestres. O sistema disciplinar que elas postulavam não se podia enraizar na antiga escola medieval, onde o mestre não se interessava pelo comportamento de seus alunos fora da sala de aula.

|...|

A nova disciplina se introduziria por intermédio da organização já moderna dos colégios e pedagogias com a série completa de classes em que o diretor e os mestres deixavam de ser *primi inter pares*, para se tornarem depositários de uma autoridade superior. Seria o governo autoritário e hierarquizado dos colégios que permitiria, a partir do século XV, o estabelecimento e o desenvolvimento de um sistema disciplinar cada vez mais rigoroso.

Para definir esse sistema, distinguiremos suas três características principais: a vigilância constante, a delação erigida em princípio de governo e em instituição, e a aplicação ampla de castigos corporais.

|...|

A história da disciplina do século XIV ao XVII permite-nos fazer duas obervações importantes.

Em primeiro lugar, uma disciplina humilhante – o chicote ao critério do mestre e a espionagem mútua em benefício do mestre – substituiu um modo de associação corporativa que era o mesmo tanto para os jovens escolares como para os outros adultos. Essa evolução sem dúvida não foi particular à infância: nos séculos XV-XVI, o castigo corporal se generalizou, ao mesmo tempo que uma concepção autoritária, hierarquizada – em suma, absolutista – da sociedade. Contudo, mesmo assim, restou uma diferença essencial entre a disciplina das crianças e a dos adultos – diferença que não existia nesse grau durante a Idade Média. Entre os adultos, nem todos eram submetidos ao castigo corporal: os fidalgos lhe escapavam, e o modo de aplicação da disciplina contribuía para distinguir as condições sociais. Ao contrário, todas as crianças e todos os jovens, qualquer que fosse sua condição, eram submetidos a um regime comum e eram igualmente surrados. Isso não quer dizer que a separação das condições sociais não existisse no mundo escolástico. Ela existia aí como nos outros lugares e era igualmente marcada. Mas o caráter degradante para os adultos nobres do castigo corporal não impedia sua aplicação às crianças. Ele se tornou até mesmo uma característica da nova atitude diante da infância.

O segundo fenômeno que nossa análise revela é a dilatação da idade escolar submetida ao chicote: reservado de início às crianças pequenas, a partir do século XVI ele se estendeu a toda a população escolar, que muitas vezes beirava e outras ultrapassava os 20 anos. Tendia-se, portanto, a diminuir as distinções entre a infância e a adolescência, a fazer recuar a adolescência na direção da infância, submetendo-a a uma disciplina idêntica. Dentro do mundo escolar – pois isso não se aplicava tanto às carreiras não escolares ou pouco escolarizadas – o adolescente era afastado do adulto e confundido com a criança, com a qual partilhava as humilhações do castigo corporal, o castigo da plebe.

Portanto, a infância prolongada até dentro já da adolescência, da qual se distinguia mal, caracterizava-se por uma humilhação deliberada. Toda a infância, a infância de todas as condições sociais, era submetida ao regime degradante dos plebeus. O sentimento da particularidade da infância, de sua diferença com relação ao mundo dos adultos, começou pelo sentimento mais elementar de sua fraqueza, que a rebaixava ao nível das camadas sociais mais inferiores.

A preocupação em humilhar a infância para distingui-la e melhorá-la se atenuaria ao longo do século XVIII, e a história da disciplina escolar nos permite acompanhar a mudança da consciência coletiva nessa questão.

|...|

Na França, a opinião pública manifestou uma repugnância pelo regime disciplinar escolástico que resultou em sua supressão por volta de 1763, quando as autoridades tomaram a condenção dos jesuítas como pretexto para reorganizar o sistema escolar.

|...|

O caráter servil e aviltador do castigo corporal não era mais reconhecido como adaptado à fraqueza da infância. Ao contrário, ele provocava uma reprovação de início discreta, mas que se iria ampliar. Surgiu a ideia de que a infância não era uma idade servil e não merecia ser metodicamente humilhada.

Essa repugnância, despertada aqui pelo castigo dos alunos pequenos, tornou-se ainda mais viva com relação aos alunos maiores. Pouco a pouco, tornou-se habitual não mais chicotear os alunos de retórica.

|...|

Ao mesmo tempo, as velhas práticas de delação foram abandonadas. Já as pequenas escolas de Port-Royal e a tradição jansenista, que fazia o papel de precursora, as evitavam. Por volta de 1700, o novo colégio de Sainte-Barbe adotou os métodos de Port-Royal.[3] Seu regulamento suprimia tanto os castigos corporais como os princípios medievais de emulação adotados pelos odiados jesuítas, e a instituição dos observadores. Mais que isso, na reunião semanal dos mestres que decidiam as advertências e os castigos, um "tribuno" dos alunos estava presente e defendia seus colegas. Um espírito inteiramente diferente surge aqui. Ele se impôs ao colégio de Louis-le-Grand após 1763, e a toda a organização escolar francesa.

|...|

O relaxamento da antiga disciplina escolar correspondeu a uma nova orientação do sentimento da infância, que não mais se ligava ao sentimento de sua fraqueza e não mais reconhecia a necessidade de sua humilhação. Tratava-se agora de despertar na criança a responsabilidade do adulto, o sentido de sua dignidade. A criança era menos oposta ao adulto (embora se distinguisse bastante dele na prática) do que preparada para a vida adulta.

---

[3] Quicherat, *Histoire de Sainte-Barbe*, 1860.

Essa preparação não se fazia de uma só vez, brutalmente. Exigia cuidados e etapas, uma formação. Esta foi a nova concepção da educação, que triunfaria no século XIX.

|...|

CAPÍTULO 6

As "Pequenas Escolas"

Este capítulo é dedicado ao estudo de dois fenômenos: primeiro, no século XVII, a especialização demográfica das idades de 5-7 a 10-11 anos, tanto nas pequenas escolas como nas classes inferiores dos colégios; em seguida, no século XVIII, a especialização social de dois tipos de ensino, um para o povo, e o outro para as camadas burguesas e aristocráticas. De um lado, as crianças foram separadas das mais velhas, e de outro, os ricos foram separados dos pobres. Em minha opinião, existe uma relação entre esses dois fenômenos. Eles foram as manifestações de uma tendência geral ao enclausuramento, que levava a distinguir o que estava confundido, e a separar o que estava apenas distinguido: uma tendência que não era estranha à revolução cartesiana das ideias claras, e que resultou nas sociedades igualitárias modernas, em que uma compartimentação geográfica rigorosa substituiu as promiscuidades das antigas hierarquias.

CAPÍTULO 7

A Rudeza da Infância Escolar

O homem moderno ficará surpreso com a inconveniência desses costumes: eles nos parecem incompatíveis com nossas ideias sobre a infância e a primeira adolescência, e já é muito os tolerarmos nos adultos das classes populares, como indício de uma idade mental ainda aquém da maturidade. Nos séculos XVI e XVII, os contemporâneos situavam os escolares no mesmo mundo picaresco dos soldados, criados, e, de modo geral, dos mendigos. As pessoas honestas que possuíam algum bem desconfiavam tanto de uns como de outros. Um cônego de Dijon,[1] falando sobre a juventude dourada da cidade (à qual pertencia o filho do presidente da Corte Suprema), e de sua partida em 1592 para "ir para as universidades das Leis em Toulouse", chamava-a literalmente de *escória*: "É um grande bem nos vermos livres dessa escória", como de um bando de malfeitores. Uma das personagens da comédia de Larivey assimilava certos escolares aos insubmissos que viviam à margem da sociedade civilizada: "Não penso que sejam escolares e sim *homens livres*, que vivem sem lei e sem apetite", e *homens livres* significava algo como vagabundos ou *truands*. A própria palavra *truand*, que na gíria francesa moderna designa um adulto, vem do latim escolástico *trutanus*, "vagabundo", palavra que se aplicava principalmente aos estudantes errantes,

---

[1] C. Mutteau, *Les Ecoles de Dijon*.

essa chaga da antiga sociedade escolar. O termo ainda conserva esse sentido em inglês, em que *truant* designa antes de tudo a criança que faz gazeta.

Foi necessária a pressão dos educadores para separar o escolar do adulto boêmio, ambos herdeiros de um tempo em que a elegância de atitude e de linguagem era reservada não ao clérigo, mas ao adulto cortês. Uma nova noção moral deveria distinguir a criança, ao menos a criança escolar, e separá-la: a noção da criança bem-educada. Essa noção praticamente não existia no século XVI, e formou-se no século XVII. Sabemos que se originou das visões reformadoras de uma elite de pensadores e moralistas que ocupavam funções eclesiásticas ou governamentais. A criança bem-educada seria preservada das rudezas e da imoralidade, que se tornariam traços específicos das camadas populares e dos moleques. Na França, essa criança bem-educada seria o pequeno-burguês. Na Inglaterra, ela se tornaria o *gentleman*, tipo social desconhecido antes do século XIX, e que seria criado por uma aristocracia ameaçada graças às *public schools*, como uma defesa contra o avanço democrático. Os hábitos das classes dirigentes do século XIX foram impostos às crianças de início recalcitrantes por precursores que os pensavam como conceitos, mas ainda não os viviam concretamente. Esses hábitos no princípio foram hábitos infantis, os hábitos das crianças bem-educadas, antes de se tornarem os hábitos da elite do século XIX, e, pouco a pouco, do homem moderno, qualquer que seja sua condição social. A antiga turbulência medieval foi abandonada primeiro pelas crianças, e finalmente pelas classes populares: hoje, ela é a marca dos moleques, dos desordeiros, últimos herdeiros dos antigos vagabundos, dos mendigos, dos "fora da lei", dos escolares do século XVI e início do século XVII.

CONCLUSÃO

A Escola e a Duração da Infância

Na primeira parte deste livro, estudamos o nascimento e o desenvolvimento dos dois sentimentos da infância que distinguimos: o primeiro, difundido e popular, a "paparicação", limitava-se às primeiras idades e correspondia à ideia de uma infância curta; o segundo, que exprimia a tomada de consciência da inocência e da fraqueza da infância, e, por conseguinte, do dever dos adultos de preservar a primeira e fortalecer a segunda, durante muito tempo se limitou a uma pequena minoria de legistas, padres ou moralistas. Sem eles, a criança teria permanecido apenas o *poupard*, o *bambino*, o pequeno ser cômico e gentil com o qual as pessoas se distraíam com afeição, mas também com liberdade – quando não com licença – sem preocupação moral ou educativa. Passados os cinco ou sete primeiros anos, a criança se fundia sem transição com os adultos: esse sentimento de uma infância curta persistiu ainda por muito tempo nas classes populares. Os moralistas e educadores do século XVII, herdeiros de uma tradição que remontava a Gerson, aos reformadores da universidade de Paris do século XV, aos fundadores de colégios do fim da Idade Média, conseguiram impor seu sentimento grave de uma infância longa graças ao sucesso das instituições escolares e às práticas de educação que eles orientaram e disciplinaram. Esses mesmos homens, obcecados pela educação, encontram-se também na origem do sentimento moderno da infância e da escolaridade.

A infância foi prolongada além dos anos em que o garotinho ainda andava com o auxílio de "guias" ou falava seu "jargão", quando uma etapa intermediária, antes rara e daí em diante cada vez mais comum, foi introduzida entre a época da túnica com gola e a época do adulto reconhecido: a etapa da escola, do colégio. As classes de idade em nossa sociedade se organizam em torno de instituições. Assim, a adolescência, mal percebida durante o *Ancien Régime*, se distinguiu no século XIX e já no fim do século XVIII por meio da conscrição, e mais tarde, do serviço militar. O *écolier* – o escolar – e esta palavra até o século XIX foi sinônimo de estudante, sendo ambas empregadas indiferentemente: a palavra colegial não existia – o *écolier* do século XVI ao XVIII estava para uma infância longa assim como o conscrito dos séculos XIX e XX está para a adolescência.

Entretanto, essa função demográfica da escola não surgiu imediatamente como uma necessidade. Ao contrário, durante muito tempo a escola permaneceu indiferente à repartição e à distinção das idades, pois seu objetivo essencial não era a educação da infância. Nada predispunha a escola latina da Idade Média a esse papel de formação moral e social. A escola medieval não era destinada às crianças, era uma espécie de escola técnica destinada à instrução dos clérigos, "jovens ou velhos", como dizia o *Doctrinal* de Michault. Ela acolhia da mesma forma e indiferentemente as crianças, os jovens e os adultos, precoces ou atrasados, ao pé das cátedras magisteriais.

Até o século XVIII, ao menos, muito dessa mentalidade sobreviveu na vida e nos hábitos escolares. Vimos como a divisão em classes separadas e regulares foi tardia, como as idades continuavam misturadas dentro de cada classe, frequentada ao mesmo tempo por crianças de 10 a 13 anos e adolescentes de 15 a 20. Na linguagem comum, dizer que um menino estava em idade de ir para a escola não significava necessariamente que se tratava de uma criança, pois essa idade podia também ser considerada como um limite além do qual o indivíduo tinha poucas possibilidades de sucesso. É dessa forma que devemos interpretar os sábios conselhos que Tereza Pança dá a seu marido Sancho, quando este parte em expedição com D. Quixote, segundo a tradução francesa do século XVII:[1] "Não vos esqueçais nem de mim nem de vossos filhos. Lembrai-vos que nosso Sanchico já tem 15 anos feitos, que é razoável e que deve entrar para a escola, se é certo que seu tio abade deseja torná-lo um homem da Igreja." Ia-se para a escola quando se podia, ou muito cedo ou muito tarde. Esse modo de ver persistiria ao longo de todo o século XVII, a despeito das influências contrárias. Deixaria vestígios suficientes no século XVIII para que, após a Revolução, os educadores mais velhos se lembrassem dele e se referissem – para condená-la – à prática do *Ancién Régime* de manter no colégio alunos muito velhos. Ele só desapareceria realmente no século XIX.

Essa indiferença da escola pela formação infantil não era própria apenas dos conservadores retrógrados. É importante notar que os humanistas do Renascimento a compartilharam também com seus inimigos, os escolásticos tradicionais. Assim como os pedagogos da Idade Média, eles confundiram educação com cultura, e estenderam a educação a toda a duração da vida humana, sem dar um valor privilegiado à infância ou à juventude, sem especializar a participação das idades. Mas eles exerceram apenas uma influência fraca sobre a estrutura da escola, e seu papel foi exageradamente aumentado pelos historiadores da literatura. Os verdadeiros inovadores foram esses reformadores escolásticos do século XV, o Cardeal d'Estouteville, Gerson, os organizadores dos colégios e pedagogias, e, finalmente e acima de

---

[1] Cervantes, *Dom Quixote*, ed. La Pléiade, parte II, cap. 5, p. 554.

tudo, os jesuítas, os oratorianos e os jansenistas do século XVII. Com eles vemos surgir o sentido da particularidade infantil, o conhecimento da psicologia infantil e a preocupação com um método adaptado a essa psicologia.

O colégio do *Ancien Régime* conservou, portanto, durante muito tempo a lembrança de sua ancestral, a escola latina da catedral. Muito tempo se passou até que ele aparecesse como uma instituição especialmente reservada às crianças.

Nem todo o mundo, porém, passava pelo colégio, nem mesmo pelas pequenas escolas. Nesses casos de meninos que jamais haviam ido ao colégio, ou que nele haviam permanecido muito pouco tempo (um ou dois anos), os antigos hábitos de precocidade persistiam como na Idade Média. Continuava-se no domínio de uma infância muito curta. Quando o colégio não prolongava a infância, nada mudava.

Ainda no século XVII, a distribuição da escolaridade não se fazia necessariamente segundo o nascimento. Muitos jovens nobres ignoravam o colégio, evitavam a academia e se uniam sem delonga às tropas em campanha. Em seu famoso relato da morte de Turenne em 1675, Mme de Sévigné assinala a presença, ao lado do Marechal, de seu sobrinho, que tinha 14 anos. No fim do reinado de Luís XIV, havia tenentes de 14 anos em seu exército. Chevert entrou para o exército aos 11.[2]

Essa precocidade também era encontrada entre a soldadesca. Mme de Sévigné, que decididamente se interessava muito pelos assuntos militares, como observa E. G. Leonard, conta a seguinte anedota: "Despréaux foi com Gourville ver M. le Prince. M. le Prince mandou-o ver seu exército. – Então, que me dizeis? – perguntou M. le Prince. – Monsenhor – disse Despréaux –, creio

---

[2] E. G. Leonard, *Les Problèmes de l'armée*, 1958, p. 164.

que vosso exército será bom quando for maior. É que o soldado mais velho ainda não tem 18 anos."[3]

Comum aos oficiais e aos homens do século XVII, essa precocidade persistiu ainda muito tempo entre os soldados, embora no século XVIII tenha desaparecido entre os oficiais, que só entravam em serviço após um ciclo escolar mais ou menos completo, e, às vezes, prolongado por escolas militares especiais.

Se a escolarização no século XVII ainda não era o monopólio de uma classe, era sem dúvida o monopólio de um sexo. As mulheres eram excluídas. Por conseguinte, entre elas, os hábitos de precocidade e de infância curta mantiveram-se inalterados da Idade Média até o século XVII.

"Desde que completei meus 12 anos, graças a Deus cuja vida é eterna, casei-me cinco vezes no pórtico da igreja." Assim falava uma das mulheres de Chaucer, no século XIV. Mas no fim do século XVI, Catherine Marion casou-se com Antoine Arnauld aos 13 anos. E ela era bastante dona de sua casa para dar "uma bofetada em sua primeira camareira, uma moça de 20 anos, assentada, porque esta não havia resistido a uma carícia que alguém lhe fizera".[4] A autora destas linhas, Catherine Lemaître, tinha-se casado aos 14 anos de idade. As pessoas falavam em casar sua irmã Anne aos 12 anos, e só a vocação religiosa da menina fez com que esses planos fracassassem. O pretendente não tinha pressa e gostava da família, pois, como nos diz Catherine Lemaître, "não só esperou para se casar até que Anne tivesse professado, como não quis fazê-lo antes de ver também transformada em religiosa nossa irmã caçula, que, na época em que se falava de seu casamento com Anne, era uma criança de seis anos". No máximo, quatro ou seis anos de noivado. Aliás, a

---

[3] L. Cognet, *La Réforme de Port-Royal*, 1950, pp. 13 e 100.

[4] L. Cognet, *op. cit.*

partir dos 10 anos, as meninas já eram mulherzinhas como essa mesma Anne Arnauld, uma precocidade explicada por uma educação que treinava as meninas para que se comportassem desde muito cedo como adultas: "Desde os 10 anos de idade essa pequena tinha o espírito tão avançado que governava toda a casa de Mme Arnauld, a qual a fazia agir assim deliberadamente, para formá-la nos exercícios de uma mãe de família, já que este deveria ser seu futuro."

Além da aprendizagem doméstica, as meninas não recebiam por assim dizer nenhuma educação. Nas famílias em que os meninos iam ao colégio, elas não aprendiam nada. Fénelon queixa-se dessa ignorância como de um fato generalizado. Reconhece que as pessoas se preocupavam muito com os meninos: "Os mais hábeis especialistas se aplicaram em fornecer regras sobre o assunto. Quantos mestres e quantos colégios vemos! Quantas despesas são feitas com as impressões de livros, as pesquisas científicas, os métodos de ensino das línguas, a escolha dos professores... Essas despesas demonstram a alta consideração em que se tem a educação dos meninos." Mas as meninas! "As pessoas se acreditam no direito de abandonar cegamente as meninas à orientação de mães ignorantes e indiscretas."[5] As mulheres mal sabiam ler e escrever: "Ensinais as meninas a ler e a escrever corretamente. É vergonhoso, porém comum, ver-se mulheres de espírito e bem-educadas (portanto, da boa sociedade) não saberem pronunciar bem o que leem: ou elas hesitam ou leem numa voz cantada... Cometem erros ainda mais grosseiros de ortografia, ou na maneira de formar ou ligar as letras ao escrever." As mulheres eram semianalfabetas. Criou-se o hábito de enviar as meninas a conventos que não eram destinados à educação, onde elas acompanhavam os exercícios devotos e recebiam uma instrução exclusivamente religiosa.

---

[5] Fénelon, *De l'éducation des filles*, 1687.

No fim do século XVII, o Saint-Cyr de Mme de Maintenon forneceria o modelo de uma instituição de caráter moderno para as meninas, que aí ingressavam entre os 7 e os 12 anos e saíam em torno dos 20.[6] As queixas contra as pequenas escolas mistas e o ensino das ursulinas indicam uma tendência geral em favor da escolarização feminina, mas essa escolarização se iniciaria com um atraso de cerca de dois séculos.

A partir do século XV, e sobretudo nos séculos XVI e XVII, apesar da persistência da atitude medieval de indiferença à idade, o colégio iria dedicar-se essencialmente à educação e à formação da juventude, inspirando-se em elementos de psicologia que eram encontrados e que hoje reconhecemos em Cordier, na *Ratio* dos jesuítas e na abundante literatura pedagógica de Port-Royal. Descobriu-se então a necessidade da disciplina: uma disciplina constante e orgânica, muito diferente da violência de uma autoridade mal respeitada. Os legisladores sabiam que a sociedade turbulenta que eles comandavam exigia um pulso firme, mas a disciplina escolar nasceu de um espírito e de uma tradição muito diferentes. A disciplina escolar teve origem na disciplina eclesiástica ou religiosa; ela era menos um instrumento de coerção do que de aperfeiçoamento moral e espiritual, e foi adotada por sua eficácia, porque era a condição necessária do trabalho em comum, mas também por seu valor intrínseco de edificação e ascese. Os educadores a adaptariam a um sistema de vigilância permanente das crianças, de dia e de noite, ao menos em teoria.

A diferença essencial entre a escola da Idade Média e o colégio dos tempos modernos reside na introdução da disciplina. Esta se estenderia gradualmente dos colégios às pensões particulares onde moravam os alunos, e, em certos casos, ao conjunto da cidade,

---

[6] Th. Lavallée, *Histoire de la maison royale de Saint-Cyr*, 1862.

embora na prática sem muito sucesso. Os mestres tenderam a submeter o aluno a um controle cada vez mais estrito, no qual as famílias, a partir do fim do século XVII, cada vez mais passaram a ver as melhores condições de uma educação séria. Chegou-se a aumentar os efetivos outrora excepcionais dos internos, e a instituição ideal do século XIX seria o internato, quer fosse um liceu, um pequeno seminário, um colégio religioso ou uma escola normal. Apesar da persistência dos traços arcaicos, a disciplina daria ao colégio do *Ancien Régime* um caráter moderno que já anunciava nossos estabelecimentos secundários contemporâneos. Essa disciplina não se traduziria apenas por melhor vigilância interna, mas tenderia a impor às famílias o respeito pelo ciclo escolar integral. A escolaridade se tornaria sem dúvida uma questão de crianças e de jovens – ou seja, não se estenderia mais, como na Idade Média ou no Renascimento, às idades da maturidade – mas seria uma escolaridade relativamente longa (menos longa, entretanto, do que a da Idade Média). As pessoas não se contentariam mais em passar um ano ou dois no colégio, como ainda era frequente no início do século XVII, tanto entre os nobres empobrecidos ou apressados, como entre as pessoas humildes, os artesãos felizes em dar às suas crianças uma tintura de latim. No fim do século XVIII, o ciclo escolar era bastante semelhante ao do século XIX: quatro ou cinco anos no mínimo. A criança, enquanto durava sua escolaridade, era submetida a uma disciplina cada vez mais rigorosa e efetiva, e essa disciplina separava a criança que a suportava da liberdade do adulto. Assim, a infância era prolongada até quase toda a duração do ciclo escolar.

De um lado, havia a população escolarizada, e de outro, aqueles que, segundo hábitos imemoriais, entravam diretamente na vida adulta, assim que seus passos e suas línguas ficavam suficientemente firmes. Essa divisão não correspondia às condições sociais. Sem dúvida, o núcleo principal da população escolar era constituído de famílias burguesas, de juristas e de eclesiásticos. Mas, como vimos, havia nobres entre os que não frequentavam a escola, e artesãos e camponeses entre os que o faziam. As meninas de boa família não eram mais instruídas do que as das classes inferiores, e podiam sê-lo até menos, pois, em certos casos, as meninas do povo aprendiam a escrever com perfeição, como um ofício. A população escolar, em uma época em que o colégio ministrava quase a totalidade dos ensinos que hoje dividimos em primário, secundário e superior, coincidia muito menos do que hoje com o contorno das condições sociais. O movimento de apostolado educacional do fim do século XVII, que resultou no aparecimento dos Irmãos das Escolas Cristãs, não se limitava apenas aos pobres. As escolas populares eram invadidas por pequeno-burgueses, assim como as classes inferiores dos colégios estavam cheias de pequenos artesãos ou camponeses.

Os acontecimentos poderiam ter-se desenrolado a seguir de tal forma que o sistema educacional francês se tivesse baseado na escola única: afinal, o *Ancien Régime*, até o século XVIII, praticamente só conheceu a escola única. A frequência escolar se teria estendido social e geograficamente; a duração dos ciclos, por outro lado, teria variado segundo as vocações: apenas os juristas e os eclesiásticos teriam seguido até o fim dos dois ou três anos de filosofia – correspondentes a nossos anos de faculdade; os outros – os artesãos ou soldados – teriam parado em um estágio anterior. Esta era de fato a situação em meados do século XVII: os colégios ou as escolas latinas estendiam uma rede circular em torno de um grande colégio com a série completa de classes e a densidade dessa rede diminuía na direção da periferia. Ela era constituída de várias escolas que abrigavam apenas as classes inferiores do ciclo escolar. Isso pode nos parecer surpreendente quando pensamos no rigor e na diversidade da hierarquia social do *Ancien Régime*: os hábitos de escolaridade diferiam menos segundo as condições sociais do que segundo as funções. Consequentemente, as atitudes existenciais, assim como vários traços da vida quotidiana, não diferiam muito mais.

Mas esse estado de coisas não durou muito, e, a partir do século XVIII, a escola única foi substituída por um sistema de ensino duplo, em que cada ramo correspondia não a uma idade, mas a uma condição social: o liceu ou o colégio para os burgueses (o secundário) e a escola para o povo (o primário). O secundário é um ensino longo. O primário durante muito tempo foi um ensino curto, e, tanto na Inglaterra como na França, foram necessárias as revoluções sociais originárias das últimas grandes guerras para prolongá-lo. Talvez uma das causas dessa especialização social resida justamente nos requisitos técnicos do ensino longo, do momento em que ele se impôs definitivamente aos costumes; não era mais possível tolerar a coexistência de alunos que não estavam desde o início decididos a ir até o fim, a aceitar todas as regras do jogo, pois as regras de uma coletividade fechada, escola ou comunidade religiosa, exigem o mesmo abandono total que o jogo. Do momento que o ciclo longo foi estabelecido, não houve mais lugar para aqueles que, por sua condição, pela profissão dos pais ou pela fortuna não podiam segui-lo nem se propor a segui-lo até o fim.

Mas há outra causa para essa evolução: a ação desses homens detentores da autoridade, da razão e do saber, que já encontramos na origem das grandes transformações dos costumes entre a Idade Média e os tempos modernos. Foram eles, como dissemos, que compreenderam a particularidade da infância e a importância tanto moral como social da educação, da formação metódica das crianças em instituições especiais, adaptadas a essa finalidade. Muito cedo, alguns deles se perturbaram com a extensão de seu próprio sucesso – um sucesso sociológico do qual nem sempre estavam conscientes. Richelieu, que previa uma Academia modelo na cidade utópica que pretendia construir em Richelieu, e depois

Colbert, exprimiram seus temores de uma inflação de intelectuais e de uma crise de mão de obra braçal: um velho tema que as diversas gerações da burguesia conservadora transmitiram até nossos dias. No século XVII, apesar de sua autoridade, esses precursores pregavam no deserto: não puderam fazer nada para frear o sucesso dos colégios e sua penetração no campo. Mas no século XVIII, seu preconceito foi adotado por essa categoria de pessoas "esclarecidas" que, em uma certa medida, aparecem em vários domínios como seus sucessores; esses homens do Iluminismo, das sociedades de pensamento, graças a seu número e suas relações, exerceram sobre a opinião pública uma influência com que nenhum grupo de legisladores, clérigos ou intelectuais poderia ter sonhado no passado. Alguns deles, como Condorcet, permaneceram fiéis à ideia de um ensino universal aberto a todos. Mas a maioria propôs, ao contrário – a partir da expulsão dos jesuítas – limitar a uma única classe social o privilégio do ensino longo e clássico, e condenar o povo a um ensino inferior, exclusivamente prático.

Sabemos também que o sentimento da infância encontrou sua expressão mais moderna nesses mesmos meios de burgueses esclarecidos, admiradores de Greuze e leitores do *Emile* ou de *Paméla*. Mas os antigos gêneros de vida sobreviveram quase até nossos dias nas classes populares, submetidas por menos tempo à ação da escola. Teríamos até mesmo razão em perguntar se nesse ponto não houve uma regressão durante a primeira metade do século XIX, sob a influência da demanda de mão de obra infantil na indústria têxtil. O trabalho das crianças conservou uma característica da sociedade medieval: a precocidade da passagem para a idade adulta. Toda a complexidade da vida foi modificada pelas diferenças do tratamento escolar da criança burguesa e da criança do povo.

Existe, portanto, um notável sincronismo entre a classe de idade moderna e a classe social: ambas nasceram ao mesmo tempo, no fim do século XVIII, e no mesmo meio: a burguesia.

TERCEIRA
PARTE

A Família

CAPÍTULO 1

As Imagens da Família

Pareceria contestável falarmos de uma iconografia profana na Idade Média antes do século XIV, de tal forma o profano se distingue mal do sagrado. Contudo, entre as contribuições de origem profana a essa representação total do mundo, há um tema cuja frequência e popularidade são significativas: o tema dos ofícios. Os arqueólogos nos informaram que os gauleses da época romana gostavam de representar em seus baixos-relevos funerários cenas de suas vidas de trabalhadores.[1] Essa preferência pelos temas de ofícios não é encontrada em nenhuma outra parte. Os arqueólogos também ficaram impressionados com sua raridade, quando não com sua ausência, na iconografia funerária da África romana.[2] O tema remonta, por conseguinte, a um passado remoto. Ele se manteve e até mesmo se desenvolveu durante a Idade Média. Ressalvando o anacronismo da expressão, poderíamos dizer, *grosso modo*, mas sem deformar a verdade, que a iconografia "profana" medieval consiste acima de tudo no tema dos ofícios. É importante que durante tanto tempo o ofício tenha parecido às pessoas ser a principal atividade da vida quotidiana, uma atividade cuja lembrança se associava ao culto funerário da época galo-romana e à concepção erudita do mundo da Idade Média, nos calendários das catedrais. Sem dúvida, isso parece perfeitamente natural aos historiadores modernos. Mas terão

---

[1] P. M. Duval, *La Vie quotidienne en Gaule*, 1952.

[2] G. Ch. Picard, *Les Religions de l'Afrique antique*, 1954.

eles se indagado quantos hoje em dia prefeririam esquecer seu ofício e gostariam de deixar outra imagem de si mesmos? Em vão tentamos introduzir algum lirismo nos aspectos funcionais da vida contemporânea; o resultado é uma espécie de academicismo sem raízes populares. O homem de hoje não escolheria seu ofício, mesmo que gostasse dele, para propô-lo como tema a seus artistas, mesmo que estes últimos pudessem aceitá-lo. A importância dada ao ofício na iconografia medieval é um sinal do valor sentimental que as pessoas lhe atribuíam. Era como se a vida privada de um homem fosse antes de mais nada seu ofício.

Uma das representações mais populares do ofício o liga ao tema das estações, cuja importância já tivemos a ocasião de reconhecer a propósito das idades da vida.[3] Sabemos que a Idade Média ocidental se caracterizou pelo hábito de reunir por meio do simbolismo noções cujas correspondências secretas, ocultas por detrás das aparências, se desejava sublinhar. A Idade Média ligava as profissões às estações, assim como o fazia com as idades da vida ou os elementos. Era esse o sentido dos calendários de pedra e de vidro, dos calendários das catedrais e dos livros de horas.

A iconografia tradicional dos 12 meses do ano foi fixada no século XII, tal como a encontramos, com muito poucas variantes, em Saint-Denis, em Paris, em Senlis, em Chartres, em Amiens, em Reims etc.: os trabalhos e os dias. De um lado, os grandes trabalhos da terra: o feno, o trigo, a vinha e o vinho, o porco. De outro, a pausa, do inverno e da primavera. São camponeses que trabalham, mas a representação dos momentos de interrupção do trabalho oscila entre o camponês e o nobre. Janeiro (a festa de Reis) pertence ao nobre, diante de uma mesa na qual não falta nada. Fevereiro pertence ao plebeu que volta à casa carregando lenha e se aquece perto do fogo. Maio ora é um camponês que

---

[3] Cf. *supra*, Parte 1, Capítulo 1.

descansa no meio das flores, ora um jovem nobre que parte para a caça e prepara seu falcão. Em todo o caso, é a evocação da juventude participando das festas de maio. Nessas cenas, o homem está sempre sozinho: excepcionalmente um jovem criado (como em São Denis) aparece de pé atrás do amo, que come sentado em sua mesa. Por outro lado, trata-se sempre de um rapaz e nunca de uma mulher.

Podemos ver essa iconografia evoluir ao longo dos livros de horas até o século XVI, de acordo com tendências significativas.

Primeiro, vemos surgir a mulher, a dama do amor cortês ou a dona de casa. No livro de horas do Duque de Berry, no mês de fevereiro, o camponês não é mais o único a se aquecer, como nas paredes de Senlis, de Paris ou de Amiens. Três mulheres da casa já estão sentadas em torno do fogo, enquanto o homem ainda está do lado de fora, transido de frio no pátio coberto de neve. Em outras representações, a cena se torna a imagem de um interior, de uma noite de inverno em que as pessoas ficam dentro de casa: o homem, diante da lareira, ainda aquece as mãos e o pé descalço, mas, ao lado, sua mulher trabalha tranquilamente em sua roca (Charles d'Angoulême). Em abril, aparece o tema da corte de amor: a dama e seu amigo em um jardim fechado com muros (Charles d'Angoulême). Ela também acompanha os cavaleiros à caça. Mas mesmo a dama nobre não é mais a heroína ociosa e um tanto imaginária dos jardins de abril, ou a cavaleira das festas de maio; ela também dirige os trabalhos desse jardim de abril (Turim). A camponesa aparece mais vezes. Ela participa dos trabalhos dos campos com os homens (Berry, Angoulême). Dá de beber aos trabalhadores que fazem a colheita enquanto eles descansam nos dias quentes de verão (Hennessy, Grimani). Seu marido a leva de volta em uma carreta com o cantil de vinho que ela lhe havia trazido. Os cavaleiros e as damas não estão mais isolados nos prazeres nobres de abril ou de maio.

Assim como a dama do livro de horas de Turim cuidava de seu jardim, os cavaleiros e as damas se misturam aos camponeses, aos colhedores de uva (como na cena da colheita de cerejas do livro de horas de Turim). Quanto mais avançamos no tempo, e sobretudo no século XVI, mais frequentemente a família do senhor da terra é representada entre os camponeses, supervisionando seu trabalho e participando de seus jogos. Numerosas tapeçarias do século XVI descrevem essas cenas campestres em que os senhores e suas crianças colhem uvas e supervisionam a colheita do trigo. O homem não está mais sozinho. O casal não é mais apenas o casal imaginário do amor cortês. A mulher e a família participam do trabalho e vivem perto do homem, na sala ou nos campos. Não se trata propriamente de cenas de família: as crianças ainda estão ausentes no século XV. Mas o artista sente a necessidade de exprimir discretamente a colaboração da família, dos homens e das mulheres da casa, no trabalho quotidiano, com uma preocupação de intimidade outrora desconhecida.

Ao mesmo tempo, a rua surge nos calendários. A rua já era um tema familiar da iconografia medieval: ela se anima com uma vida particularmente expressiva nas admiráveis vistas das pontes de Paris da Vida de São Denis, um manuscrito do século XIII. Assim como nas cidades árabes de hoje, a rua era o lugar onde se praticavam os ofícios, a vida profissional, as conversas, os espetáculos e os jogos. Fora da vida privada, por muito tempo ignorada pelos artistas, tudo se passava na rua. No entanto, as cenas dos calendários, de inspiração rural, durante muito tempo a ignoraram. No século XV, a rua tomou seu lugar nos calendários. É verdade que os meses de novembro e de dezembro do livro de horas de Turim são ilustrados com o tradicional sacrifício do porco. Mas aqui, ele se passa na rua, e os vizinhos estão diante de suas portas para observá-lo. No calendário do livro de horas de Adelaïde de Savoie, aparece o mercado: moleques cortam as bolsas de donas de casa ocupadas e distraídas – reconhecemos aí o tema dos pequenos batedores de carteiras, que se iria manter na pintura picaresca ao longo de todo o século XVII.[4] Outra cena do mesmo calendário representa a volta do mercado: uma comadre para para falar com sua vizinha, que está na janela; alguns homens descansam sentados em um banco, protegidos por um telheiro, e distraem-se vendo meninos jogar pela e lutar. Essa rua medieval, assim como a rua árabe de hoje, não se opunha à intimidade da vida privada; era um prolongamento dessa vida privada, o cenário familiar do trabalho e das relações sociais. Os artistas, em suas tentativas relativamente tardias de representação da vida privada, começariam por mostrá-la na rua, antes de segui-la até dentro de casa. Talvez essa vida privada se passasse tanto ou mais na rua do que em casa.

Com a rua, os jogos invadiram as cenas dos calendários: os jogos de cavalaria, como os torneios (Turim, Hennessy), os jogos comuns a todos, e as festas folclóricas, como a árvore de maio. O calendário do livro de horas de Adelaïde de Savoie compõe-se essencialmente de uma descrição dos mais diversos jogos, jogos de salão, jogos de força e de habilidade, jogos tradicionais: a festa de Reis, a dança de maio, a luta, o hóquei, as disputas entre dois homens armados de varas em duas barcas, as guerras de neve. Em outros manuscritos, assistimos a certames de tiro com bestas (Hennessy), a passeios de barco com música (Hennessy) e os banhos coletivos (Grimani). Ora, sabemos que os jogos não eram então apenas diversões, mas uma forma de participação na comunidade ou no grupo: jogava-se em família, entre vizinhos, entre classes de idade, entre paróquias.[5]

---

4 Livro de Horas de Adelaïde de Savoie, duquesa de Borgonha, Chantilly.

5 Cf. *supra*, Parte 1, Capítulo 4.

Finalmente, a partir do século XVI, uma nova personagem entra em cena nos calendários: a criança. Sem dúvida, ela já aparecia com frequência na iconografia do século XVI, particularmente nos *Miracles de Notre Dame*. Mas ela havia permanecido ausente dos calendários, como se essa tradição iconográfica antiga tivesse hesitado em aceitar esse elemento tardio. Nos trabalhos dos campos, não aparecem crianças ao lado das mulheres. Apenas algumas servem à mesa nos banquetes de janeiro. Percebemo-las também no mercado do livro de horas de Adelaïde de Savoie; nesse mesmo manuscrito, elas brincam de jogar bolas de neve, atrapalham com sua bagunça o pregador na igreja e são expulsas. Nos últimos manuscritos flamengos do século XVI, elas se divertem alegremente; percebe-se a predileção que lhes dedica o artista. Os calendários dos livros de horas de Hennessy e de Grimani imitaram com precisão a aldeia coberta de neve das *Très Riches Heures* do Duque de Berry, na cena do mês de janeiro que descrevemos anteriormente, em que o camponês corre para casa a fim de se unir às mulheres que se aquecem. Contudo, eles acrescentaram uma outra personagem: a criança. E a criança aparece na pose do Manneken-Pis, que se tornara frequente na iconografia da época – a criança urina pela abertura da porta. Esse tema do Manneken-Pis é encontrado em toda a parte: lembremos o sermão de São João Batista do museu dos Augustins de Toulouse (que outrora ornava a capela do Parlamento dessa cidade), ou um certo *putto* de Ticiano.[6]

Nesses livros de horas de Hennessy e Grimani, as crianças patinam no gelo, brincam de imitar os torneios dos adultos (alguns reconheceriam entre elas o jovem Carlos V). No livro de horas de Munique, elas se atiram bolas de neve. No *Hortulus*

---

[6] Um dos *putti* da "Bachanalia" do Prado (Madri).

animae, elas brincam de corte de amor e de torneio, montadas em uma barrica, ou patinam no gelo.[7]

As representações sucessivas dos meses do ano introduziram, portanto, essas novas personagens: a mulher, o grupo de vizinhos e companheiros, e finalmente a criança. E a criança se ligava a essa necessidade outrora desconhecida de intimidade, de vida familiar, quando não ainda precisamente, de vida "em família".

Ao longo do século XVI, essa iconografia dos meses sofreria uma última transformação muito significativa para nosso estudo: ela se tornaria uma iconografia da família. Ela se tornaria familiar ao se combinar com o simbolismo de outra alegoria tradicional: as idades da vida. Havia várias maneiras de representar as idades da vida, mas duas delas eram mais comuns: a primeira, mais popular, sobreviveu na gravura, e representava as idades nos degraus de uma pirâmide que subia do nascimento à maturidade, e daí descia até a velhice e a morte. Os grandes pintores recusavam-se a adotar essa composição demasiado ingênua. De modo geral, adotavam a representação das três idades da vida sob a forma de uma criança, alguns adolescentes – em geral um casal – e um velho. No quadro de Ticiano,[8] por exemplo, aparecem dois *putti* dormindo, um casal formado por uma camponesa vestida tocando flauta e um homem nu no primeiro plano, e, ao fundo, um velho sentado e recurvado segurando uma caveira. O mesmo tema é encontrado em Van Dyck,[9] no século XVII. Nessas composições, as três ou quatro idades da vida são representadas separadamente, segundo a tradição iconográfica. Ninguém teve a ideia de reuni-las dentro de uma mesma família, cujas gerações diferentes simbolizariam as três ou quatro idades da vida.

---

7 *Hortulus animae,* Frankfurt, 1907, 7 vols.

8 Londres, Bridgewater Gallery.

9 "As Quatro Idades da Vida."

Os artistas, e a opinião que eles traduziam, permaneciam fiéis a uma concepção mais individualista das idades: o mesmo indivíduo era representado nos diversos momentos de seu destino.

Entretanto, ao longo do século XVI, surgira uma nova ideia, que simbolizava a duração da vida por intermédio da hierarquia da família. Já tivemos a ocasião de citar *Le Grande Propriétaire de toutes choses*, esse velho texto medieval traduzido para o francês e editado em 1556.[10] Como observamos, esse livro era um espelho do mundo. O sexto livro trata das "Idades". É ilustrado com uma xilogravura que não representa nem os degraus das idades, nem as três ou quatro idades separadas, mas simplesmente uma reunião de família. O pai está sentado com uma criancinha sobre os joelhos. Sua mulher está de pé à sua direita. Um dos filhos está à sua esquerda, e o outro dobra o joelho para receber algo que o pai lhe dá. Trata-se ao mesmo tempo de um retrato de família, como os que abundavam nessa época nos Países Baixos, na Itália, na Inglaterra, na França e na Alemanha, e de uma cena de gênero familiar, como as que os pintores e gravadores multiplicariam no século XVII. Esse tema conheceria a mais extraordinária popularidade. Não era um tema totalmente desconhecido da Idade Média, ao menos do final. Foi desenvolvido de forma notável em um capitel das *loggias* do palácio Ducal de Veneza, dito capitel do casamento. Venturi data essa representação de cerca de 1424,[11] enquanto Toesca a coloca no fim do século XIV, o que parece mais provável devido ao estilo e ao traje, porém mais surpreendente em virtude da precocidade do tema.[12] As oito faces desse capitel contam-nos uma história dramática que ilustra a fragilidade da vida, um tema familiar nos séculos XIV

---

[10] Cf. *supra*, Parte 1, Capítulo 1.

[11] Venturi, *Storia del Arte ital.*, t. VI, p. 32.

[12] Toesca, *Storia del Arte ital.*, t. II.

e XV – porém aqui, esse drama se passa no seio de uma família, e isso é novo. A representação começa pelo noivado. A seguir, a jovem mulher aparece vestida com um traje de cerimônia sobre o qual foram costurados pequenos discos de metal: seriam simples enfeites ou seriam moedas, já que as moedas desempenhavam um papel no folclore do casamento e do batismo? A terceira face representa a cerimônia do casamento, no momento em que um dos cônjuges segura uma coroa sobre a cabeça do outro: rito que subsistiu na liturgia oriental. Então, os noivos têm o direito de se beijar. Na quinta face, eles estão deitados nus no leito nupcial. Nasce uma criança, que aparece enrolada em cueiros e segura pelo pai e a mãe juntos. Suas roupas parecem mais simples do que na época do noivado e do casamento: eles se tornaram pessoas sérias, que se vestem com uma certa austeridade ou segundo a moda antiga. A sétima face reúne toda a família, que posa para um retrato. O pai e a mãe seguram a criança pelo ombro e pela mão. Já é o retrato familiar, tal como o encontramos no *Le Grand Propriétaire*. Mas, com a oitava face, o drama explode: a família sofre uma prova, pois a criança está morta, estendida sobre a cama, com as mãos postas. A mãe enxuga as lágrimas com uma das mãos e põe a outra no braço da criança; o pai reza. Outros capitéis, vizinhos deste, são ornados com *putti* nus que brincam com frutas, aves ou bolas: temas mais banais, mas que permitem recolocar o capitel do casamento em seu contexto iconográfico.

A história do casamento começa como a história de uma família, mas acaba com o tema diferente da morte prematura.

No museu Saint-Raimond, em Toulouse, podemos ver os fragmentos de um calendário que pôde ser datado do início da segunda metade do século XVI graças aos trajes. Na cena do mês de julho, a família está reunida em um retrato, como na gravura contemporânea do *Le Grand Propriétaire*, mas com um detalhe adicional que tem sua importância: a presença dos criados ao lado dos pais. O pai e a mãe estão no meio. O pai dá a mão ao filho, e a mãe, à filha. O criado está do lado dos homens, e a criada do lado das mulheres, pois os dois sexos são separados como nos retratos de doadores: os homens, pais e filhos, de um lado, e as mulheres, mães e filhas, do outro. Os criados fazem parte da família.

Agosto é o mês da colheita, mas o pintor se empenha em representar, mais do que a própria colheita, a entrega da colheita ao senhor, que tem na mão moedas para dar aos camponeses. Essa cena prende-se a uma iconografia muito frequente no século XVI, particularmente nas tapeçarias em que os fidalgos do campo supervisionam seus camponeses ou se divertem com eles.

Outubro: a refeição em família. Os pais e as crianças estão sentados à mesa. A criança menor está encarapitada em uma cadeira alta, que lhe permite alcançar o nível da mesa – uma cadeira feita especialmente para as crianças de sua idade, do tipo que vemos ainda hoje. Um menino com um guardanapo serve à mesa: talvez um criado, talvez um parente, encarregado naquele dia de servir à mesa, função que nada tinha de humilhante, muito ao contrário.

Novembro: o pai está velho e doente, tão doente que foi preciso recorrer ao médico. Este, com um gesto banal pertencente a uma iconografia tradicional, inspeciona o urinol.

Dezembro: toda a família está reunida no quarto, em torno do leito onde o pai agoniza. Ele recebe a comunhão. Sua mulher está de joelhos ao pé da cama. Atrás dela, uma moça ajoelhada chora. Um rapaz segura uma vela. Ao fundo, percebe-se uma criança pequena: sem dúvida o neto, a próxima geração que continuaria a família.

Portanto, esse calendário assimila a sucessão dos meses do ano à das idades da vida, mas representa as idades da vida sob a forma da história de uma família: a juventude de seus fundadores, sua maturidade em torno dos filhos, a velhice, a doença e a morte, que é ao mesmo tempo a boa morte, a morte do homem justo, tema igualmente tradicional, e também a morte do patriarca no seio da família reunida.

A história desse calendário começa como a da família do capitel do casamento do palácio dos Doges. Mas não é o filho, a criança querida, que a morte rouba cedo demais. As coisas seguem um curso mais natural. É o pai que parte, ao final de uma vida plena, cercado por uma família unida, e deixando-lhe sem dúvida um patrimônio bem administrado. A diferença está toda aí. Não se trata mais de uma morte súbita, e sim da ilustração de um sentimento novo: o sentimento da família.

O aparecimento do tema da família na iconografia dos meses não foi um simples episódio. Uma evolução maciça arrastaria nessa mesma direção toda a iconografia dos séculos XVI e XVII.

No princípio, as cenas representadas pelos artistas se passavam ou em um espaço indeterminado, ou em lugares públicos como as igrejas, ou ao ar livre. Na arte gótica, livre do simbolismo romano-bizantino, as cenas de ar livre tornaram-se mais numerosas e mais significativas graças à invenção da perspectiva e ao gosto pela paisagem: a dama recebe seu cavaleiro em um jardim fechado; a caçada conduz grupos através dos campos e florestas; o banho reúne as damas em torno da fonte de um jardim; os exércitos manobram, os cavaleiros se enfrentam em torneios, o exército acampa em torno da tenda onde o Rei descansa, os exércitos sitiam cidades; os príncipes entram e saem das cidades fortificadas, sob a aclamação do povo e dos burgueses.

Penetramos nas cidades por pontes, passando diante das tendas onde trabalham os ourives. Vemos passar os vendedores de biscoitos, e as barcas carregadas descendo o rio. Ao ar livre ainda, vemos todos os jogos serem praticados. Acompanhamos os jograis e os peregrinos em seu caminho. A iconografia profana medieval é uma iconografia do ar livre. Quando, nos séculos XIII ou XIV, os artistas se propõem a ilustrar anedotas ou episódios particulares, eles hesitam, e sua ingenuidade surpresa produz um resultado canhestro: nenhum deles se compara ao virtuosismo dos artistas que representam episódios nos séculos XV e XVI.

Antes do século XV, portanto, as cenas de interior são muito raras. A partir de então, elas se tornam cada vez mais frequentes. O evangelista, antes situado em um meio atemporal, torna-se um escriba em sua escrivaninha, com a pena e a raspadeira na mão. Primeiro ele é colocado na frente de um simples drapeado decorativo, mas finalmente aparece em um quarto cheio de livros em prateleiras: do evangelista, passou-se ao autor em seu quarto, a Froissart escrevendo uma dedicatória em seu livro.[13] Nas ilustrações do texto de Terêncio do palácio dos Doges, as mulheres trabalham e fiam em seus aposentos, com suas criadas, ou aparecem deitadas na cama, nem sempre sozinhas. Veem-se cozinhas e salas de albergues. As cenas galantes e as conversações se passam agora no espaço fechado de uma sala.

Surge o tema do parto, cujo pretexto é o nascimento da Virgem. Criadas, comadres e parteiras se atarefam no quarto em torno da cama da mãe. Surge também o tema da morte, da morte no quarto, em que o agonizante luta em seu leito por sua salvação.

A representação mais frequente do quarto e da sala corresponde a uma tendência nova do sentimento, que se volta então para a intimidade da vida privada. As cenas de exterior não desaparecem, é certo – são a origem das paisagens, mas as cenas de interior tornam-se mais numerosas e mais originais. Iriam caracterizar a pintura de gênero durante todo o tempo de sua existência. A vida privada, rechaçada na Idade Média, invade a iconografia, particularmente a pintura e a gravura ocidentais no

---

13 A. Lindner, *Der Braslauer Froissart*, 1912.

século XVI e sobretudo no XVII: a pintura holandesa e flamenga e a gravura francesa comprovam a extraordinária força desse sentimento, antes inconsistente ou menosprezado. Sentimento já tão moderno, que para nós é difícil compreender o quanto era novo.

Essa farta ilustração da vida privada poderia ser classificada em dois grupos: o do namoro e da farra à margem da vida social, no mundo suspeito dos mendigos, nas tabernas, nos bivaques, entre os boêmios e os vagabundos – grupo que desprezaremos por estar fora de nosso assunto – e sua outra face, o grupo da vida em família. Se percorrermos as coleções de estampas ou as galerias de pintura dos séculos XVI-XVII, ficaremos impressionados com essa verdadeira avalanche de imagens de famílias. Esse movimento culmina na pintura da primeira metade do século XVII na França, e na pintura de todo o século e até mais na Holanda. Ele persiste na França durante a segunda metade do século XVII na gravura e nos leques pintados, reaparece no século XVIII na pintura, e dura até o século XIX, até a grande revolução estética que baniria da arte a cena de gênero.

Nos séculos XVI e XVII, os retratos de grupos são numerosíssimos. Alguns são retratos de confrarias ou corporações. Mas a maioria representa uma família reunida. Estes últimos surgem no século XV, com os doadores que se fazem representar modestamente no nível inferior de alguma cena religiosa, como sinal de sua devoção. De início, esses doadores são discretos e estão sozinhos. Mas logo começam a trazer a seu lado toda a família, incluindo os vivos e os mortos: as mulheres e os filhos mortos também têm seu lugar na pintura. De um lado aparecem o homem e os meninos, do outro a ou as mulheres, cada uma com as filhas de seu leito.

O nível ocupado pelos doadores amplia-se ao mesmo tempo que se povoa, em detrimento da cena religiosa, que se torna então uma ilustração, quase um *hors-d'oeuvre*. Na maioria dos casos ela se reduz aos santos padroeiros do pai e da mãe, o santo do lado dos homens e a santa do lado das mulheres. Convém observar a importância assumida pela devoção dos santos padroeiros, que figuram como protetores da família: ela é o sinal de um culto particular de caráter familiar, como o do anjo da guarda, embora este último tenha um caráter mais pessoal e mais peculiar à infância.

Essa etapa do retrato dos doadores com sua família pode ser ilustrada com numerosos exemplos do século XVI: os vitrais da família Montmorency em Monfort-L'Amaury, Montmorency e Ecouen; ou os numerosos quadros pendurados como ex-votos nos pilares e nas paredes das igrejas alemãs, muitos dos quais ainda permanecem em seu lugar nas igrejas de Nurembergue. Muitas outras pinturas, às vezes ingênuas e malfeitas, chegaram aos museus regionais da Alemanha e da Suíça alemã. Os retratos de família de Holbein são fiéis a esse estilo.[14] Tudo indica que os alemães se tenham apegado por mais tempo a essa forma religiosa de retrato da família, destinado às igrejas; ele seria uma forma mais barata do vitral dos doadores, mais antigo, e anunciaria os ex-votos mais anedóticos e pitorescos do século XVIII e início do XIX, que representam não mais a reunião familiar dos vivos e dos mortos, mas o acontecimento miraculoso que salvou um indivíduo ou um membro da família de um naufrágio, um acidente ou uma doença. O retrato de família é também uma espécie de ex-voto.

A escultura funerária inglesa da época elisabetana fornece outro exemplo do retrato de família a serviço de uma forma de devoção. Esse exemplo, aliás, é específico, e não é encontrado com a mesma frequência e a mesma facilidade na França, na Alemanha ou na Itália. Muitos túmulos ingleses dos séculos XVI e XVII mostram toda a família reunida em torno do defunto, em

[14] Basileia, Museu de Belas-Artes.

baixo ou em alto-relevo: a insistência na enumeração das crianças, vivas ou mortas, é impressionante, e vários desses túmulos ainda são encontrados na abadia de Westminster: Sir Richard Pecksall, por exemplo, morto em 1571, aparece entre suas duas mulheres, e na base do monumento há pequenas figuras esculpidas: suas quatro filhas. De cada lado da estátua deitada de Margaret Stuart, morta em 1578, veem-se seus filhos e filhas. Sobre túmulo de Winifred, Marquesa de Winchester, morta em 1586, também esculpida em posição deitada, aparece seu marido ajoelhado, representado em uma escala reduzida, e, ao lado, um minúsculo túmulo de criança.

Sir John e Lady Puckering, morta em 1596, estão esculpidos deitados lado a lado, no meio de suas oito filhas. O casal Norris (1601) aparece ajoelhado no meio de seus seis filhos.

Em Holdham, contam-se 21 figurinhas sobre o túmulo de John Coke (1639), alinhadas como nos retratos de doadores, e as que estão mortas seguram uma cruz. Sobre o túmulo de Cope d'Ayley em Hambledone (1633), os quatro meninos e as três meninas estão diante de seus pais ajoelhados; entre eles, um menino e uma menina seguram uma caveira.

Em Westminster, a Duquesa de Buckingham mandou erigir em 1634 o túmulo de seu marido, assassinado em 1628; os cônjuges estão esculpidos em posição deitada, no meio de suas crianças.[15]

Essas representações alemães e inglesas prolongam aspectos ainda medievais do retrato de família. A partir do século XVI, o retrato de família se liberou de sua função religiosa. Foi como se o rés do chão dos quadros de doadores tivesse invadido toda a tela, expulsando dela a imagem religiosa, que, ou desapareceu completamente, ou persistiu sob a forma de uma pequena imagem devota pendurada na parede de fundo do quadro. A tradição

---

[15] Cf. F. Bond, *Westminster Abbey*, 1909.

do ex-voto ainda está presente num quadro de Ticiano pintado em torno de 1560:[16] os membros de sexo masculino da família Cornaro – um velho, um homem maduro de barba grisalha, um homem jovem de barba negra (a barba, sua forma e sua cor são indícios da idade) e seis meninos, o menor dos quais brinca com um cão – estão agrupados em torno de um altar. Em certos casos, também, o retrato de família adota a forma material, a apresentação do quadro de igreja: existe no Victoria and Albert Museum um tríptico de 1628 que representa no painel central um menininho e uma menininha, e nos painéis laterais, os dois pais.[17] Esses quadros não se destinavam mais às igrejas, decoravam agora os interiores particulares. E essa laicização do retrato de família é certamente um fenômeno importante: a família se contempla ela própria na casa de um de seus parentes. Sente-se a necessidade de fixar o estado dessa família, lembrando-se também às vezes os desaparecidos por intermédio de uma imagem ou uma inscrição na parede.

Esses retratos de família são muito numerosos, e seria inútil apontá-los todos. A lista seria longa e monótona. Eles são encontrados tanto em Flandres como na Itália, com Ticiano, Pordenone e Veronese, na França, com Le Nain, Lebrun e Tournier, na Inglaterra ou na Holanda, com Van Dyck, nos séculos XVI, XVII, e até mesmo início do século XVIII. Nessa época eles deviam ser tão numerosos como os retratos individuais. Muitas vezes foi dito que o retrato revela o progresso do individualismo. Talvez. Mas é notável que ele traduza acima de tudo o imenso progresso do sentimento da família.

No início, os membros da família são agrupados de forma seca, como nos quadros dos doadores ou na gravura das idades da vida de *Le Grand Propriétaire*, ou na miniatura do museu

---

[16] Ticiano, reproduzido em K. d. K., nº 168.

[17] Victoria and Albert Museum, nº 5, 1951.

Saint-Raimond. Mesmo quando têm mais vida, "posam" em uma atitude solene e destinada a salientar o laço que os une. Em uma tela de Pourbus,[18] o marido apoia a mão esquerda no ombro da mulher; a seus pés, uma das crianças repete o mesmo gesto, apoiando a mão no ombro da irmãzinha. Sébastien Leers foi pintado por Van Dyck segurando a mão de sua mulher.[19] Em uma tela de Ticiano,[20] três homens barbudos cercam uma criança, única nota clara no meio dos trajes negros, e um deles aponta-a com o dedo: a criança está no centro da composição. Contudo, muitos desses retratos não procuram animar suas personagens: os membros da família são justapostos, às vezes ligados por gestos que exprimem seu sentimento recíproco, mas não participam de uma ação comum. É o que ocorre com a família Pordenone da galeria Borghese – o pai, a mãe e sete crianças – ou ainda da família Pembroke de Van Dyck:[21] o Conde e a Condessa estão sentados, e as outras personagens, de pé; à direita um casal, certamente um filho ou filha casados, e à esquerda, dois adolescentes muito elegantes (a elegância é um símbolo da adolescência masculina, e se atenua com a seriedade da maturidade), um escolar com seu livro embaixo do braço, e dois outros meninos mais moços.

Por volta de meados do século XVI, os artistas começaram a representar a família em torno de uma mesa coberta de frutas: a família Van Berchaun de Floris, de 1561, ou a família Anselme de Martin de Vos, de 1577.[22] Ou então, vemos a família que parou de comer para fazer música: não se trata, como sabemos, de um artifício do pintor, pois as refeições muitas vezes terminavam

---

18 Pourbus, *Le Portrait dans l'art flamand*. Exposição. Paris, 1952, nº 71.

19 Van Dyck, "Sebastien Leers, sua mulher e seu filho". Reproduzido em K. d. K. nº 279.

20 Ticiano, reproduzido em K. d. K., nº 236.

21 Van Dyck, "A Família Pembroke", reproduzido em K. d. K., nº 393.

22 *Le Portrait dans l'art flamand*, Paris, 1952, *op. cit.*, nºs 19 e 93.

por um concerto ou eram interrompidas por uma canção. A família que posa para o artista, com um grau maior ou menor de afetação, permaneceria na arte francesa até pelo menos o início do século XVIII, com Tournier e Largillière. Mas, sob a influência particular dos holandeses, o retrato de família muitas vezes seria tratado como uma cena de gênero: o concerto após a refeição é um dos temas que os holandeses multiplicariam. Daí em diante, a família seria retratada em um instantâneo, em uma cena viva, em um certo momento de sua vida quotidiana:[23] os homens reunidos em torno da lareira, uma mulher tirando um caldeirão do fogo, uma menina dando de comer ao irmãozinho. Daí em diante, torna-se difícil distinguir um retrato de família de uma cena de gênero que evoca a vida em família.

Durante a primeira metade do século XVII, as velhas alegorias medievais também são atingidas por essa contaminação geral, e são tratadas como ilustrações da vida familiar, sem respeito pela tradição iconográfica. Já vimos o que aconteceu no caso dos calendários. As outras alegorias clássicas se alteraram no mesmo sentido. No século XVII, as idades da vida tornaram-se pretextos para as imagens da vida familiar. Em uma gravura de Abraham Bosse representando as quatro idades do homem, a infância é sugerida pelo que hoje chamaríamos de *nursery*: um bebê no berço vigiado por uma irmã atenta, uma criança de túnica mantida de pé em uma espécie de cercado com rodas (objeto muito comum entre os séculos XV e XVIII), uma menina com sua boneca, um menino com um cata-vento, e dois meninos maiores preparando-se para brigar, tendo um deles jogado no chão seu chapéu e sua capa. A virilidade é ilustrada pela refeição que reúne toda a família em torno da mesa, em uma cena análoga à de vários retratos, e que seria muitas vezes repetida

---

[23] P. Aertsen, meados do século XVI. Reproduzido em *Gerson*, I, 98.

tanto na gravura francesa como na pintura holandesa. É o mesmo espírito da gravura das idades de *Le Grand Propriétaire*, do meio do século XVI, e da miniatura do museu Saint-Raimond, Toulouse. A idade viril é sempre a família. Humbelot[24] não reuniu a família em torno da mesa, mas no gabinete do pai, um rico negociante em cuja casa se amontoam fardos de mercadorias e se alinham pastas de processos. O pai faz suas contas, com a pena na mão, ajudado pelo filho que se mantém atrás; a seu lado, a mulher cuida da filha pequena; um jovem criado entra com uma cesta cheia de provisões, sem dúvida voltando da casa de campo. No fim do século XVII, uma gravura de F. Guérard[25] retoma o mesmo tema. O pai – mais moço do que na gravura de Humbelot-Huart – mostra pela janela o porto, o cais e os navios, fonte de sua fortuna. Dentro do aposento, perto da mesa onde ele faz suas contas e onde estão pousadas sua bolsa, algumas fichas e um ábaco, sua mulher nina um bebê de cueiros e cuida de outra criança vestida com uma túnica. A legenda dá o tom e sublinha o espírito dessa iconografia:

> *Heureux qui du Ciel suit la loy*
> *Et met le plus beau de sa vie*
> *A bien servir son Dieu, sa famille, et son Roy**

Aqui, a família é colocada no mesmo plano que Deus e o Rei. Esse sentimento nada tem de surpreendente para nós, homens do século XX, mas era novo na época, e sua expressão deveria nos espantar. Humbelot ilustraria o mesmo tema, desenhando uma mulher jovem que mostra o seio a uma criança trepada em suas costas. Não devemos esquecer de que no século XVII as

---

[24] Humbelot-Huard, Cabinet des Estampes, Ed. 15 in-fº.

[25] Guérard, gravura, Cabinet de Estampes, 0 a 22, vol. VI, c. 1701.

* "Feliz daquele que segue a lei do Céu / E emprega a parte mais bela de sua vida / Em bem servir a seu Deus, sua família e seu Rei." (N. T.)

crianças desmamavam muito tarde. Há ainda uma outra gravura de Guérard que representa a dona de casa com suas chaves e suas crianças, dando ordens a uma criada.[26]

As outras alegorias também evoluem para as mesmas cenas de família. Em um holandês do início do século XVII, o olfato, um dos cinco sentidos, é representado pela cena que se tornaria banal da toalete da criança nua no momento em que sua mãe lhe limpa o traseiro.[27]

Abraham Bosse simboliza também um dos quatro elementos, a terra, por meio de uma imagem da vida familiar: em um jardim, uma ama segura uma criança vestida com uma túnica; seus pais, que, da entrada da casa, a contemplam com ternura, divertem-se em lançar-lhe frutas – os frutos da terra. Até mesmo as Beatitudes dão pretexto a evocações da vida em família: em Bonnard-Sandrart,[28] a V Beatitude torna-se o perdão da mãe às suas crianças, perdão que ela confirma distribuindo-lhes guloseimas – é já o espírito familiar sentimental do século XIX.

De modo geral, a cena de gênero moderna nasceu da ilustração das alegorias tradicionais da Idade Média. Mas a distância entre o tema antigo e sua nova expressão é enorme. Esquecemo-nos da alegoria das estações e do inverno quando contemplamos um quadro de Stella, representando uma noite ao pé do fogo: de um lado da grande sala, os homens ceiam, enquanto do outro, em volta da lareira, as mulheres fiam ou trançam o junco e as crianças brincam ou são lavadas. Não é mais o inverno, é o serão. Não é mais a virilidade ou a terceira idade, é a reunião de família. Nasce uma iconografia original, estranha aos velhos temas desgastados

---

[26] Guérard, "La femme en mariage", gravura, Cabinet des Estampes, Ee 3 in-fº.

[27] David II Ryckaert (1586-1642). Museu de Genebra.

[28] Bonnart e Sandrart, "Cinquième Béatitude", Cabinet des Estampes, Ed. 113 in-fº, vol. I.

que no princípio ela havia ilustrado. O sentimento da família constitui sua inspiração essencial, uma inspiração muito diferente da das antigas alegorias. Seria fácil elaborarmos um catálogo de temas repetidos *ad nauseam*: a mãe vigiando a criança no berço,[29] a mãe amamentando a criança,[30] a mulher fazendo a toalete da criança, a mãe catando piolho na cabeça da criança (operação corriqueira e que aliás não se limitava às crianças, pois Samuels Pepys se submetia a ela),[31] o irmão ou a irmã tentando ver o bebê no berço na ponta dos pés, a criança na cozinha ou no celeiro com um criado ou uma criada,[32] a criança fazendo compras em um armazém. Este último tema, frequente na pintura holandesa,[33] também foi tratado pelos gravadores franceses – em meados do século por Abraham Bosse (o padeiro), e no final do século por Le Camus (o taberneiro, que vendia vinhos) – mas é o espírito dessas imagens que é preciso compreender. Uma tela de Le Nain representa um camponês cansado que ferrou no sono. Sua mulher faz psiu! para as crianças, mostrando-lhes o pai que descansa, e que não deve ser acordado: é já um Greuze, não pela pintura

---

[29] G. Dou, K. d. K., pp. 90, 91 e 92.

[30] Fragonard, desenho. Exposição Fragonard, Berna, 1954. G. Dou, K. d. K., 94, Brouwer, W. de Bode, p. 73. Berey, gravura, Cabinet des Estampes, Ed. 108 in-fº. Stella, "L'Hiver", gravura, Cabinet des Estampes, Da 44 in-fº, p. 41. Crispinde Pos, Cabinet des Estampes, Ec 35 in-fº, p. 113.

[31] Dassonville, gravura, Cabinet des Estampes, Ed 35-c pet. in-fº, 5, 6, 26. Dou, K. d. K., 94. G. Terboch, "Mulher catando piolho na cabeça de seu filho". Berndt, 109. P. de Hooch, K. d. K., 60. Siberechts, Berndt, 754.

[32] G. Dou, K. d. K., 122, 123, 124 "Criança na cozinha". P. de Hooch, "Criada passando um cantil a uma menina", K. d. K., 57. A. de Pope, "Criança olhando a cozinheira depenar a caça", Berndt, 634. Velasquez, "Criado pegando uma criança no colo para colocá-la sobre a mesa com frutas", K. d. K., 166. Strozzi, "Cozinheira depenando um ganso", G. Fiacco, pr. IV. Le Nain, "O jardineiro", Fierens, 87.

[33] G. Dou, "Menina pagando à vendedora", K. d. K., 133. Van Mieris, "Criança comprando um biscoito e comendo-o", Berndt, 533. Le Camus, gravura.

ou o estilo, é claro, mas pela inspiração sentimental. A ação é centrada na criança. Em uma tela de Peter de Hooch,[34] as pessoas estão reunidas para almoçar. O pai bebe sentado; uma criança de cerca de dois anos está de pé em cima de uma cadeira; ela usa o chapéu redondo e acolchoado comum na sua idade, em que o andar ainda não é firme, para protegê-la em seus tombos. Uma mulher (a criada?) a segura com uma das mãos e, com a outra, estende um copo de vinho a uma outra mulher (a mãe?), que mergulha nele um biscoito. Ela vai dar o biscoito molhado ao papagaio para distrair a criança, e a distração da criança no seio da família cuja unidade ela assegura é o verdadeiro tema do pintor, o sentido de sua anedota. O sentimento da família, que emerge assim nos séculos XVI-XVII, é inseparável do sentimento da infância. O interesse pela infância, que analisamos no início deste livro, não é senão uma forma, uma expressão particular desse sentimento mais geral, o sentimento da família.

A análise iconográfica leva-nos a concluir que o sentimento da família era desconhecido da Idade Média e nasceu nos séculos XV e XVI, para se exprimir com um vigor definitivo no século XVII. Somos tentados a comparar essa hipótese com as observações dos historiadores da sociedade medieval.

A ideia essencial dos historiadores do direito e da sociedade é que os laços de sangue não constituíam um único grupo, e sim dois, distintos embora concêntricos: a família ou *mesnie*, que pode ser comparada à nossa família conjugal moderna, e a linhagem, que estendia sua solidariedade a todos os descendentes de um mesmo ancestral. Em sua opinião, haveria, mais do que uma distinção, uma oposição entre a família e a linhagem: os progressos de uma provocariam um enfraquecimento da outra, ao menos entre a nobreza. A família ou *mesnie*, embora não se estendesse

---

[34] P. de Hooch, reproduzido em Berndt, 399.

a toda a linhagem, compreendia, entre os membros que residiam juntos, vários elementos, e, às vezes, vários casais, que viviam em uma propriedade que eles se haviam recusado a dividir, segundo um tipo de posse chamado *frereche* ou *fraternitas*. A *frereche* agrupava em torno dos pais os filhos que não tinham bens próprios, os sobrinhos ou os primos solteiros. Essa tendência à indivisão da família, que aliás não durava além de duas gerações, deu origem às teorias tradicionalistas do século XIX sobre a grande família patriarcal.

A família conjugal moderna seria, portanto, a consequência de uma evolução que, no final da Idade Média, teria enfraquecido a linhagem e as tendências à indivisão.

Na realidade, a história das relações entre a linhagem e a família é mais complicada. Ela foi acompanhada por G. Duby na região do Mâconnais, do século IX ao XIII inclusive.[35]

No Estado franco, escreve G. Duby, "a família do século X, ao que tudo indica, era uma comunidade reduzida à sua expressão mais simples, a célula conjugal, cuja coesão em certos casos se prolongava por algum tempo após a morte dos pais nas *frereches*. Mas os laços eram muito frouxos. É que eles eram inúteis: os órgãos de paz do velho Estado franco ainda eram bastante vigorosos para permitir ao homem livre viver uma vida independente e preferir, se assim o desejasse, a companhia de seus vizinhos e amigos à de seus parentes".

A solidariedade da linhagem e a indivisão do patrimônio se desenvolveram, ao contrário, em consequência da dissolução do Estado: "Depois do ano mil, a nova distribuição dos poderes de comando obrigou os homens a se agruparem mais estreitamente." O estreitamento dos laços de sangue que então se produziu correspondia a uma necessidade de proteção, do mesmo modo

---

[35] G. Duby, *La Societé aux XIe e XIIe siecles dans la région mâconnaise*, 1953.

como outras formas de relações humanas e de dependências: a homenagem de vassalo, a suzerania e a comunidade aldeã. "Demasiado independentes e mal defendidos contra certos perigos, os cavaleiros procuraram refúgio na solidariedade de linhagem."

Ao mesmo tempo, nesses séculos XI e XII do Mâconnais, podemos constatar o progresso da indivisão. É dessa época que data a indivisão dos bens dos dois cônjuges, que, no século X, ainda não estavam fundidos em uma massa comum, administrada pelo marido: nesse século, o marido e a mulher geriam cada um seus bens hereditários, compravam e vendiam separadamente, sem que o cônjuge pudesse interferir.

A indivisão quase sempre também foi estendida aos filhos, que eram impedidos de obter qualquer adiantamento sobre sua herança: "Agregação prolongada na casa paterna e sob a autoridade do ancestral, dos descendentes desprovidos de pecúlio pessoal e independência econômica." A indivisão muitas vezes subsistia após a morte dos pais: "É preciso imaginar o que era então a casa de um cavaleiro, reunindo em um mesmo domínio, em uma mesma 'corte', 10, 20 senhoras, dois ou três casais com filhos, os irmãos e as irmãs solteiras e o tio cônego, que aparecia de tempos em tempos e preparava a carreira de um ou outro sobrinho." A *frereche* raramente durava além da segunda geração, mas, mesmo após a *divisio* do patrimônio, a linhagem conservava um direito coletivo sobre o conjunto do patrimônio dividido: a *laudatio parentum*, a recuperação da herança da linhagem.

Essa descrição aplica-se sobretudo à família dos cavaleiros, que já poderíamos chamar de família nobre. G. Duby acredita que a família camponesa tenha vivido menos intensamente esse estreitamento dos laços de sangue porque os camponeses haviam preenchido de maneira diferente dos nobres o vazio deixado pela dissolução do Estado franco: a tutela do senhor havia substituído imediatamente a proteção dos poderes públicos, e a comunidade aldeã havia fornecido aos camponeses um quadro de organização e de defesa superior à família. A comunidade aldeã teria sido para os camponeses o que a linhagem foi para os nobres.

Durante o século XIII, a situação mais uma vez se inverteu. As novas formas de economia monetária, a extensão da fortuna mobiliária, a frequência das transações, e, ao mesmo tempo, os progressos da autoridade do Príncipe (quer fosse um Rei capetíngio ou o chefe de um grande principado) e da segurança pública provocaram um estreitamento das solidariedades de linhagem e o abandono das indivisões patrimoniais. A família conjugal tornou-se novamente independente. Contudo, a classe nobre não voltou à família de laços frouxos do século X. O pai manteve e até mesmo aumentou a autoridade que, nos séculos XI e XII, lhe havia sido conferida pela necessidade de manter a integridade do patrimônio indiviso. Sabemos, por outro lado, que, a partir do fim da Idade Média, a capacidade da mulher entrou em declínio. Foi também no século XIII, na região do Mâconnais, que o direito da primogenitura se difundiu nas famílias nobres. Ele substituiu a indivisão, que se tornou mais rara, como meio de salvaguardar o patrimônio e sua integridade. A substituição da indivisão e da comunhão de bens do casal pelo direito de primogenitura parece ser ao mesmo tempo um sinal da importância atribuída à autoridade paterna e do lugar assumido na vida quotidiana pelo grupo do pai e seus filhos.

Georges Duby conclui: "Na realidade, a família é o primeiro refúgio em que o indivíduo ameaçado se protege durante os períodos de enfraquecimento do Estado. Mas assim que as instituições políticas lhe oferecem garantias suficientes, ele se esquiva da opressão da família e os laços de sangue se afrouxam. A história da linhagem é uma sucessão de contrações e distensões, cujo ritmo sofre as modificações da ordem política."

A oposição entre a família e a linhagem é menos marcada em G. Duby do que em outros historiadores do direito. Trata-se menos de uma substituição progressiva da linhagem pela família – o que, de fato, pareceria ser uma visão puramente teórica – do que da dilatação ou da contração dos laços de sangue, ora estendidos a toda a linhagem ou aos membros da *frereche*, ora restringidos ao casal e sua prole. Tem-se a impressão de que apenas a linhagem era capaz de exaltar as forças do sentimento e da imaginação. Por esse motivo, ela deixou tantas marcas nos romances de cavalaria. A comunidade familiar reduzida, ao contrário, levava uma vida obscura que escapou à atenção dos historiadores. Mas essa obscuridade tem um sentido. No mundo dos sentimentos e dos valores a família não contava tanto como a linhagem. Poder-se-ia dizer que o sentimento da linhagem era o único sentimento de caráter familiar conhecido na Idade Média. Mas ele é muito diferente do sentimento da família, tal como o vimos na iconografia dos séculos XVI e XVII. Estende-se aos laços de sangue, sem levar em conta os valores nascidos da coabitação e da intimidade. A linhagem nunca se reúne em um espaço comum, em torno de um mesmo pátio. Não tem nada de comparável à Zadrouga serva. Os historiadores do direito reconhecem que não há vestígios de grandes comunidades "silenciosas" na França antes do século XV. Ao contrário, o sentimento da família está ligado à casa, ao governo da casa e à vida na casa. Seu encanto não foi conhecido durante a Idade Média porque esse período possuía uma concepção particular da família: a linhagem.

A partir do século XIV, porém, assistimos ao desenvolvimento da família moderna. Esse processo, bastante conhecido, foi claramente resumido por M. Pelot:[36] "A partir do século XIV,

---

[36] P. Pelot, "La famille en France sous l'Ancien Régime", *in Sociologie comparée de la famille contemporaine*, Colóquios do CNRS, 1955.

assistimos a uma degradação progressiva e lenta da situação da mulher no lar. Ela perde o direito de substituir o marido ausente ou louco... Finalmente, no século XVI, a mulher casada torna-se uma incapaz, e todos os atos que faz sem ser autorizada pelo marido ou pela justiça tornam-se radicalmente nulos. Essa evolução reforça os poderes do marido, que acaba por estabelecer uma espécie de monarquia doméstica." "A partir do século XVI, a legislação real se empenhou em reforçar o poder paterno no que concerne ao casamento dos filhos." "Enquanto se enfraqueciam os laços da linhagem, a autoridade do marido dentro de casa tornava-se maior e a mulher e os filhos se submetiam a ela mais estritamente. Esse movimento duplo, na medida em que foi o produto inconsciente e espontâneo do costume, manifesta sem dúvida uma mudança nos hábitos e nas condições sociais..." Passara-se portanto a atribuir à família o valor que outrora se atribuía à linhagem. Ela torna-se a célula social, a base dos Estados, o fundamento do poder monárquico. Veremos agora a importância que lhe era atribuída pela religião.

A exaltação medieval da linhagem, de sua honra, da solidariedade entre seus membros era um sentimento especificamente leigo, que a Igreja ignorava, quando não via com desconfiança. O naturalismo pagão dos laços de sangue pode muito bem ter-lhe parecido repugnante. Na França, onde a Igreja aceitou a hereditariedade dos reis, é significativo que ela não a tenha mencionado na liturgia da coroação.

Além disso, a Idade Média não conhecia o princípio moderno de santificação da vida leiga, ou melhor, só o admitia em casos excepcionais: o santo rei (mas o rei fora consagrado), ou o bom cavaleiro (mas o cavaleiro havia sido iniciado após uma cerimônia que se tornara religiosa). O sacramento do casamento poderia ter tido a função de enobrecer a união conjugal, de lhe dar um valor espiritual, bem como à família. Mas, na realidade, ele apenas legitimava a união. Durante muito tempo, o casamento foi apenas um contrato. A cerimônia, a julgar por suas representações esculpidas, não se realizava no interior da igreja, e sim na entrada, diante do pórtico. Qualquer que fosse o ponto de vista teológico, a maioria dos padres, considerando suas ovelhas, devia partilhar a opinião do cura de Chaucer, para quem o casamento era uma questão de último caso, uma concessão à fraqueza da carne.[37] Ele não livrava a sexualidade de sua impureza essencial. Sem dúvida, essa reprovação não chegava à condenação da família e do casamento, à maneira dos cátaros do sul da França; manifestava, porém, uma desconfiança com relação a todo fruto da carne. Não era na vida leiga que o homem podia se santificar; a união sexual, quando abençoada pelo casamento, deixava de ser um pecado, mas isso era tudo. Por outro lado, o outro grande pecado dos leigos, o pecado da usura, perseguia o homem em suas atividades temporais. O leigo não dispunha de outro meio para assegurar sua salvação além de abandonar completamente o mundo e entrar para a vida religiosa. Na sombra do claustro, ele podia reparar os erros de seu passado profano.

Foi preciso esperar o fim do século XVI, o tempo da *Philotée* de São Francisco de Sales, ou, no século XVII, o exemplo dos senhores de Port-Royal – e, de modo mais geral, de todos esses leigos empenhados em importantes atividades religiosas, teológicas, espirituais e místicas – para que se admitisse a possibilidade de uma santificação fora da vocação religiosa, na prática dos deveres civis.

Para que uma instituição natural tão ligada à carne como a família se tornasse objeto de uma devoção, essa reabilitação da condição leiga era necessária. Os progressos do sentimento

---

[37] Chaucer, *The Parson's Tale*. Cf. Philippe Ariès em *Populations*, 1954, p. 692.

da família e os da promoção religiosa do leigo seguiram caminhos paralelos. Pois o sentimento moderno da família – ao contrário do sentimento medieval da linhagem – penetrou na devoção comum. O sinal mais antigo dessa devoção, ainda muito discreto, aparece no hábito iniciado pelos doadores de quadros ou vitrais de igreja de agrupar em seu redor toda a família, e, mais ainda, no costume posterior de associar a família ao culto do santo padroeiro. No século XVI, era frequente oferecer como ex-votos retratos dos santos padroeiros do marido e da mulher, cercados pelos próprios cônjuges e suas crianças. O culto dos santos padroeiros tornou-se um culto de família.

A influência do sentimento da família também pode ser reconhecida, especialmente no século XVII, na nova maneira de pintar um casamento ou um batismo. No final da Idade Média, os miniaturistas costumavam representar a própria cerimônia religiosa, tal como ela se desenrolava na entrada da igreja: lembremos, por exemplo, o casamento do Rei Cosius e da Rainha Sabinède na vida de Santa Catarina, em que o padre enrola a estola em torno das mãos dos dois noivos: ou o casamento de Filipe de Macedônia,[38] pintado pelo mesmo Guillaume Vrelant, na história do bom Rei Alexandre, em que, atrás do padre, no tímpano da porta da igreja, se percebe uma cena esculpida que mostra um marido batendo na mulher. Nos séculos XVI e XVII, não se representava mais a cerimônia do casamento – a não ser no caso de reis e príncipes. Ao contrário, preferia-se evocar os aspectos familiares da festa, quando os parentes, os amigos e os vizinhos se reuniam em torno dos noivos. Em Gérard David já vemos o banquete de núpcias ("As Bodas de Caná" do Louvre).

---

[38] Guillaume Vrelaut, "Histoire du bon roi Alexandre", Petit Palais, ms. 546 fº 8; "Vie de sainte Catherine". Bibliothèque nationale, ms. frs. 6449 fº 17.

Em outros pintores, vemos o cortejo que acompanha os noivos: em Stella,[39] a noiva de braço dado com o pai, seguida por um grupo de crianças, chega à igreja diante da qual a espera o noivo. Em Molinier,[40] a cerimônia já acabou e o cortejo deixa a igreja – à esquerda, o noivo entre seus pajens, e à direita, a noiva coroada (mas ainda não vestida de branco: a cor do amor era ainda o vermelho, como nos ornamentos sacerdotais) entre suas damas de honra – ao som de gaitas de foles, enquanto uma menina atira moedas na frente da noiva. Certas coleções de gravuras de "trajes habituais" ou "trajes diversos" do fim do século XVI ou início do século XVII muitas vezes mostram o noivo ou a noiva com seus pajens e damas de honra: nessa época, o traje de casamento torna-se mais específico (sem ser ainda o uniforme branco usado do século XIX até nossos dias), ao menos por certos detalhes. E há uma tendência em apresentar esses detalhes como características dos costumes de determinada região.

Finalmente, todas as pequenas cenas maliciosas do folclore entraram na iconografia: por exemplo, o deitar dos noivos ou o levantar da mãe que deu à luz.

Da mesma forma, à cerimônia do batismo, os artistas passaram a preferir as reuniões tradicionais em casa: os convidados bebendo ao voltar da igreja enquanto um menino toca flauta, ou a visita das vizinhas à mãe que acaba de dar à luz. Ou então, vemos costumes folclóricos mais difíceis de identificar, como uma cena de Molenaer[41] em que uma mulher carrega uma criança no meio de brincadeiras grosseiras, enquanto as damas da assistência cobrem a cabeça com o vestido.

---

[39] Stella, Cabinet des Estampes, Da 44 in-fº, p. 40.

[40] D. Molinier, museu de Genebra.

[41] Abraham Bosse, "O deitar dos recém-casados". Molenaer, "Les relevailles", museu de Lille. Brakenburgh, "O despertar da noiva", museu de Lille.

Não devemos interpretar esse gosto pelas festas mundanas ou folclóricas, das quais a malícia não estava ausente, assim como tampouco estava ausente da linguagem das pessoas de bem, como um sinal de indiferença religiosa: simplesmente, enfatizava-se o caráter familiar e social da ocasião, mais do que seu caráter sacramental. Nos países do Norte, onde os temas da família eram extremamente difundidos, uma pintura muito significativa de J. Steen[42] mostra-nos a nova interpretação familiar do folclore ou da devoção tradicional. Já tivemos a ocasião de frisar a importância nos costumes do *Ancien Régime* das grandes festas coletivas, e insistimos na participação das crianças, que se misturavam aos adultos: toda uma sociedade inteiramente diversa se reunia nessas ocasiões, feliz por estar junta. Mas a festa descrita por Steen não é mais exatamente uma dessas festas da juventude, em que as crianças se comportavam um tanto como os escravos no dia das saturnais, em que desempenhavam um papel fixado pela tradição ao lado dos adultos. Aqui, ao contrário, os adultos organizaram a festa para distrair as crianças: é a festa de São Nicolau, o ancestral de nosso Papai Noel. Steen reproduz a cena no momento em que os pais ajudam as crianças a achar os brinquedos que eles haviam escondido para elas nos cantos da casa. Algumas crianças já encontraram os seus. Algumas meninas seguram bonecas. Outras seguram baldes cheios de brinquedos, e há sapatos espalhados pelo chão: os brinquedos já seriam escondidos nos sapatos, esses sapatos que as crianças dos séculos XIX e XX colocariam diante da lareira na véspera de Natal? Não se trata mais de uma grande festa coletiva, e sim de uma festa de família em sua intimidade; e, consequentemente, essa concentração da família é prolongada por uma contração da família em torno das crianças. As festas da família tornam-se as festas da

---

[42] J. Steen, "La Saint-Nicolas", reproduzido em Gerson nº 87.

infância. Hoje, o Natal tornou-se a maior, e poderíamos dizer, a única festa do ano, comum tanto aos ateus como aos religiosos. O Natal não tinha essa importância nas sociedades do *Ancien Régime*, pois enfrentava a concorrência da festa de Reis, que era muito próxima. Mas o extraordinário sucesso do Natal nas sociedades industriais contemporâneas, às quais repugnam cada vez mais as grandes festas coletivas, deve-se a seu caráter familiar, obtido graças à sua associação com a festa de São Nicolau: a pintura de Steen mostra-nos que, na Holanda do século XVII, já se festejava São Nicolau como o "Papai Noel" – ou o "Menino Jesus" – na França de hoje, com o mesmo sentimento moderno da infância e da família, da infância dentro da família.

Um novo tema ilustra de maneira ainda mais significativa o componente religioso do sentimento da família: o tema do *benedicite*. Há muito tempo já, a "cortesia" exigia que, na falta de um padre, um menino pequeno abençoasse a mesa no início das refeições. Certos textos manuscritos do século XV, publicados por F. J. Furnival em uma coletânea intitulada *The Babees Book*, enumeram as regras estritas da conduta à mesa: "As conveniências da mesa", ou "a maneira de se portar à mesa".[43] "Criança, diz o *benedicite*... quando estiveres em um lugar onde haja um prelado da igreja, deixa-o dizer, se ele assim o desejar, o *benedicite* e as graças. Criança, se o prelado ou o senhor te mandarem com sua autoridade dizer o *benedicite*, fá-lo com ardor, pois assim deve ser feito." Sabemos que então a palavra *enfant* (criança) designava tanto as crianças pequenas como os meninos maiores. Os manuais de civilidade do século XVI, ao contrário, reservam a tarefa de dizer o *benedicite* não a qualquer uma das crianças, mas à mais nova: o manual pueril e honesto de Mathurin Cordier estabelece essa regra, que é conservada nas edições modificadas

---

[43] *The Babees Book*, publicado por F. J. Furnival, 1868.

posteriores; assim, uma edição de 1761[44] ainda precisa que o dever de abençoar a mesa "pertence aos eclesiásticos, quando os há, ou, na sua falta, ao mais jovem membro do grupo". Segundo a *Civilité nouvelle*[45] de 1671, "após servir à mesa, é uma mostra de civilidade perfeita e verdadeira fazer uma reverência ao grupo e a seguir dizer as graças". Ou, segundo as *Règles de la bienséance et de la civilité chrétienne* de Jean-Baptiste de La Salle:[46] "Quando há uma criança, é comum se lhe atribuir essa função" (de abençoar a mesa). Em seus *Dialogues*,[47] Vivès descreve uma grande refeição: "O dono da casa, de acordo com seu direito, indicou os lugares. A prece foi dita por uma criança pequena, de forma breve, curiosa, e rimada:

Ce qui est mis et sera ci-dessus
Tant soit bénit par le nom de Jésus."*

Portanto, não é mais a um menino do grupo, e sim à menor criança da casa que cabe a honra de dizer o *benedicite*. Reconhecemos aí um sinal da promoção da infância no sentimento no século XVI, mas o mais importante é o fato de a criança ter sido associada à principal prece da família, durante muito tempo a única prece dita em comum pela família reunida. Nesse ponto, os textos dos tratados de civilidade são menos reveladores do que a iconografia. A partir do fim do século XVI, a cena do *benedicite* torna-se um dos temas mais frequentes da nova iconografia, que tentamos distinguir. Examinemos por exemplo uma gravura de

---

[44] *Civilité puérile e honnête*, 1753.

[45] *La civilité nouvelle contenant bon usage et parfaite instruction...*, Basileia, 1671.

[46] J. -B. de la Salle; a primeira edição é de 1713.

[47] Vivès, *Dialogues*, trad. francesa de 1571.

* "Que o que está e o que estará em cima da mesa / Seja abençoado por Jesus." (N. T.)

Merian.[48] Trata-se de um retrato de família à mesa, fiel a uma convenção já antiga: o pai e a mãe estão sentados em cadeiras com seus cinco filhos em volta. Uma criada traz um prato, e a porta da cozinha está aberta. Mas o gravador fixou o momento em que um menininho de túnica, apoiado nos joelhos da mãe, com as mãos postas, recita o *benedicite*: o resto da família ouve a prece, com a cabeça descoberta e as mãos postas.

Outra gravura de Abraham Bosse[49] representa a mesma cena em uma família protestante. Antoine Le Nain[50] reúne uma mulher e seus três filhos na hora da refeição: um dos meninos está de pé e diz as graças. Lebrun tratou esse tema segundo a maneira antiga, como uma Sagrada Família. A mesa está posta; o pai barbudo, com o bastão do viajante na mão, está de pé. A mãe, sentada, olha com ternura para a criança que, de mãos postas, recita a prece. Essa composição foi amplamente difundida pela gravura como uma imagem devota.[51]

É normal encontrarmos esse tema na pintura holandesa do século XVII. Em uma pintura de Steen,[52] o pai é o único sentado: velho hábito rural, abandonado há muito pela burguesia francesa. A mãe serve o pai e as duas crianças que estão de pé: o menor, de dois ou três anos, está de mãos postas e diz a prece. Em um quadro semelhante de Heemskerck,[53] dois velhos sentados e um homem mais jovem de pé estão em torno de uma mesa, ao lado de uma mulher sentada com as mãos postas: perto dela, uma menina repete a prece, lendo-a nos lábios da mãe. O mesmo

---

[48] Merian, gravura. Cabinet des Estampes, Ec 10 in-fº.

[49] A. Bosse, gravura, Cabinet des Estampes, 0 a 44 pet. in-fº p. 65.

[50] A. Le Nain, "Bénédicité".

[51] Lebrun, "Bénédicité", Louvre, pintura popularizada pela gravura de I. Sarrabat.

[52] J. Steen, Schmidt-Degener, p. 63.

[53] Heemskerck (1634-1704), Berndt, p. 358.

tema é encontrado ainda no século XVIII no célebre "Bénédicité" de Chardin.

A insistência da iconografia dá a esse tema um valor singular. A recitação do *benedicite* pela criança não é mais uma marca de civilidade. Os artistas se dedicaram a representá-la porque em geral se atribuía a essa prece, outrora banal, uma significação nova. O tema iconográfico evocava e associava em uma síntese três forças afetivas: a religiosidade, o sentimento da infância (a criança menor) e o sentimento da família (a reunião em torno da mesa). O *benedicite* tornou-se o modelo da prece dita em família. Antes, não havia cultos religiosos privados. Os livros de civilidade mencionam a prece da manhã (nos colégios, os internos a diziam em comum após a toalete).[54] Eles já falam menos sobre a prece da noite. Insistem, e isso é significativo, nos deveres das crianças para com seus pais (as regras de cortesia mais antigas, do século XV, não falavam nos deveres dos filhos para com seus pais, e sim para com seus mestres): "As crianças, diz J.-B. de La Salle, não devem ir dormir antes de cumprimentar seu pai e sua mãe." O manual de Courtin de 1671[55] termina o dia da criança da seguinte maneira: "Ela deverá recitar suas lições, dizer boa-noite a seus pais e mestres, fazer suas necessidades, e deitar-se na cama para dormir."

No entanto, foi nessa época que surgiu, ao lado das orações particulares, uma oração pública da família. O *benedicite* é um dos atos desse culto, e sua frequência iconográfica prova que ele correspondia a uma forma viva de devoção. Esse culto familiar se desenvolveu muito nos meios protestantes: na França, sobretudo após a revogação do edito de Nantes, ele substituiu o culto público a tal ponto que, após a volta à liberdade, os pastores do

---

[54] Mathurin Cordier, *Colloques*, 1536.

[55] Cf. n. 47, p. 305.

fim do século XVIII tiveram dificuldade em trazer de volta ao culto público os fiéis habituados a se contentar com suas orações em família. A célebre caricatura de Hogarth mostra que no século XVIII a oração da noite em comum, que reunia em torno do pai de família os parentes e criados, tornara-se corriqueira e convencional. É provável que as famílias católicas tenham sofrido uma evolução quase paralela, e que também tenham sentido a necessidade de uma devoção nem pública nem individual: de uma devoção familiar.

Descrevemos anteriormente o "Bénédicité" de Lebrun, popularizado pela gravura de Sarrabat: percebemos imediatamente que esse *benedicite* era também uma Sagrada Família, uma representação da oração e da refeição da Virgem, de São José e do Menino Jesus. A cena de Lebrun pertence ao mesmo tempo a duas séries de representações, igualmente frequentes na época, pois ambas exaltavam o mesmo sentimento. Temos de reconhecer, como M. V. L. Tapie, que, "sem dúvida, era o próprio princípio da família que era associado a essa homenagem rendida à família de Cristo".[56] Todas as famílias eram convidadas a considerar a Sagrada Família como seu modelo. A iconografia tradicional modificou-se, portanto, sob a mesma influência que aumentou a autoridade paterna: São José não desempenhava mais o papel apagado que ainda lhe era atribuído no século XV e início do século XVI. Ele aparece no primeiro plano, como o chefe da família, em outro retrato da Sagrada Família à mesa pintado por Callot e igualmente popularizado pela gravura. "A Virgem, São José e o menino, comenta E. Mâle, tomam a refeição da noite: um candeeiro colocado sobre a mesa cria um contraste entre a luz viva e a sombra profunda, e dá à cena um aspecto misterioso;

---

[56] V. L. Tapie, *Le Baroque*, 1957, p. 256.

São José dá de beber à criancinha, enternecedora de tão bem-comportada, com um guardanapo em torno do pescoço."[57] Ou há ainda o tema que E. Mâle chama de "A Sagrada Família em marcha", em que o menino é colocado entre Maria e José. Imagino que os teólogos da época possam ter visto aí a imagem da Trindade, mas o sentimento comum se comovia com esse tema como se fosse uma exaltação da família.

A autoridade de São José pode ser notada em várias cenas: em uma tela de um pintor napolitano do século XVII,[58] São José carrega o Menino Jesus no colo e passa assim para o centro da composição. Esse tema é frequente em Murilo e Guido Reni. Algumas vezes, José aparece reinando em seu ateliê de marceneiro, ajudado pelo Menino Jesus.[59]

Chefe de família na mesa, na hora da refeição, e no ateliê, nas horas de trabalho, São José é ainda chefe de família em outro momento dramático da vida familiar, muitas vezes representado pelos artistas: o momento em que a morte o vem buscar. Tornando-se o padroeiro da boa morte, São José conserva seu sentido: a imagem de sua morte lembra a imagem da morte do pai, tantas vezes representada nas ilustrações da boa morte – ela pertence à mesma iconografia da nova família.

As outras sagradas famílias inspiram o mesmo sentimento. No século XVI em particular tornou-se comum representar santos contemporâneos de Cristo em criança, reunidos e brincando juntos. Uma tapeçaria alemã[60] representa de uma forma encantadoramente pitoresca as três Marias cercadas de seus filhos, que se agitam, se banham e brincam. Esse grupo é encontrado

---

[57] E. Mâle, *L'Art religieux après le concile de Trente*, p. 312.

[58] Paccaco di Rosa.

[59] Carrache, Pesne. Cf. Mâle, *op. cit.*, p. 311. Rembrandt, "O marceneiro".

[60] Göbel I, pr. CLXV, datada de 1573.

com frequência, particularmente em uma bela talha do início do século XVII em Notre-Dame la Grande, em Poitiers.

O tema parece evidentemente ligado ao sentimento da infância e da família. Essa ligação é sublinhada com insistência na decoração barroca da capela da Virgem, na igreja franciscana de Lucerne. Essa decoração data de 1723. A abóbada é ornamentada com anjinhos decentemente vestidos, cada um trazendo um dos símbolos da Virgem, enumerados em suas litanias (estrela-do-mar etc.). Nas paredes laterais, os pais e filhos santos se dão as mãos, em tamanho natural: São João Evangelista e Maria Salomé, São Tiago Maior e Zebedeu...

Os temas do Antigo Testamento também são utilizados para ilustrar essa devoção. O pintor veneziano Carlo Loth[61] trata a bênção de José por Jacó como a cena frequente nas Idades da vida do velho cercado por seus filhos esperando a morte. Mas foi sobretudo a família de Adão que foi tratada como uma Sagrada Família. Em uma tela de Veronese,[62] Adão e Eva aparecem no pátio de sua casa no meio de seus animais e de seus filhos, Caim e Abel. Um deles mama na mãe, enquanto o outro, menor, brinca no chão. Adão, escondido atrás de uma árvore a fim de não perturbar esses folguedos, observa a cena. Ele é visto de costas. Sem dúvida, poderíamos com razão encontrar uma intenção teológica nessa família do "primeiro Adão", que anunciava a vinda de Cristo, o "segundo Adão". Mas essa intenção erudita esconde-se atrás de uma cena que evoca as alegrias então consagradas da família.

O mesmo tema é encontrado em um teto mais recente do convento de San Martino, em Nápoles, que provavelmente data do início do século XVIII. Adão cava a terra – como José trabalha

---

[61] C. Loth (1632-1698), reproduzido em Fiacco, *Venetian Painture*, p. 49.

[62] Veronese, "A família de Adão", Veneza, Palácio dos Doges.

com a madeira –, Eva fia – como a Virgem costura – e seus dois filhos estão a seu lado.

Portanto, a iconografia nos permite acompanhar a ascensão de um sentimento novo: o sentimento da família. Espero ter sido bem compreendido. O sentimento era novo, mas não a família, embora esta sem dúvida não desempenhasse em suas origens o papel primordial que lhe atribuíram Fustel de Coulanges e seus contemporâneos. M. Jeanmaire descobriu na Grécia sobrevivências ainda fortes de estruturas não familiares, como as classes de idade. Os etnólogos mostraram a importância das classes de idade entre os africanos, e das comunidades clânicas entre os indígenas americanos. Não teríamos, sem o perceber, nos deixado impressionar pela função que a família desempenha em nossas sociedades há alguns séculos, e não nos sentiríamos tentados a exagerá-la indevidamente e até mesmo a atribuir-lhe uma espécie de autoridade histórica quase absoluta? No entanto, não há a menor dúvida de que a família foi constantemente mantida e reforçada por influências ao mesmo tempo semíticas (e não apenas bíblicas, creio eu) e romanas.

Por outro lado, é possível que ela tenha enfraquecido na época das invasões germânicas. Pouco importa: seria vão contestar a existência de uma vida familiar na Idade Média. Mas a família subsistia no silêncio, não despertava um sentimento suficientemente forte para inspirar poetas ou artistas. Devemos atribuir a esse longo silêncio uma significação importante: não se conferia um valor suficiente à família. Da mesma forma, devemos reconhecer a importância do florescimento iconográfico que a partir do século XV, e sobretudo XVI, sucedeu a esse longo período de obscuridade: o nascimento e o desenvolvimento do sentimento da família. Daí em diante, a família não é apenas vivida discretamente, mas é reconhecida como um valor e exaltada por todas as forças da emoção.

Ora, esse sentimento tão forte se formou em torno da família conjugal, a família formada pelos pais e seus filhos. É raro uma tela reunir mais de duas gerações. Quando netos ou filhos casados aparecem, é sempre discretamente, como uma coisa sem importância. Nada aí lembra a antiga linhagem, nada acentua a ampliação da família ou a grande família patriarcal, essa invenção dos tradicionalistas do século XIX. Essa família, ou a própria família, ou ao menos a ideia que se fazia da família ao representá-la e exaltá-la, parece igual à nossa. O sentimento é o mesmo.

Esse sentimento está muito ligado também ao sentimento da infância. Ele afasta-se cada vez mais das preocupações com a honra da linhagem ou com a integridade do patrimônio, ou com a antiguidade ou permanência do nome: brota apenas da reunião incomparável dos pais e dos filhos. Uma de suas expressões mais comuns seria o hábito criado de se insistir nas semelhanças físicas entre os pais e seus filhos. No século XVII, pensava-se que São José se parecia com seu filho adotivo, salientando-se assim a força do laço familiar. Erasmo já possuía a ideia extremamente moderna de que as crianças uniam a família e de que sua semelhança física produzia essa união profunda; não nos espantaremos, pois, com o fato de seu tratado sobre o casamento ter sido reimpresso ainda no século XVIII. Vejamos um trecho dessa obra, em uma tradução francesa de 1714, que adorna de maneira picante e um tanto anacrônica a prosa do Renascimento:[63] "Só nos pode causar admiração o cuidado surpreendente da natureza nesse ponto: ela pinta duas pessoas em um mesmo rosto e em um mesmo corpo; o marido reconhece o retrato de sua mulher em seus filhos, e a mulher, o do marido. Às vezes, descobre-se uma semelhança com o avô e com a avó, com um tio-avô ou com uma tia-avó." O que conta acima de tudo é a emoção despertada pela criança, a imagem viva de seus pais.

---

[63] Erasmo, ed. de 1714 do *Casamento Cristão*.

CAPÍTULO 2

Da Família Medieval à Família Moderna

O estudo iconográfico do capítulo anterior mostrou-nos o novo lugar assumido pela família na vida sentimental dos séculos XVI e XVII. É significativo que nessa mesma época tenham ocorrido mudanças importantes na atitude da família para com a criança. A família transformou-se profundamente na medida em que modificou suas relações internas com a criança.

Um texto italiano do fim do século XV nos dá uma ideia muito sugestiva da família medieval, ao menos na Inglaterra. Ele foi extraído pelo historiador inglês Furnivall[1] de uma *Relação da Ilha da Inglaterra* de um italiano: "A falta de afeição dos ingleses manifesta-se particularmente em sua atitude com relação às suas crianças. Após conservá-las em casa até a idade de sete ou nove anos (em nossos autores antigos, sete anos era a idade em que os meninos deixavam as mulheres para ingressar na escola ou no mundo dos adultos), eles as colocam, tanto os meninos como as meninas, nas casas de outras pessoas, para aí fazerem o serviço pesado, e as crianças aí permanecem por um período de sete a nove anos (portanto, até entre cerca de 14 e 18 anos). Elas são chamadas então de aprendizes. Durante esse tempo, desencumbem-se de todas as tarefas domésticas. Há poucos

---

[1] *A Relation of the Island of England*, Camden Society, 1897, p. XIV, citado em *The Babees Books*, publicados por F. J. Furnivall, Londres, 1868.

que evitam esse tratamento, pois todos, qualquer que seja sua fortuna, enviam assim suas crianças para casas alheias, enquanto recebem em seu próprio lar crianças estranhas." O italiano achava esse costume cruel, o que faz supor que fosse desconhecido ou tivesse sido esquecido em seu país. Ele insinua que os ingleses recorriam às crianças dos outros porque pensavam ser melhor servidos dessa maneira do que por seus próprios filhos. De fato, a explicação que os próprios ingleses davam ao observador italiano devia ser a verdadeira: "Para que suas crianças aprendam as boas maneiras."

Esse gênero de vida foi provavelmente comum ao Ocidente medieval. Já no século XII, G. Duby descreve a família de um cavaleiro natural do Mâconnais, chamado Guigonet, com base em uma análise de seu testamento.[2] Guigonet havia confiado seus dois filhos menores ao mais velho de seus três irmãos. Mais tarde, numerosos contratos de aprendizagem que confiavam crianças a mestres provam como o hábito de entregar as crianças a famílias estranhas era difundido. Às vezes, é especificado que o mestre deveria "ensinar" a criança e "mostrar-lhe os detalhes de sua mercadoria", ou que deveria "fazê-la frequentar a escola".[3] São casos particulares. De modo mais geral, a principal obrigação da criança assim confiada a um mestre era "servi-lo bem e devidamente". Quando examinamos esses contratos sem nos despojarmos de nossos hábitos de pensamento contemporâneos, hesitamos em decidir se a criança era colocada em casa alheia como aprendiz (no sentido moderno da palavra), como pensionista ou como criado. Faríamos mal em insistir: nossas distinções são anacrônicas e o homem da Idade Média via aí

---

[2] G. Duby, *op. cit.*, p. 425.

[3] C. de Robillard de Beaurepaire, *Instruction publique en Normandie*, 1872, 3 vols. Ch. Clerval, *Les Ecoles de Chartres au Moyen Age*, 1895.

apenas variações de uma noção essencial, a noção de serviço. O único serviço que durante muito tempo se pôde conceber, o serviço doméstico, não implicava nenhuma degradação e não despertava nenhuma repugnância. No século XV existia toda uma literatura em língua vulgar, francesa ou inglesa, que enumerava sob uma forma mnemotécnica os mandamentos de um bom servidor. Um desses poemas[4] intitula-se em francês *Régime pour tous serviteurs*.

O equivalente inglês era o *wayting servant* – que permaneceu no inglês moderno com a palavra *waiter*, garçom. Esse servidor, é claro, devia saber servir à mesa, fazer as camas, acompanhar seu mestre etc. Mas esse serviço doméstico compreendia também uma função a que hoje chamaríamos função de secretário. Além disso, não era considerado um estado definitivo, e sim um estágio, um período de aprendizagem:

Si tu veuls bon serviteur estre,
Craindre dois et aimer ton maistre
*Manger dois sans seoir à table...**

(Seguem-se regras de boa apresentação.)

Suys toujours bonne compagnie
*Soit séculier ou clerc ou prestre***

(Um clérigo podia servir na casa de outro clérigo.)

Il te faut pour le bien servir
Se son amour veulz desservir

---

[4] MS. Bibl. Imp. 1181, (anc. 7938) fol. 7 vº *In:* Furnivall, Frederick James. *The Basees Book*-London: N. Trübner & Co., 60, Paternoster Row, 1868.

* "Se quiseres ser um bom servidor, / Deves temer e amar teu mestre, / Deves comer sem te sentares à mesa..." (N. T.)

** "Segue sempre a boa companhia, / Quer seja a de um secular, clérigo ou padre." (N. T.)

Laissier toute ta volonté
Pour ton maistre servir à grey.
Se tu sers maistre qui ayt femme
Bourgeoise, demoiselle ou dame
Son honneur doit partout garder...
Et se tu sers un clerc ou prestre
Gardes ne soyes vallet maistre...
S'il est que soyes secrétaire
Tu dois toujours les secrets taire...
Se tu sers juge ou avocat
Ne rapportes nul nouveau cas
Et s'il t'advient par adventure
A servir duc ou prince ou comte
Marquis ou baron ou vicomte,
Ou autre seigneur terrien,
Ne soyes de taille, inventeur,
D'impots, de subsides; et les biens
Du peuple ne leur oest en rien...
Se tu sers gentilhomme en guerre
Ne vas dérobant nulle gent...
Et toujours, en quelque maison,
Ou quelque maistre que tu serves,
Fay se tu peulz que tu desserves
La grace et l'amour de ton maistre
Afin que tu puisses maistre estre
Quand il sera temps et métier.
Mais peine à sçavoir bon mestier
Car pour ta vie pratiquer
Tout ton coeur y dois appliquer.
En se faisant tu pourras estre
Et devenir de vallet maistre

Et te pourras faire servir
Et pris et honneur desservir
Et acquérir finalement
*De ton âme le sauvement.**

Assim, o serviço doméstico se confundia com a aprendizagem, como uma forma muito comum de educação. A criança aprendia pela prática, e essa prática não parava nos limites de uma profissão, ainda mais porque na época não havia (e por muito tempo ainda não haveria) limites entre a profissão e a vida particular; a participação na vida profissional – expressão bastante anacrônica, aliás – acarretava a participação na vida privada, com a qual se confundia aquela. Era por meio do serviço doméstico que o mestre transmitia a uma criança, não ao seu filho, mas ao filho de outro homem, a bagagem de conhecimentos, a experiência prática e o valor humano que pudesse possuir.

Assim, toda a educação se fazia por meio da aprendizagem, e dava-se a essa noção um sentido muito mais amplo do que o que ela adquiriu mais tarde. As pessoas não conservavam as

---

* "Para bem servi-lo, / E se quiseres merecer seu amor, / Deves deixar toda a tua vontade / Para servir a teu mestre de bom grado. / Se servires a um mestre que tenha mulher / Burguesa, senhorita ou senhora, / Deves sempre guardar sua honra... / E se servires a um clérigo ou padre, / Cuidado para não seres um criado-amo... / Se fores secretário, /Deves sempre guardar os segredos... / Se servires a um juiz ou a um advogado, / Não contes nenhum caso novo, / E, se porventura te acontecer / Servires a um Duque, Príncipe ou Conde, / Marquês, Barão ou Visconde, / Ou outro senhor de terras, / Não inventes impostos e subsídios / E não tomes para ti os bens do povo... / Se servires a um fidalgo na guerra, / Não roubes ninguém... / E sempre, em qualquer casa / Ou a qualquer mestre a quem sirvas, / Faz, se puderes, por merecer / A graça e o amor de teu mestre, / *A fim de que possas ser mestre / Quando chegar o tempo.* / Mas esforça-te para aprender um bom ofício, / Pois, para praticar tua vida, / Deves aplicar nela todo o teu coração. / *Assim fazendo, poderás ser / E te tornar, de criado, mestre,* / E poderás te fazer servir / E merecer prêmios e honras, / E finalmente obter / A salvação de tua alma." (N. T.)

próprias crianças em casa: enviavam-nas a outras famílias, com ou sem contrato, para que com elas morassem e começassem suas vidas, ou, nesse novo ambiente, aprendessem as maneiras de um cavaleiro ou um ofício, ou mesmo para que frequentassem uma escola e aprendessem as letras latinas. Essa aprendizagem era um hábito difundido em todas as condições sociais. Apontamos anteriormente uma ambiguidade entre o criado subalterno e o empregado de nível mais elevado, dentro da mesma noção de serviço doméstico. Uma ambiguidade semelhante existia entre a criança – ou o rapazinho – e o servidor. As coletâneas inglesas de poemas didáticos que ensinavam a cortesia aos servidores se intitulavam *Babees Books*. A palavra *valet* significava um menino pequeno, e Luís XIII criança, em uma explosão de afeição, diria que gostaria muito de ser "o pequeno *valet* do papai". Na língua francesa dos séculos XVI e XVII, a palavra *garçon* designava ao mesmo tempo um rapazinho novo e um jovem servidor doméstico: foi conservada para interpelar os empregados que servem em um restaurante. Mas mesmo quando, a partir dos séculos XV e XVI, começou-se a distinguir melhor dentro do serviço doméstico os serviços subalternos dos ofícios mais nobres, o serviço da mesa continuou a ser tarefa dos filhos de família e não dos empregados pagos. Para parecer bem-educado, não bastava como hoje saber comportar-se à mesa: era preciso também saber servir à mesa. O serviço da mesa até o século XVIII ocupou um lugar considerável nos manuais de civilidade e nos tratados de boas maneiras: é o assunto de um capítulo inteiro do manual de civilidade cristã de J.-B. de La Salle, um dos livros mais populares do século XVIII. Tratava-se de uma sobrevivência do tempo em que todos os serviços domésticos eram realizados indiferentemente pelas crianças a quem chamaremos aprendizes, e por empregados pagos, provavelmente muito jovens também. A distinção entre essas duas categorias fez-se muito progressivamente. O servidor era uma criança, uma criança grande, quer estivesse colocada em casa alheia por um período limitado a fim de partilhar da vida familiar e assim se iniciar na vida adulta, quer não tivesse esperança de algum dia passar "de criado a mestre", pela obscuridade de sua origem.

Não havia lugar para a escola nessa transmissão por meio da aprendizagem direta de uma geração a outra. De fato, a escola, a escola latina, que se destinava apenas aos clérigos, aos latinófones, aparece como um caso isolado, reservado a uma categoria muito particular. E a escola era na realidade uma exceção, e o fato de mais tarde ela ter-se estendido a toda a sociedade não justifica descrever por intermédio dela a educação medieval: seria considerar a exceção como a regra. A regra comum a todos era a aprendizagem. Mesmo os clérigos que eram enviados à escola muitas vezes eram confiados – como os outros aprendizes – a um clérigo, um padre, às vezes a um prelado a quem passavam a servir. O serviço fazia tão parte da educação de um clérigo quanto a escola. No caso dos estudantes muito pobres, ele foi substituído pelas bolsas dos colégios: vimos que essas fundações foram a origem dos colégios do *Ancien Régime.*

Houve casos em que a aprendizagem perdeu seu caráter empírico e assumiu uma forma mais pedagógica. Um exemplo curioso de ensino técnico oriundo da aprendizagem tradicional é fornecido pelo *Manuel du Veneur*. São descritas aí verdadeiras escolas de caça, na corte de Gaston Phoebus, onde se ensinavam "maneiras e condições que devia ter aquele que desejava aprender a ser bom caçador".[5] Esse manuscrito do século XV é ilustrado com belíssimas miniaturas. Uma delas representa uma verdadeira aula: o mestre, um nobre (a julgar pelo traje), está com a mão direita erguida e o dedo indicador levantado – um gesto que serve para pontuar o discurso. Com a mão esquerda, ele agita um bastão,

[5] "L'école des veneurs", Ms., Bibliothèque Nationale.

o sinal indubitável da autoridade magistral, o instrumento de correção. Três alunos, meninos ainda pequenos, estão lendo os grandes rolos que seguram com as mãos e devem aprender de cor: uma escola como outra qualquer. Ao fundo, alguns velhos caçadores observam. Uma cena semelhante representa uma lição de trompa: "Como se deve soprar a trompa." Eram coisas que se aprendiam com a prática, como a equitação, as armas e as maneiras dos cavaleiros. É possível que alguns tipos de ensino técnico, como o da escrita, se tenham originado de uma aprendizagem já organizada e escolarizada.

Contudo, esses casos foram excepcionais. De modo geral, a transmissão do conhecimento de uma geração a outra era garantida pela participação familiar das crianças na vida dos adultos. Assim se explica essa mistura de crianças e adultos que tantas vezes observamos ao longo deste estudo, até mesmo nas classes dos colégios, onde seria de esperar, ao contrário, uma distribuição mais homogênea das idades. Mas não se tinha a ideia dessa segregação das crianças, a que estamos tão habituados. As cenas da vida quotidiana constantemente reuniam crianças e adultos ocupados com seus ofícios como, por exemplo, o pequeno aprendiz que prepara as cores do pintor,[6] ou a série de gravuras dos ofícios de Stradan, que nos mostra crianças em ateliês com companheiros mais velhos. O mesmo acontecia nos exércitos. Conhecemos casos de soldados de 14 anos! Mas o pequeno pajem que leva a manopla do Duque de Lesdiguières,[7] e os que levam o capacete de Adolf de Wignacourt na tela de Caravaggio que se encontra no Louvre, ou o do General del Vastone, no grande Ticiano do museu do Prado, também não são muito mais velhos: sua cabeça bate abaixo do ombro de seus senhores. Em suma, em toda a parte onde se

---

[6] Conrad Manuel, museu de Berna.

[7] Museu de Grenoble.

trabalhava, e também em toda a parte onde se jogava ou brincava, mesmo nas tavernas mal-afamadas, as crianças se misturavam aos adultos. Dessa maneira elas aprendiam a viver, por intermédio do contato de cada dia. Os agrupamentos sociais correspondiam a divisões verticais que reuniam classes de idade diferentes, como esses músicos das pinturas de concertos de câmara, que funcionam tanto como retratos de família quanto como alegorias das idades da vida, pois reúnem crianças, adultos e velhos.

Nessas condições, a criança desde muito cedo escapava à sua própria família, mesmo que voltasse a ela mais tarde, depois de adulta, o que nem sempre acontecia. A família não podia, portanto, nessa época, alimentar um sentimento existencial profundo entre pais e filhos. Isso não significava que os pais não amassem seus filhos: eles se ocupavam de suas crianças menos por elas mesmas, pelo apego que lhes tinham, do que pela contribuição que essas crianças podiam trazer à obra comum, ao estabelecimento da família. A família era uma realidade moral e social, mais do que sentimental. No caso de famílias muito pobres, ela não correspondia a nada além da instalação material do casal no seio de um meio mais amplo, a aldeia, a fazenda, o pátio ou a "casa" dos amos e dos senhores, onde esses pobres passavam mais tempo do que em sua própria casa (às vezes nem ao menos tinham uma casa, eram vagabundos sem eira nem beira, verdadeiros mendigos). Nos meios mais ricos, a família se confundia com a prosperidade do patrimônio, a honra do nome. A família quase não existia sentimentalmente entre os pobres, e quando havia riqueza e ambição, o sentimento se inspirava no mesmo sentimento provocado pelas antigas relações de linhagem.

A partir do século XV, as realidades e os sentimentos da família se transformariam: uma revolução profunda e lenta, mal percebida tanto pelos contemporâneos como pelos historiadores, e difícil de reconhecer. E, no entanto, o fato essencial é bastante evidente: a extensão da frequência escolar. Vimos que na Idade Média a educação das crianças era garantida pela aprendizagem junto aos adultos, e que, a partir de sete anos, as crianças viviam com uma outra família que não a sua. Dessa época em diante, ao contrário, a educação passou a ser fornecida cada vez mais pela escola. A escola deixou de ser reservada aos clérigos para se tornar o instrumento normal da iniciação social, da passagem do estado da infância ao do adulto. Já vimos como isso se deu. Essa evolução correspondeu a uma necessidade nova de rigor moral da parte dos educadores, a uma preocupação de isolar a juventude do mundo sujo dos adultos para mantê-la na inocência primitiva, a um desejo de treiná-la para melhor resistir às tentações dos adultos. Mas ela correspondeu também a uma preocupação dos pais de vigiar seus filhos mais de perto, de ficar mais perto deles e de não abandoná-los mais, mesmo temporariamente, aos cuidados de uma outra família. A substituição da aprendizagem pela escola exprime também uma aproximação da família e das crianças, do sentimento da família e do sentimento da infância, outrora separados. A família concentrou-se em torno da criança. Esta não ficou porém desde o início junto com seus pais: deixava-os para ir a uma escola distante, embora no século XVII se discutissem as vantagens de se mandar a criança para o colégio e muitos defendessem a maior eficácia de uma educação em casa, com um preceptor. Mas o afastamento do escolar não tinha o mesmo caráter e não durava tanto quando a separação do aprendiz. A criança geralmente não era interna no colégio. Morava em um pensionato particular ou na casa do mestre. Nos dias de feira, traziam-lhe dinheiro e provisões. O laço entre o escolar e sua família se estreitara: segundo os diálogos de Cordier, era mesmo necessária a intervenção dos mestres para evitar visitas muito frequentes à família, visitas projetadas graças à cumplicidade das mães. Algumas crianças mais ricas não saíam de casa sozinhas; eram acompanhadas de um preceptor, um estudante mais velho ou de um criado, quase sempre seu irmão de leite. Os tratados de educação do século XVII insistem nos deveres dos pais relativos à escolha do colégio e do preceptor, e à supervisão dos estudos, à repetição das lições, quando a criança vinha dormir em casa. O clima sentimental era agora completamente diferente, mais próximo do nosso, como se a família moderna tivesse nascido ao mesmo tempo que a escola, ou, ao menos, que o hábito geral de educar as crianças na escola.

De qualquer maneira, o afastamento que o pequeno número de colégios tornava inevitável não seria tolerado por muito tempo pelos pais. O esforço dos pais, secundados pelos magistrados urbanos, no sentido de multiplicar as escolas a fim de aproximá-las das famílias, é um sinal digno de nota. No início do século XVII, como mostrou o Pe. de Dainville,[8] criou-se uma rede muito densa de instituições escolares de importância diversa. Em torno de um colégio com a série completa de classes, estabelecia-se um sistema concêntrico formado por alguns poucos colégios de Humanidades (sem classe de filosofia) e de um maior número de escolas latinas (com apenas algumas classes de gramática). As escolas latinas forneciam alunos para as classes superiores dos colégios de Humanidades e dos colégios com a série completa de classes. Alguns contemporâneos inquietaram-se com essa proliferação das escolas. Ela correspondia ao mesmo tempo a essa necessidade de educação teórica, que substituía as antigas formas práticas de aprendizagem, e ao desejo dos pais de não afastar muito as crianças, de mantê-las perto o mais tempo possível. Esse fenômeno comprova uma transformação considerável da família: esta se concentrou na criança, e sua vida confundiu-se com as relações cada vez mais sentimentais dos pais e dos filhos.

---

8 Pe. de Dainville, "Effectif des collèges", *Populations*, 1955, pp. 455-483.

Não será surpresa para nós descobrir que esse fenômeno situa-se no mesmo período em que vimos emergir e desenvolver-se uma iconografia da família em torno do casal e das crianças.

É verdade que essa escolarização, tão cheia de consequências para a formação do sentimento familiar, não foi imediatamente generalizada, ao contrário. Ela não afetou uma vasta parcela da população infantil, que continuou a ser educada segundo as antigas práticas de aprendizagem. Antes de mais nada, havia as meninas. Com exceção de algumas, que eram enviadas às "pequenas escolas" ou a conventos, a maioria era educada em casa, ou também na casa de outras pessoas, uma parenta ou vizinha. A extensão da escolaridade às meninas não se difundiria antes do século XVIII e início do XIX. Esforços como os de Mme de Maintenon e de Fénelon teriam um valor exemplar. Durante muito tempo, as meninas seriam educadas pela prática e pelo costume, mais do que pela escola, e muitas vezes em casas alheias.

No caso dos meninos, a escolarização estendeu-se primeiro à camada média da hierarquia social. A alta nobreza e os artesãos permaneceram ambos fiéis à antiga aprendizagem, fornecendo pajens aos grandes senhores e aprendizes aos diferentes artesãos. No mundo artesanal e operário, a aprendizagem subsistiria até nossos dias. As viagens à Itália e à Alemanha dos jovens nobres no fim de seus estudos ligavam-se também à antiga tradição: eles iam para cortes ou casas estranhas para aí aprender as línguas, as boas maneiras e os esportes da cavalaria. Esse costume caiu em desuso no século XVII, substituído pelas Academias: outro exemplo dessa substituição da educação prática por uma instrução mais especializada e mais teórica.

As sobrevivências da antiga aprendizagem nas duas extremidades da escala social não impediram seu declínio: a escola venceu, por meio da ampliação dos efetivos, do aumento do número de unidades escolares e de sua autoridade moral. Nossa civilização moderna, de base escolar, foi então definitivamente estabelecida. O tempo a consolidaria, prolongando e estendendo a escolaridade.

Os problemas morais da família apareceram então sob uma luz nova. Isso fica evidente no caso do antigo costume que permitia beneficiar apenas um dos filhos em detrimento dos irmãos, em geral o filho mais velho. Tudo indica[9] que esse costume se difundiu no século XIII, para evitar o perigoso esfacelamento de um patrimônio cuja unidade não estava mais protegida pelas práticas de propriedade conjunta e solidariedade de linhagem, mas, ao contrário, era ameaçada pela maior mobilidade da riqueza. O privilégio do filho, beneficiado por sua primogenitura ou pela escolha dos pais, foi a base da sociedade familiar do fim da Idade Média até o século XVII, mas não mais durante o século XVIII. De fato, a partir da segunda metade do século XVII, os moralistas educadores contestaram a legitimidade dessa prática, que, em sua opinião, prejudicava a equidade, repugnava a um sentimento novo de igualdade de direito à afeição familiar, e era acompanhada de uma utilização profana dos benefícios eclesiásticos - esses moralistas eram também reformadores religiosos. Um capítulo do tratado de Varet, *De l'éducation des enfants*, publicado em 1666, trata da "igualdade que se deve manter entre as crianças".[10] "Há uma outra desordem que se introduziu entre os fiéis e que não fere menos a igualdade que os pais e as mães devem a seus filhos. Essa desordem se resume no fato de os pais pensarem apenas no estabelecimento daqueles que, pela condição de seu nascimento ou pelas qualidades de sua pessoa, lhes agradam mais." (Eles lhes "agradavam" porque serviam melhor ao futuro da família. Trata-se da concepção de uma família como uma sociedade independente

---

[9] G. Duby, *op. cit.*

[10] Varet, *De l'éducation des enfants*, 1661.

do sentimento pessoal, como uma "casa".) "As pessoas temem que, se dividirem igualmente seus bens entre seus filhos, não possam aumentar como queriam o brilho e a glória da família. O filho mais velho não poderia nem possuir nem manter os encargos e os empregos que os pais lhe tentam obter se seus irmãos e irmãs tivessem as mesmas vantagens que ele. É preciso, portanto, pô-los em condições de não poder disputar esse direito com o mais velho. É preciso enviá-los aos claustros contra sua vontade e sacrificá-los logo aos interesses daquele que se destina ao mundo e à vaidade." É curioso notar que a indignação provocada pelas falsas vocações e os privilégios do filho mais velho não está mais presente quando se trata do casamento: ninguém pensava em contestar o poder dos pais nessa questão.

O texto citado no parágrafo anterior exprime uma opinião categórica. Em suas *Règles de l'éducation des enfants*,[11] Coustel traduz, ao contrário, um certo embaraço, e prefere cercar-se de todo o tipo de precauções para condenar uma prática antiga e difundida, e que parecia ligada à permanência da sociedade familiar. Ele admite que os pais tenham preferências: "Não é que os pais façam mal em amar mais aqueles de seus filhos que são mais virtuosos ou têm mais boas qualidades que os outros. Mas digo que pode ser perigoso manifestar de forma muito gritante essa distinção e essa preferência."

O abade Goussault, em seu *Portrait d'un honnête homme* de 1692,[12] é mais veemente: "Há não apenas vaidade em se doar a melhor parte dos bens ao filho mais velho da família, para mantê-lo sempre no luxo e eternizar seu nome" (sentimos aqui perfeitamente a oposição entre a família-casa e a família sentimental moderna); "há mesmo injustiça. Que fizeram os mais moços para serem

---

[11] Coustel, *Règles de l'éducation des enfants*, 1687.

[12] Goussault, *Portrait d'un honnête homme*, 1692.

tratados assim?" "Há pessoas que, a fim de estabelecer alguns de seus filhos em um nível superior a seus próprios meios, sacrificam os outros e os encerram em mosteiros sem consultá-los a respeito e sem examinar se têm uma vocação real. Os pais não amam igualmente seus filhos e introduzem diferenças onde a natureza não quis fazê-lo." Apesar de sua convicção, Goussault admite ainda, como uma concessão ao senso comum, que os pais "possam ter de fato mais amor por alguns de seus filhos", mas "esse amor é um fogo que eles devem manter oculto sob as cinzas".

Assistimos aqui ao início de um sentimento que resultaria na igualdade do código civil, e que, como sabemos, já havia penetrado nos costumes no fim do século XVIII. Os esforços para restabelecer os privilégios do mais velho no início do século XIX chocaram-se contra uma repugnância invencível da opinião pública: muito poucos chefes de família, mesmo nobres, utilizaram o direito que lhes era reconhecido pela lei de beneficiar apenas um dos filhos. Fourcassié cita uma carta de Villèle em que este se lamenta desse insucesso de sua política, e profetiza o fim da família.[13] Na realidade, esse respeito pela igualdade entre os filhos de uma família é uma prova de um movimento gradual da família-casa em direção à família sentimental moderna. Tendia-se agora a atribuir à afeição dos pais e dos filhos, sem dúvida tão antiga quanto o próprio mundo, um valor novo: passou-se a basear na afeição toda a realidade familiar. Os teóricos do início do século XIX, entre os quais Villèle, consideravam essa base demasiado frágil; eles preferiam a concepção de uma "casa" familiar, uma verdadeira empresa independente dos sentimentos particulares; haviam compreendido também que o sentimento da infância estava na origem desse novo espírito familiar, do qual suspeitavam. Por essa razão, tentaram restaurar o direito da

---

[13] J. Fourcassié, *Villèle*, 1954.

primogenitura, derrubando assim toda a tradição dos moralistas religiosos do *Ancien Régime*.

Observaremos aqui que o sentimento de igualdade entre as crianças pôde desenvolverse em um novo clima afetivo e moral graças a uma intimidade maior entre pais e filhos.

Parece-nos indicado comparar essas observações com um fenômeno cuja novidade e sentido moral foram sublinhados em um processo de 1677.[14] Tolerava-se então o casamento dos mestres, mas continuava-se a proibir aos mestres casados o exercício de cargos universitários. Assim, em 1677, um professor casado foi eleito decano da Tribo de Paris. O candidato derrotado, o escrivão Du Boulay, apelou, e o caso foi entregue ao Conselho Privado. O advogado de Du Boulay apresentou em uma memória as razões que se teriam para manter o celibato dos professores. Os mestres tinham o hábito de receber em casa pensionistas, e a virtude desses meninos poderia ser exposta a vários perigos: "Inconvenientes que acontecem com muita frequência devido à convivência que os mestres casados são obrigados a admitir entre os jovens que educam e suas mulheres, filhas e criadas. É impossível para eles impedir essa convivência, menos ainda aos pensionistas que vivem em sua casa do que aos externos. Os senhores comissários farão a gentileza de refletir sobre isto: sobre a indecência que há para os escolares em ver de um lado as roupas das mulheres e das meninas, e de outro, seus livros e suas escrivaninhas, e muitas vezes, todas essas coisas juntas; em ver mulheres e meninas penteando-se, vestindo-se, ajustando-se, crianças de cueiros em seus berços, e tudo o mais que é o apanágio do casamento."

A este último argumento, particularmente interessante para nosso estudo, o mestre casado responde: "O dito Du Boulay fala

---

[14] H. Ferté, *Les Grades universitaires dans l'ancienne faculté des arts*, 1868.

como se tivesse acabado de deixar a aldeia onde nasceu... Pois todos sabem que onde moram mulheres há quartos para elas, onde elas se vestem em sua privacidade (privacidade sem dúvida bastante recente, e limitada às grandes cidades), e há outros para os escolares." *Quanto às crianças de berço, não eram vistas nas habitações parisienses, pois eram todas entregues a amas*: "É sabido que as crianças são enviadas às casas das amas em alguma aldeia vizinha, de modo que em casa dos professores casados se veem tão poucos berços e cueiros como no cartório do dito Du Boulay."

Esses textos parecem indicar que o costume de enviar as crianças para as casas das amas "em uma aldeia vizinha" era comum nos meios sociais urbanos como os dos mestres, mas que não era antigo, já que um dos querelantes podia fingir ignorá-lo. Esse costume ter-se-ia desenvolvido durante o século XVII, enquanto era denunciado pelos educadores moralistas que, muito antes de Rousseau, recomendavam que as mães nutrissem elas mesmas suas crianças. Mas sua opinião, tantas vezes eficaz, apoiava-se apenas em tradições convencionais que remontavam a Quintiliano. Ela não conseguiu prevalecer sobre um costume que certamente se apoiava na experiência e correspondia ao melhor tratamento da época. De fato, podemos imaginar as dificuldades provocadas pela alimentação e a criação dos bebês no caso de a mãe não ter leite. Recorrer ao leite de vaca? Esta era a sina dos pobres. O humanista Thomas Platter, para descrever toda a miséria de sua infância no início do século XVI, não encontra nada mais expressivo do que confessar que fora criado com leite de vaca. As condições de higiene da coleta do leite permitem compreender essa repugnância. Além disso, não era fácil administrá-lo às crianças: os recipientes estranhos que estão expostos nas vitrinas do museu da Faculdade de Farmácia de Paris, e que serviam de mamadeiras, deviam exigir muita habilidade e paciência. Pode-se compreender muito bem o recurso às amas de leite.

Mas que amas de leite? Podemos supor que no início elas geralmente fossem criadas recrutadas na vizinhança, e que a criança amamentada permanecia em casa, onde era criada junto com as outras crianças. Tudo indica que nas famílias ricas do século XVI e do início do século XVII os lactentes eram mantidos em casa. Por que então, sobretudo nas famílias da pequena burguesia, como as dos mestres, dos oficiais modestos, se criou o hábito de enviar os bebês para o campo? Não devemos interpretar esse costume relativamente recente como uma medida de proteção, eu ousaria mesmo dizer de higiene, que deveria ser comparada com os outros fenômenos em que reconhecemos uma atenção particular com relação à criança?

De fato, apesar da propaganda dos filósofos, os meios ricos, nobres e burgueses, continuaram a entregar suas crianças a amas de leite até o fim do século XIX, ou seja, até o momento em que os progressos da higiene e da assepsia permitiram utilizar sem riscos o leite animal. Contudo, uma mudança significativa ocorreu nesse meio-tempo: a ama passou a se deslocar, em lugar da criança, e passou a morar na casa da família, e a família passou a se recusar a separar-se dos bebês. Esse fenômeno é comparável ao da substituição do internato pelo externato, estudado em um capítulo anterior.

A história aqui esboçada, sob um certo ponto de vista, surge como a história da emersão da família moderna acima de outras formas de relações humanas que prejudicavam seu desenvolvimento. Quanto mais o homem vive na rua ou no meio de comunidades de trabalho, de festas, de orações, mais essas comunidades monopolizam não apenas seu tempo, mas também seu espírito, e menor é o lugar da família em sua sensibilidade. Ao contrário, se as relações de trabalho, de vizinhança, de parentesco pesam menos em sua consciência, se elas deixam de aliená-lo, o sentimento familiar substitui os outros sentimentos de fidelidade, de serviço, e torna-se preponderante ou, às vezes, exclusivo. Os progressos do sentimento da família seguem os progressos da vida privada, da intimidade doméstica. O sentimento da família não se desenvolve quando a casa está muito aberta para o exterior: ele exige um mínimo de segredo. Por muito tempo, as condições da vida quotidiana não permitiram esse entrincheiramento necessário da família, longe do mundo exterior. Um dos obstáculos essenciais foi sem dúvida o afastamento das crianças, enviadas para outras casas como aprendizes, e sua substituição em sua própria casa por crianças estranhas. Mas a volta das crianças, graças à escola, e as consequências sentimentais desse fechamento da família não bastaram: estava-se aí muito longe ainda da família moderna e de sua forte vida interior; a antiga sociabilidade, incompatível com esse tipo de família, subsistia quase integralmente. No século XVII, constituiu-se um equilíbrio entre as forças centrífugas - ou sociais - e centrípetas - ou familiares - que não sobreviveria aos progressos da intimidade, consequência talvez dos progressos técnicos. Vimos nas páginas anteriores o despertar dessas forças centrípetas. Observemos agora a resistência das forças centrífugas, a sobrevivência de uma sociabilidade compacta.

Os historiadores já insistiram na manutenção até muito tarde no século XVII de relações de dependência que antes haviam sido negligenciadas. A centralização monárquica de Richelieu e de Luís XIV foi mais política do que social. Se ela conseguiu reduzir os poderes políticos rivais da coroa, deixou intactas as influências sociais. A sociedade do século XVII na França era uma sociedade de clientelas hierarquizadas, em que os pequenos, os "*particuliers*", se uniam aos maiores.[15] A formação desses grupos implicava toda uma rede de contatos quotidianos, sensoriais.

---

[15] A. Adam, *Histoire de la littérature française au XVII*^e^ *siècle*, t. I (1948), II (1951). R. Mousnier, "Soulèvements populaires avant la Fronde", *Rev. Hist. mod. et cont.*, 1958, pp. 81-113.

Para nós, isso se traduz em uma quantidade inimaginável de visitas, conversas, encontros e trocas. O êxito material, as convenções sociais e os divertimentos sempre coletivos não se distinguiam como hoje em atividades separadas, assim como não existia separação entre a vida profissional, a vida privada e a vida mundana ou social. O essencial era manter as relações sociais com o conjunto do grupo onde se havia nascido, e elevar a própria posição por meio de um uso hábil dessa rede de relações. Ter êxito na vida não significava fazer fortuna ou obter uma situação – ou ao menos isso era secundário; significava antes de tudo obter uma posição mais honrosa em uma sociedade em que todos os membros se viam, se ouviam e se encontravam quase todos os dias. Quando o tradutor francês de Laurens Gracian[16] (1645) propõe que o futuro "Herói" escolha um "emprego plausível", ele não quer dizer com isso o que hoje chamaríamos de uma situação, e sim um emprego "que se execute às vistas de todo o mundo e para a satisfação de todos, sempre com a preocupação da reputação". A arte de fazer sucesso era a arte de ser agradável, "amável" em sociedade. Assim a concebia no século XVI o cortesão de Balthazar Castiglione:[17] "Essa é na minha opinião a maneira de cortejar mais conveniente ao fidalgo que vive na corte dos príncipes, mediante a qual ele pode servir perfeitamente em todas as questões razoáveis, a fim de obter o favor daqueles e o elogio dos outros." O futuro de um homem dependia unicamente da sua "reputação". "Parece-me que há outra coisa que dá e tira a reputação, é a eleição dos amigos com os quais se deve ter uma relação íntima." Em toda a literatura do século XVII, um lugar importante era reservado à amizade, à amizade que era uma relação social mais intensa que as outras.

---

[16] *L'Héros*, de Laurens Grancien, fidalgo aragonês, 1645.

[17] Balthazar Castiglione, *Le Courtisan*, trad. francesa de G. Chappuys, 1585.

Daí a importância da conversação, ainda segundo o *Le Courtisan*: "Gostaria ainda de ouvir falar particularmente sobre a maneira de viver e conviver com os homens e as mulheres: coisa que me parece de grande importância, visto que, nas cortes, a maior parte do tempo é gasta nisso" – e não apenas nas cortes. Toda a literatura dita de "civilidade" do século XVII insistiria na importância da conversação, na necessidade de conhecer a arte da conversação, na conduta durante a conversação etc. Os conselhos desses manuais descem a detalhes incríveis.[18] "Peça-se também ao falar de muitas e diferentes maneiras, e, sobretudo, no assunto de que se trata." A conversação deve respeitar a conveniência. Os assuntos domésticos, familiares ou muito pessoais devem ser evitados: "Erram também aqueles que nunca têm nada na ponta da língua além de sua mulher, seus filhinhos e sua ama: – Meu filhinho ontem me fez rir tanto. Jamais vistes uma criança mais engraçadinha do que o meu menino. Minha mulher tem isto e aquilo..." Deve-se evitar a mentira autoelogiosa (era a época do *Menteur* de Corneille). Ou ainda, segundo a *Civilité Nouvelle* de 1671:[19] "Observareis como primeiro ensinamento jamais discutir ou falar sobre coisas frívolas entre pessoas importantes e doutas, nem sobre questão ou assunto muito difícil entre pessoas que não possam entendê-los... Não falei ao vosso grupo sobre coisas melancólicas como feridas, enfermidades, prisões, processos, guerra e morte" (o que é que sobrava?). "Não conteis vossos sonhos." "Não digais vossa opinião a não ser que vo-la peçam, mesmo que sejais o mais razoável." "Não vos intrometais em corrigir as imperfeições dos outros, tanto mais que isso cabe aos pais, mães e senhores." "Não faleis antes de ter pensado no que quereis dizer."

---

[18] G. Della Casa, *Galatée*, tradução francesa de Hamel, 1666.

[19] *La Civilité nouvelle*, 1671.

É preciso lembrar que essa arte da conversação não era uma arte menor como a dança ou o canto. O *Galatée*, esse livro de cabeceira do século XVII, sobre o qual Sorel[20] dizia que "em algumas nações, quando se vê um homem cometer alguma incivilidade, diz-se que ele não leu o *Galatée*",[21] deixa bem claro que a conversação é uma *virtude*: "Começarei por aquilo que julgo necessário aprender para que uma pessoa seja considerada bem-educada e agradavelmente fina ao conversar com as outras, algo que no entanto é uma *virtude*, ou muito se aproxima da virtude." O *Galatée* era lido nos colégios jesuítas. Em Port-Royal, mais tarde, Nicole se exprimiria da mesma forma em seu tratado *De la civilité chrétienne*:[22] "Sendo portanto o amor dos homens tão necessário para nos manter, somos naturalmente levados a procurá-lo e obtê-lo." "Nós amamos ou fingimos amar os outros a fim de chamar sua atenção. Este é o fundamento da civilidade humana, que é apenas uma espécie de comércio do amor-próprio, no qual tentamos atrair o amor dos outros demonstrando-lhes afeição." As boas maneiras são para a caridade o que os gestos devotos são para a devoção. "A solidez de sua união (das gentes de bem) não depende apenas desses laços espirituais, mas também dessas outras coisas humanas que os preservam" – as boas maneiras e a arte de viver em sociedade. Se uma pessoa vive em sociedade, ela deve "forjar as oportunidades" e "fazer-se amar pelos homens".

Esse estado de espírito não era novo: remontava a uma concepção muito antiga da sociedade, na qual as comunicações eram asseguradas menos pela escola do que pela prática, pela aprendizagem, na qual a escrita ainda não ocupava um lugar

---

[20] Citado por M. Magendie, *La Politesse mondaine au XVIIe siècle*, 1925.

[21] Cf. nota 18 deste capítulo.

[22] Nicole, "De la civilité chrétienne", in *Essais de morale*, 1773, t. II, p. 116.

muito importante na vida quotidiana. É notável que esse estado de espírito tenha subsistido em uma sociedade em que o desenvolvimento da escola indicava os progressos de uma mentalidade muito diferente. Essa ambiguidade entre a sociabilidade tradicional e a escolarização moderna foi muito bem sentida pelos contemporâneos, e sobretudo pelos educadores moralistas, muitos dos quais se situavam nas vizinhanças de Port-Royal. Quase todos esses moralistas se colocaram o problema de saber se a educação particular em casa valia mais do que a educação pública na escola. Na verdade, o problema era menos atual do que parece, pois já havia sido discutido por Quintiliano, o que lhe conferia a nobreza de um precedente. Mas os educadores moralistas discutiram o problema em função de suas circunstâncias e de sua época. Em *L'Honneste Garçon*, M. de Grenaille[23] expõe a questão da seguinte maneira: "Quanto a mim, não desejo em absoluto ofender a antiguidade com opiniões modernas, nem desaprovar a organização dos Colégios, que tantos sábios aprovaram. Ouso dizer, ainda assim, que os Colégios são mais Academias vantajosas para o público do que instituições necessárias aos *particuliers*" (os nobres *particuliers*, ou seja, a pequena nobreza por oposição aos grandes senhores). Eles são um "meio tanto para os pobres como para os ricos de adquirir esses tesouros do espírito que outrora só podia alcançar quem possuísse muitos bens. Há várias crianças que, não podendo manter mestres em casa, se consideram muito afortunadas por se verem mantidas à custa do público, e por receberem gratuitamente a ciência que outrora tinha de ser comprada. Mas para aqueles a quem a fortuna e a natureza concederam todos os favores, considero que a instituição particular é mais vantajosa do que a pública. Essa opinião não é absolutamente nova, embora pareça ousada".

---

[23] De Grenaille, *L'Honneste Garçon*, 1642.

A educação pública era desprezada porque se acreditava que as escolas estavam nas mãos dos pedantes: essa opinião era difundida na literatura, ao menos a partir de Montaigne, e certamente também na opinião pública. A grande evolução da escola não diminuiu o desprezo pelo mestre.

Havia outras razões para essa aversão à escola: a disciplina escolar era demasiado severa. O que diria M. de Grenaille dos colégios religiosos e dos liceus do século XIX! "Assim como em casa não se dá uma liberdade excessiva às crianças (porque elas nunca abandonam a companhia dos adultos), não é preciso tolhê-las a ponto de lhes prejudicar a autoconfiança." E M. de Grenaille acrescenta este comentário, que deixa entrever a nostalgia de um tempo em que as crianças não eram separadas dos adultos: "Elas não são tratadas da mesma maneira que as outras." A escola ou bem corria o risco de corromper a criança por intermédio das más companhias, ou bem retardava sua maturidade afastando-a dos adultos, e M. de Grenaille considerava esse prolongamento da infância como um mal: "Mesmo que uma criança não fosse escandalizada por seus companheiros de escola, ela sempre aprenderia na escola mil puerilidades que seria difícil desaprender, e não seria menos difícil purificá-la das sujeiras do colégio do que preservá-la de seus vícios." Enfim, o principal defeito do colégio era o isolamento das crianças, que as separava de seu meio social natural. "Ela precisa aprender cedo como se deve agir tanto em sociedade como no estudo, e isso ela não pode aprender em um lugar em que as pessoas pensam mais em viver com os mortos do que com os vivos, ou seja, mais com os livros do que com os homens." Este era o verdadeiro motivo de toda essa crítica: a repugnância que sentiam pela escola aqueles que permaneciam mais ou menos fiéis à antiga educação pela aprendizagem, um tipo de educação que mergulhava imediatamente a criança na sociedade e encarregava a sociedade de treiná-la a desempenhar seu papel, sem passar pela etapa intermediária da iniciação das sociedades formadas por classes de idades, ou da escola, nas sociedades técnicas modernas.

Essa seria ainda, cerca de 20 anos mais tarde, a opinião do Marechal de Caillière em *La Fortune des gens de qualité et des gentilshommes particuliers* (1661):[24] "Não basta conhecer a ciência ensinada no colégio; há outra ciência que nos ensina como devemos nos servir daquela..., uma ciência que não fala nem grego nem latim, mas que nos mostra como utilizar essas línguas. Encontramo-la nos palácios... entre os príncipes e os grandes senhores. Ela esconde-se também nas ruelas de mulheres, deleita-se entre as gentes da guerra, e não despreza os comerciantes, os lavradores ou os artesões. Ela tem por guia a prudência e, como doutrinas, as conversações e a experiência das coisas." As conversações e o hábito da sociedade "muitas vezes já formaram pessoas bem-educadas sem o recurso às Letras. O mundo é um grande livro que está sempre nos instruindo, e as conversações são estudos vivos que nada devem aos dos livros... A convivência habitual de dois ou três espíritos inteligentes pode nos ser mais útil do que todos os pedantes das universidades juntos... Eles produzem mais matéria em uma hora do que poderíamos ler em uma biblioteca em três dias. A ação e a expressão da face têm algo de encantador que imprime intensamente aquilo que o discurso pretende infundir".

No fim do século XVII, o abade Bordelon[25] (1692) ainda era da mesma opinião: "Instruí as crianças mais para o mundo do que pela escola." O fruto de uma *Bela Educação* – assim se chamava o seu livro – não deveria nunca parecer com este pedante:

---

[24] Maréchal de Caillière, *La Fortune des gens de qualité...*, 1661.

[25] Bordelon, *La Belle Éducation*, 1694.

Cet homme est un original
Et sa doctrine est sans seconde;
Il a de Perse et Juvénal
De Catulle et de Martial
Une intelligence profonde.
*Il entend tout hormi le monde.**

Vemos, portanto, que ao longo de todo o século XVII existiu uma corrente de opinião hostil à escola. Poderemos compreendê-la melhor se nos lembrarmos o quanto a escola era um fenômeno recente. Esses moralistas, que haviam compreendido a importância da educação, durante tanto tempo ignorada e ainda mal percebida por seus contemporâneos, não perceberam bem o papel que a escola podia desempenhar e já havia desempenhado no treinamento das crianças.

Alguns, especialmente os que eram ligados a Port-Royal, tentaram conciliar os benefícios da escola, que reconheciam, com os da educação doméstica. Em suas *Règles de l'éducation des enfants*[26] de 1687, Coustel analisa o problema mais de perto, e pesa os prós e os contras. Se as crianças são criadas em casa, os pais velam melhor por sua saúde (essa também é uma preocupação nova), e "elas aprendem mais facilmente a civilidade" mediante o convívio social. "Insensivelmente, as crianças se formam nos deveres da vida civil e na maneira de agir das pessoas bem-educadas." Mas há inconvenientes: "É difícil determinar a hora dos estudos, pois a hora das refeições, da qual dependem os estudos, não pode ser fixada por causa dos negócios e das visitas que aparecem e que muitas vezes não se podem prever nem evitar." É importante

---

* "Este homem é um original, / E sua doutrina não tem igual; / De Pérsio e Juvenal, / De Catulo e Marcial, / Ele possui um conhecimento profundo. / Ele entende de tudo, / menos do mundo." (N.T.)

[26] C. Coustel, *Règles de l'éducation des enfants*, 1687.

notar a frequência dessas visitas, ao mesmo tempo cordiais e profissionais. As crianças correm também o risco de ser demasiado mimadas pelos pais. Enfim, elas ficam expostas às "complacências e bajulações dos criados, aos discursos licenciosos e às tolices dos lacaios estranhos, que nem sempre podem ser afastados delas". Ah! a temível promiscuidade dos criados – mesmo os piores adversários da escola reconheciam que esse era um argumento poderoso em seu favor. Assim, De Grenaille admite que os pais "são obrigados a enviar seus filhos aos colégios, preferindo que eles fiquem em uma classe a permanecerem em uma cozinha".[27]

Coustel reconhece, aliás, que a discussão é de caráter teórico, pois, em sua época, todos os meninos eram enviados ao colégio. "O costume mais geralmente aceito na educação das crianças é colocá-las em colégios." Essas instituições têm suas vantagens: as crianças "fazem aí conhecimento e amizades vantajosas, que muitas vezes duram até o fim da vida". Elas aproveitam também os benefícios da emulação: "As crianças adquirem aí a coragem louvável de falar em público sem empalidecer à vista dos homens, o que é absolutamente necessário àqueles que devem assumir cargos importantes." "A educação particular" acentua a timidez. Observaremos que as vantagens reconhecidas dos colégios quase não se referiam ao nível de instrução; elas permaneciam sociais, "civis", como se diria na época.

Mas os colégios também tinham inconvenientes. Sabemos que as classes eram muito numerosas, muitas vezes contendo mais de 100 alunos. Para Coustel, "a enorme multidão de alunos não é um obstáculo menor para seu avanço nos estudos do que para os bons costumes". O que já sabemos sobre as classes superpovoadas e sobre a turbulência dos alunos nos permite compreender melhor as inquietações de Coustel. "Assim que põem os pés nesse

---

[27] De Grenaille, *op. cit.*

tipo de lugar, as criancinhas não tardam a perder a inocência, a simplicidade e a modéstia que as tornavam tão amáveis a Deus como aos homens."

Havia uma solução, que já fora entrevista por Erasmo: "Colocar cinco ou seis crianças com um ou dois homens de bem em uma casa particular." Observamos que essa fórmula foi adotada em Port-Royal nas célebres "pequenas escolas", célebres ainda que efêmeras. Encontramo-la também nas numerosas pensões particulares que seriam criadas no fim do século XVII e ao longo do século XVIII.

Com raras exceções, os educadores moralistas são um tanto reticentes com relação ao colégio. Um historiador que se contentasse com seu testemunho poderia deduzir legitimamente que a opinião pública era hostil às formas escolares de educação, quando na realidade, como vimos, havia uma imensa procura de colégios, todos superpovoados. Os teóricos nem sempre fornecem o melhor reflexo de sua época.

Contudo, essa oposição não era aberrante: ela pode ser explicada pela importância que a aprendizagem e o convívio social ainda conservavam, apesar dos progressos da escolarização. Na vida de todos os dias, as pessoas souberam melhor do que nos escritos dos educadores moralistas conciliar a escola e a civilidade. A primeira não baniu a segunda. Ao lado da educação por intermédio da escola, subsistiu uma educação por meio do mundo, que também se aperfeiçoou durante o século XVII. Nós nos deteremos neste ponto por um momento.

A palavra "civil" era quase sinônimo de nosso "social" moderno: um ser civil era um ser social. A palavra "civilidade" corresponderia aproximadamente ao que hoje entenderíamos por "conhecimento da sociedade", mas a correspondência já é menos perfeita. De fato, nos séculos XVI e XVII, a civilidade era a soma dos conhecimentos práticos necessários para se viver em sociedade, e que não se aprendia na escola. Sob o nome mais antigo de *courtoisie*, a civilidade já existia em uma época em que a escolaridade era reservada unicamente aos clérigos.

As origens da literatura sobre a civilidade, tal como existiu do século XVI ao XVII sem grandes mudanças, são bastante complexas. Elas se ligam a três gêneros muito antigos. Primeiro, aos tratados de cortesia propriamente dita. Muitos desses tratados foram redigidos nos séculos XIV e XV em francês, inglês, italiano e mesmo em latim. Dirigiam-se a todos, a clérigos como a leigos, aos que liam latim como aos que só falavam as línguas vulgares. Em *Zinquanta Cortesie da Tavola*,[28] podemos ler: "*La prima è questa: le Benedicite. La cortesia secunda*: deves lavar as mãos. *La terzia cortesia*: espera para te sentares até que te convidem. A décima terceira: aquele que serve à mesa deve estar limpo e não deve escarrar nem fazer outra sujeira diante dos convivas."

Em francês, havia o livro *Comment se tenir à table*; em latim, *Stans puer ad mensam*. Esses livros dirigiam-se às crianças e aos jovens. Em inglês, esses tratados eram designados sob o nome de *Babees Books*:[29] ensinavam a falar corretamente, a cumprimentar, a dobrar o joelho diante do senhor, a não se sentar sem ter sido convidado, a responder às perguntas. "Corta as unhas com frequência e lava as mãos antes do jantar. Quando tirares uma porção de comida da boca, não a recoloques mais no prato... Não limpes os dentes com a ponta da faca... Não coces as mãos nem os braços... Não escarres quando estiveres à mesa... Não enroles a toalha... Mantém diante de ti teu prato limpo. Não cochiles à mesa... Presta atenção para não arrotares..." Esses conselhos práticos em geral eram ritmados em versos de má qualidade. Na

---

[28] Fra Bonvenisco Ripa, *Zinquanta Cortesie a Tavola*, *circa* 1922.

[29] *Babees Books*, *op. cit.*

Idade Média, eles se dirigiam também às mulheres. O *Roman de la Rose* é em parte um tratado de cortesia: recomenda às mulheres o uso de uma espécie de corpete (sem barbatanas de osso ou metal), dá-lhes conselhos sobre a toalete, os cuidados íntimos e a limpeza da "casa de Vênus", que devia ser mantida raspada. Mais tarde, os tratados de civilidade não mencionariam mais as mulheres, como se seu papel se tivesse enfraquecido no final da Idade Média e início dos tempos modernos.

A segunda fonte dos tratados de civilidade foram as regras de moral comum contidas em uma coletânea de adágios latinos atribuída na Idade Média a Catão o Antigo, os dísticos de Catão. O *Roman de la Rose* cita-os como uma referência: "Esta é também a opinião de Catão, se te lembras de seu livro." Os dísticos de Catão foram lidos durante vários séculos, e ainda eram reeditados no século XVIII.[30] Eles ensinavam o leitor a conter a própria língua, a desconfiar das mulheres (inclusive a própria), a não contar com heranças, a não temer a morte, a não se preocupar se alguém do grupo falasse em voz baixa (e, nesse caso, não imaginar que se estava falando da própria pessoa), a dar um ofício aos filhos, a moderar a cólera contra os servidores, a esconder os próprios erros (pois a dissimulação valia mais do que a má reputação), a não praticar a advinhação e a feitiçaria, não falar dos próprios sonhos nem se preocupar com eles, escolher bem sua mulher, evitar a gula (sobretudo quando esta acompanhava o "vergonhoso desejo de amor"), não zombar dos velhos, evitar ser um marido complacente etc. Esses conselhos se ligavam ao que hoje consideraríamos uma moral de extrema banalidade, um conformismo social ou um bom senso grosseiro: o que se deve e o que não se deve fazer em todas as áreas – nas relações de um homem com sua mulher, seus criados, seus amigos, bem como na conversação

---

[30] Pseudocatão, *Disticha de moribus*.

ou na conduta à mesa – tudo misturado e no mesmo nível. Nada disso parece muito importante, segundo nossa ótica moderna. Mas nesses conselhos, em que vemos a pressão de convenções sociais triviais, nossos ancestrais reconheciam os mandamentos da vida em comum, guardiães dos verdadeiros valores.

A terceira fonte dos tratados de civilidade foram as artes de agradar ou as artes de amar – a *Ars amatoria* de Ovídio, o *De Amore* de André le Chapelain, os *Documenti d'amore* de Francisco de Barberini, e os manuais de amor do século XVI. O *Roman de la Rose* é um modelo do gênero. Ele ensina que se deve evitar o ciúme, que o marido não é senhor de sua mulher (isso mudaria mais tarde), que o amante deve instruir-se nas ciências e nas artes de agradar à sua amiga, que não deve repreendê-la, procurar ler suas cartas ou surpreender seus segredos. De maneira geral, ensina que também se deve fugir à vilania, que não se deve maldizer, que se deve fazer saudações e responder a elas, não dizer grosserias, evitar o orgulho, ser bem apessoado e elegante, alegre e contente, generoso, e que se deve colocar o coração em um único lugar... São receitas para ganhar a simpatia das mulheres e de todos os companheiros de uma vida em que nunca se estava sozinho, mas sempre no meio de uma sociedade numerosa e exigente.

Os tratados de cortesia, as regras de moral e as artes de amar concorriam para um mesmo resultado: iniciar o rapaz (e às vezes a dama) na vida em sociedade, a única conveniente fora dos claustros, uma vida em que tudo – tanto as coisas sérias como os jogos – se passava por intermédio dos contatos humanos e das conversações.

No século XVI, essa literatura medieval complexa e farta iria transformar-se e simplificar-se. Dela se originariam dois gêneros, próximos no fundo, mas diferentes na forma: as "civilidades" e os "cortesãos", ou tratados sobre a arte de fazer sucesso na vida.

O primeiro manual de civilidade foi o de Erasmo, que fundou o gênero. Todos os manuais posteriores, e houve muitos, nele se inspiraram ou o imitaram servilmente. Os nomes mais notáveis talvez sejam os de Cordier, Antoine de Courtin, e, finalmente, Jean-Baptiste de La Salle, cujas *Règles de la bienséance et de la civilité chrétienne* seriam reeditadas um número infinito de vezes no século XVIII e até mesmo no início do século XIX.

O tratado de civilidade não era um livro escolar, mas satisfazia uma necessidade de educação mais rigorosa do que a mixórdia dos antigos livros de cortesia ou dos ensinamentos do pseudocatão. As circunstâncias – os progressos da escolarização – fizeram com que, embora estranho à escola, e transmitindo regras de conduta não escolares e mal escolarizáveis, o manual de civilidade fosse associado ao ensino das crianças pequenas, a suas primeiras lições de leitura e escrita. Aprendia-se a ler e a escrever nesses manuais de civilidade. Por isso mesmo, eles eram impressos em vários caracteres, todos os caracteres conhecidos de uma técnica tipográfica bastante complicada: havia caracteres romanos, itálicos e góticos, mas havia também caracteres manuscritos, que eram impressos apenas nesse tipo de livro, e por isso eram chamados de "caracteres de civilidade". Essa destinação pedagógica dava aos manuais de civilidade uma apresentação tipográfica pitoresca. Algumas vezes, também, o texto era impresso em várias línguas, em colunas verticais, cada uma em um tipo diferente: francês e latim, mas também italiano, espanhol e alemão (jamais o inglês, língua de pequena audiência e pouco valor cultural na época). Os manuais ensinavam as línguas vivas que não eram lecionadas no colégio.

No entanto, esses livros não se destinavam apenas às crianças. O manual de Antoine de Courtin dirigia-se "não apenas às pessoas que têm filhos, mas também àquelas que, embora de idade avançada, não foram contudo instruídas na polidez e na decência o suficiente para poder observá-las em sociedade".[31]

---

[31] A. de Courtin, *Nouveau Traité de la civilité qui se pratique en France*, 1671.

A leitora do quadro de Grimoux do museu dos Augustins de Tolouse já é uma mocinha: podemos distinguir muito bem os "caracteres de civilidade" do livro que ela segura. Os assuntos tratados nem sempre pertenciam à literatura infantil; muitas vezes eram assuntos adultos, conselhos sobre como tratar a mulher e os criados, ou sobre como envelhecer sabiamente. Encontramos aí ao mesmo tempo elementos de conduta infantil e conselhos morais, que hoje julgaríamos inacessíveis às crianças. Isso se explica pelas origens dos manuais de civilidade, que eram, em suma, registros dos costumes da aprendizagem, ainda muito influenciados pelos hábitos de uma época em que não se dosava a matéria transmitida às crianças, e em que estas eram logo completamente mergulhadas na sociedade: tudo lhes era dado desde o início. As crianças misturavam-se imediatamente aos adultos.

Já nos referimos muitas vezes a esses manuais de civilidade. Um deles, o *Galatée*, teve um público extraordinário durante a primeira metade do século XVII. Os jesuítas o haviam adotado: uma edição de 1617 foi especialmente dedicada aos internos da Companhia de Jesus em La Flèche, e aos internos do colégio da mesma Companhia em Pont-à-Mousson.[32] Aos internos: como não era um livro escolar, o *Galatée* não se dirigia aos alunos externos: *Le Galatée*, "originalmente composto em italiano por J. de La Case, e traduzido para o francês, o latim, o alemão e o espanhol", é descrito como um "tratado muito necessário para bem treinar a juventude em todas as maneiras e modos de agir louváveis, bem recebidos e aprovados por pessoas de boa educação e grande virtude, e próprios para aqueles que gostam não apenas da língua latina, mas também das línguas vulgares, que, hoje, são as mais apreciadas". Assim como os outros manuais, o *Galatée* ensina as boas maneiras, e como as pessoas se

---

[32] *Bienséance de la conversation entre les hommes*, Pont-à-Mousson, 1617.

devem comportar em sociedade. Como dissemos, é um manual de conversação. Ele ensina que "pôr publicamente a mão em alguma parte do corpo não é louvável", da mesma forma como os *puer stans ad mensam* do século XV condenavam o hábito de se coçar em sociedade. Uma pessoa não deve se vestir ou despir em público para fazer suas necessidades naturais, nem se lavar ostensivamente logo depois, nem mostrar as porcarias do caminho, nem mandar os outros cheirarem "coisas fedorentas". Deve evitar ofender os sentidos dos outros, "ranger os dentes, assobiar, soluçar ou esfregar pedras ou pedaços de ferro um no outro" (outro manual recomenda não estalar os ossos e não fazer muito barulho ao tossir ou espirrar). Deve-se evitar bocejar, ficar de boca aberta ou ficar olhando para o lenço. Reencontramos aqui os antigos preceitos da conduta à mesa, que conservaram toda a sua importância até o fim do século XVIII; a refeição continuava a ser um rito social – o que praticamente deixou de ser hoje – em que o papel de cada pessoa era minuciosamente definido e no qual era preciso prestar uma atenção especial à própria conduta: não comer muito depressa, não pôr os cotovelos sobre a mesa, não palitar os dentes, não "cuspir", tanto quanto possível, e, se fosse absolutamente necessário, fazê-lo de alguma forma discreta.

O *Galetée* ensina também como se vestir: "Um homem deve aproximar-se o mais possível da maneira de vestir dos outros cidadãos e deixar-se guiar pelo costume." Qualquer singularidade, nesse campo como em qualquer outro, é um pecado de lesa-sociedade. Deve-se sempre ceder ao desejo do grupo, sem jamais impor o seu próprio: não pedir papel para escrever ou reclamar o urinol quando as carnes estiverem prontas para servir e as mãos lavadas. Não se deve ser nem tímido, nem familiar, nem melancólico. Deve-se sempre manter a dignidade com os criados (alguns "soberbos" "estão sempre repreendendo seus criados e mantendo toda a família em perpétuo rebuliço"), e na rua, onde o passo não deve ser nem precipitado nem muito lento, e onde nunca se deve olhar fixamente para os passantes.

Do século XVI ao XVIII, as edições dos tratados de civilidade, bastante semelhantes, se sucederam. O de J.-B. de La Salle, chamado *Règles de la bienséance et de la civilité chrétienne*, obteve tanto sucesso no século XVIII como os de Erasmo e de Cordier ou o *Galatée* nos séculos XVI e XVII. O fato de um educador devoto, fundador de um instituto educacional, cheio de responsabilidades e preocupações, ter tido o trabalho de redigir um manual que trata, como os manuais anteriores, das boas maneiras, do traje, do penteado, da conduta à mesa etc., é uma prova da importância que se atribuía a assuntos que hoje se tornaram triviais. Sem dúvida, esses livros destinavam-se a uma população rústica e brutal, e a disciplina das boas maneiras era então mais necessária do que em nossas sociedades atuais, em que as pessoas estão mais submetidas a todos os tipos de autoridades públicas e controles policiais: o Estado tomou o lugar das boas maneiras no treinamento do indivíduo, desde a escola até o tráfego das ruas e o serviço militar. Outrora, as pessoas tinham também o sentimento de que não existiam coisas sem importância na vida em sociedade, de tal forma o próprio fato da comunicação social era essencial em si. Por essa razão, nada havia de surpreendente no fato de J.-B. de La Salle, o cônego de Reims, redigir cuidadosamente os conselhos tradicionais dos tratados de civilidade: "As pessoas devem sobretudo cuidar para que não haja piolhos, pulgas e outras pragas, nem mau cheiro; essa precaução e esse cuidado são muito importantes com relação às crianças." Há um longo discurso sobre a maneira de escarrar. "É vergonhoso parecer ter as mãos pretas e sujas; isso só é tolerável no caso de trabalhadores ou camponeses." "Quando alguém sente necessidade de urinar, deve sempre se retirar para um lugar bem afastado, e a conveniência manda (até mesmo às crianças) que todas as outras necessidades naturais que se possa ter sejam feitas apenas em lugares onde não se possa ser visto." "Não é decente desferir golpes com as mãos ao brincar com alguém." Não se deve "sacudir os pés, nem mexê-los por brincadeira (nem mesmo as crianças), nem cruzar um sobre o outro". O leitor é também aconselhado sobre a maneira de se vestir: "Não é decoroso que um menino seja vestido como um homem, nem que o traje de um rapaz seja mais enfeitado do que o de um velho." E, é claro, há um longo capítulo sobre "a maneira de cortar e servir as carnes", de preparar a mesa, de servir e tirar a mesa, função especialmente reservada às crianças e aos jovens.

O grande número de manuais de civilidade, suas reedições e adaptações, de Erasmo a J.-B. de La Salle e outros, provam-nos que a escola ainda não tinha monopolizado todas as funções de transmissão do conhecimento. As pessoas ainda se importavam muito com essas boas maneiras, que alguns séculos antes haviam constituído o essencial da aprendizagem. "A conduta doce a harmoniosa das crianças, escreveria um pedagogo do século XVII,[33] dá mais crédito a uma escola do que uma instrução sólida, porque ela mostra a todos que a criança foi instruída, embora talvez tenha aprendido pouca coisa, já que as boas maneiras são a parte principal da educação."

Ainda no início do século XVII, usava-se a expressão "saber o *Courtisan*" da mesma forma como se dizia a propósito de um homem que ele havia lido o *Galatée*.[34] O *Courtisan* de Balthazar de Castiglione criou um gênero, assim como Erasmo fixou o modelo típico dos tratados de civilidade: o gênero das artes de agradar e ter sucesso na vida. Esse gênero distinguia-se do da civilidade porque não parava nos primeiros elementos das boas

---

[33] F. Watson, *The English Grammar Schools to 1606*, 1907.

[34] Charles Sorel.

maneiras: "Os bons pedagogos ensinam não apenas as letras às criancinhas, mas também os bons costumes e as maneiras decentes, ensinam-nas a comer, a beber, a falar e a caminhar com certos gestos convenientes." Havia, contudo, uma parte comum às "civilidades" e aos "cortesãos", ou seja, à literatura que deles se originou: ambos os gêneros traduziam uma forma de agradar à sociedade, de ser bem-sucedido e de progredir graças à utilização oportuna das cortes e da sociedade mundana. Mas este se tornou o tema essencial do *Courtisan* ou de livros como *Le Héros*, do espanhol Laurens Gracien, traduzido para o francês, de *L'Honnête Homme* de Faret, e de toda uma literatura que foi estudada por D. Mornet.[35]

Podemos reduzir esse tema a duas noções essenciais: a ambição e a reputação. A ambição era considerada como um valor. Ninguém devia contentar-se com sua condição, e, ao contrário, devia-se sempre pensar em elevá-la. Essa preocupação com a ascensão não era vista como uma fonte de prazer e bem-estar, mas como um ideal que exigia disciplina severa e vontade inquebrantável, um ideal heróico no qual reconhecemos o espírito do Renascimento. Esse ideal persistiria até meados do século XVII. Ele se exprime ingenuamente em um trecho de *L'Honneste Garçon*.[36] Seu autor, M. de Grenaille, conhecia a importância da nobreza: "Eu preferiria que o *honneste garçon*, o menino bem-educado, nascesse em uma casa nobre... Não é verdade que os fidalgos possuem naturalmente não sei que ar de majestade que faz com que sejam respeitados, mesmo em sua ruína? As crianças da nobreza parecem comandar até mesmo na sujeição, enquanto os plebeus que às vezes comandam parecem receber ordens ao dá-las." E, no entanto, essa concepção de uma

---

[35] D. Mornet, *Histoire de la littérature classique*, 1940, e M. Magendie, *op. cit.*

[36] De Grenaille, *op. cit.*

ordem originária do nascimento é acompanhada de uma outra concepção social, igualmente importante no pensamento do autor, segundo a qual a nobreza é uma "qualidade divina que alimenta a coragem e a virtude, e não uma honra vã" – e essa qualidade é adquirida por meio da virtude ou do renome, e aumenta graças a uma "ambição generosa". O menino bem-educado elevará os títulos de sua casa: "Se tiver nascido um simples fidalgo, desejará ser Barão; se for Marquês, tentará ser Conde: Enfim, fará com que os direitos que a natureza lhe deu avancem tanto quanto a Fortuna o permitir." "Aqueles que, oriundos de uma família honorável, se virem donos de uma fortuna muito pequena ou medíocre, deverão esforçar-se para se elevar com arte e para conquistar a natureza com engenho." "Vemos mais pessoas de extração baixa tornarem-se grandes do que grandes se manterem no mesmo estado. É que os últimos algumas vezes negligenciam tudo, enquanto os primeiros não negligenciam nada." E Grenaille admira essas ascenções corajosas: o menino bem-educado deverá "saber que sua nobreza será mais honrosa se for adquirida por mérito, do que se tiver sido obtida por herança". Texto curioso, significativo do valor moral atribuído à ambição.

Como realizar essa "elevação"? Havia apenas um meio: o renome, a reputação. A competência intelectual e técnica e o valor moral não eram considerados, não porque fossem desprezados, mas porque estavam incluídos na aprovação que consagrava um homem como "célebre" e "amável". Essa aprovação, porém, devia ser sempre alimentada por novos feitos e novas habilidades: "Renovar a grandeza, fazer renascer a reputação e ressuscitar o aplauso."[37] O sucesso só podia ser obtido graças ao favor dos grandes e à amizade dos pares. Para obtê-los, um homem deveria ousar lançar mão mesmo de riquezas iníquias, e não devia hesitar

---

[37] Laurens Gracien, *op. cit.*

em dissimular defeitos e simular qualidades. A dissimulação era permitida: "O homem cuja paixão trabalha apenas em prol do renome, tu que aspiras à grandeza, deixa todos os homens te conhecerem, mas que nenhum te compreenda. Graças a essa arte, o medíocre parecerá grande, o grande infinito, e o infinito maior ainda."

A virtude,[38] escreve Faret em *L'Honnête Homme*, "é tão essencialmente o objetivo de todos aqueles que desejam obter consideração na corte, que, embora aí se disfarcem e se degradem, todos tentam dar a impressão de que a possuem em toda a sua pureza". Isso era explicável: "Um homem que só fale com o cortesão uma vez na vida, partirá satisfeito com este e dirá a seu respeito coisas que jamais diria se houvesse visto o fundo de sua alma."[39]

Para "obter o amor das pessoas" era preciso ter "tato", "a alma de toda qualidade bela, a vida de toda perfeição". Voltamos aqui à civilidade, às boas maneiras, à arte de viver em sociedade: "Sem ele, a melhor execução morre, e a maior perfeição torna-se repugnante."[40]

Na segunda metade do século XVII, os gêneros originários da "civilidade" de Erasmo e do "cortesão" de Castiglione sofreriam algumas modificações significativas.

O ideal renascentista de ambição e de elevação desaparece, ao mesmo tempo que o cortesão é substituído pelo *honnête homme*, e a corte, pela sociedade. Não era mais de bom-tom aspirar muito abertamente à fortuna e ao prestígio. Havia surgido um novo ideal, que foi cultivado pelo Chevalier Méré em toda a sua obra: a busca da média medida, da mediocridade ilustre. Essa

---

[38] N. Faret, *L'Honnête Homme*.

[39] Bardin, *Le Lycée*, 1632-1634, 2 vols.

[40] Laurens Gracien, *op. cit.*

concepção não diminuía o peso das influências sociais, mas também não lhes conferia mais o mesmo valor moral. As boas maneiras continuaram a ser tão necessárias como antes, mas pouco a pouco se esvaziaram de seu conteúdo moral e deixaram de ser uma virtude. Isso era apenas o início ainda mal perceptível de uma evolução que se precipitaria nos séculos XVIII e XIX: a sociabilidade coerente do *Ancien Régime* se reduziria a uma mundanidade mais frágil e menos rica. Contudo, durante a segunda metade do século XVII, essa evolução mal começava a ser sugerida, e a sociabilidade, embora se tornasse menos heroica e menos exemplar, permanecia bastante densa e forte.

Os tratados de civilidade, como dissemos, durante muito tempo foram descrições de boas maneiras que se dirigiam tanto às crianças como aos adultos, na medida em que ambos os grupos não as houvessem ainda aprendido. Assim como seus modelos antigos da Idade Média, eles explicavam como um homem bem-educado se devia conduzir, e lembravam os costumes estabelecidos, que outrora não eram redigidos mas nem por isso eram menos respeitados ou sinceros. Na segunda metade do século XVII, as civilidades mantinham seu aspecto tradicional, mas reservavam um lugar cada vez maior aos conselhos educativos e às recomendações dirigidas apenas às crianças, excluindo os adultos, como, por exemplo, recomendações relativas ao comportamento dos escolares. Em um manual "pueril e honesto para a instrução das crianças" de 1761,[41] havia um capítulo inteiro sobre a "maneira pela qual a criança se deve comportar na escola". Esse manual inspirava-se no de Cordier, que era mestre-escola, e em seus diálogos escolares. Ele ensinava que a criança devia tirar o chapéu ao entrar na escola, tanto por reverência ao mestre como para saudar os companheiros. A criança não deveria mudar de

---

[41] *La Civilité puérile et honneste pour l'instruction des enfants*, 1761.

lugar, e sim permanecer naquele indicado pelo mestre. "Não incomodeis vossos companheiros, empurrando um e batendo em outro." "Não sejais tão descortês e pouco prestativo a ponto de recusar a vossos companheiros em caso de necessidade tinta, penas, ou qualquer outra coisa que eles possam ter-se esquecido de trazer." "Não converseis na escola." "É uma prova de espírito maldoso demonstrar alegria quando alguém é repreendido ou castigado." Não se tratava apenas de iniciar a criança nos hábitos dos adultos, que outrora elas aprendiam unicamente por meio da experiência da aprendizagem; o tratado de civilidade agora prestava mais atenção à vida escolar, adaptava-se a ela e a prolongava. Isso era uma consequência do desenvolvimento da escola e da particularização da infância, que adquiriu uma importância cada vez maior nos manuais de civilidade, em detrimento dos adultos.

A *Civilité nouvelle* de 1671[42] já era algo como um tratado de educação para os pais, o que não acontecia com os manuais de civilidade tradicionais, concebidos como simples registros de costumes estabelecidos. Ela aconselhava como fazer para corrigir as crianças, em que idade se devia começar a ensinar-lhes as letras, e assim por diante. "A criança deverá repetir em casa o que tiver aprendido na escola ou no colégio, ou então deverá aprender em casa o que tiver de recitar diretamente diante do mestre." À noite, os pais deveriam proceder a um exame de consciência: "Se a criança se tiver portado como um homem", será lavada e acariciada. Se tiver cometido algumas faltas leves, os adultos a corrigirão, "ralhando, caçoando dela ou inflingindo-lhe alguma pena leve e fácil de suportar". "Se tiver praticado alguma ação do tipo das que se aproximam do crime, como a blasfêmia, o roubo ou a mentira, ou tiver proferido algum insulto ou injúria grosseira contra uma criada ou criado, ou tiver sido desobediente,

---

[42] Cf. nota 19 deste capítulo.

demonstrando teimosia e arrogância, será surrada com uma vara." "A seguir, a criança dirá boa-noite a seus pais e mestres, e irá fazer suas necessidades." "Finalmente, depois de se despir, deitar-se-á na cama para dormir, sem se distrair com conversas e sem contar histórias ou bobagens (ninguém dormia sozinho). Ela deverá deitar-se de forma a ficar bem e decentemente acomodada, e toda coberta; não dormirá nem de bruços nem de costas, mas de lado (conselho de higiene medieval); não dormirá sem camisa, tanto por questões de decoro como para poder encontrar facilmente suas roupas em todas as circunstâncias que possam ocorrer."

Mas mesmo o quadro ampliado dos tratados de civilidade tradicionais pareceu demasiado estreito para atender às novas preocupações educativas. Surgiram então, especialmente no círculo ligado a Port-Royal, verdadeiros tratados práticos de educação, apresentados sob a forma de conselhos aos pais: o *De l'éducation chrétienne des enfants* de Varet[43] em 1666, e as *Règles de l'éducation des enfants* de Coustel[44] em 1687. Embora essas obras contivessem capítulos sobre as boas maneiras (na conversação ou à mesa), que pareciam extraídos dos tratados de civilidade tradicionais, elas foram escritas com um espírito diferente de aconselhamento dos pais. Tratavam também da escolha do ofício, e dos problemas delicados da escolha da escola; tratavam dos mestres, das leituras (proscreviam os romances, esses venenos da alma), dos jogos e dos métodos pedagógicos: "Adaptai-vos sempre tanto quanto puderdes à sua fraqueza e à sua pequenez, falando tatibitate com elas para ajudá-las a aprender suas pequenas lições." Ao lado, portanto, dos conselhos aos pais, havia também conselhos aos mestres. Esses conselhos incitavam os pais a se portar bem diante das crianças, a lhes dar bom

---

[43] *Varet, De l'éducation chrétienne des enfants*, 1666.

[44] Coustel, *op. cit.*

exemplo, a vigiar suas amizades e a "lhes dar algum emprego conforme seus planos com relação a elas, a fim de não as deixar viver vergonhosamente à toa", evitando assim "aborrecimentos relativos ao estabelecimento dos filhos".[45]

Estamos longe, como vemos, dos manuais de civilidade tradicionais, pois não se trata mais de registrar os hábitos dos adultos para as crianças ou outros adultos ignorantes, e sim de instruir a própria família sobre seus deveres e suas responsabilidades, e de aconselhá-la em sua conduta com relação às crianças. A diferença entre a "civilidade" de Erasmo e os tratados de educação de Coustel e de Varet dá a medida da distância entre a família do fim do século XV, ainda ligada aos hábitos medievais de aprendizagem em casas estranhas, e a família da segunda metade do século XVII, já organizada em torno das crianças.

Contudo, esses traços quase modernos da educação familiar não diminuíram o sucesso dos tratados de civilidade tradicionais, pois a concentração da família em torno das crianças ainda não se opunha aos antigos hábitos de sociabilidade: os próprios educadores reconheciam que o "comércio do mundo" continuava a ser essencial.

Já que tudo dependia das relações sociais, podemos nos perguntar onde as pessoas se encontravam. Muitos traços antigos se mantinham: frequentemente elas ainda se encontravam fora, na rua. Não apenas ao acaso – pois as cidades eram pequenas e pouco espalhadas – mas também porque algumas ruas ou praças eram passeios onde em certas horas uma pessoa podia encontrar os amigos, como acontece hoje nas cidades mediterrânicas. O burburinho do Corso ou da Piazza Major agitava praças hoje desertas ou atravessadas por transeuntes

---

[45] *Ibid.*

que se desconhecem, mesmo quando passeiam. Para o turista de hoje é difícil reconhecer a praça Bellecour, em Lyon, nesta descrição fornecida por um viajante italiano em 1664, o abade Locatelli:[46] "Homens e mulheres passeavam de braços dados, segurando-se uns aos outros, como se segura uma criança... Uma mulher deu o braço a dois homens, um homem deu o braço a duas mulheres. Pouco acostumado a essas maneiras" (o abade vinha de Bolonha, onde as pessoas deviam ser mais reservadas do que em Lyon), "pensamos que havíamos entrado em um bordel... Observei como todos estavam alegres, e, na entrada do passeio, vi-os darem-se os braços, que mantinham dobrados como a alça de uma cesta, e assim eles passeavam." A surpresa desse bolonhês do século XVII diante dessa população risonha, de braços dados, é a mesma que sentimos hoje quando nos misturamos às multidões italianas.

As pessoas encontravam-se na rua, mas onde se reuniam? Na França do século XIX, e ainda hoje, os homens, ao menos, reúnem-se nos cafés. A civilização francesa contemporânea torna-se ininteligível se não reconhecemos a importância do café: ele é o único ponto de encontro acessível a qualquer momento, regular como um hábito. O equivalente inglês é a *public house*, o *pub*. A sociedade dos séculos XVI e XVII era uma sociedade sem cafés ou *pubs*: a taberna era um lugar de má fama, reservado aos jovens arruaceiros, às prostitutas, aos soldados, aos escolares errantes, aos mendigos e aos aventureiros de toda sorte: as pessoas de bem não a frequentavam, qualquer que fosse sua condição. Não havia outros lugares públicos além das casas particulares, ou, ao menos, algumas delas, as grandes casas, rurais ou urbanas.[47]

---

[46] Locatelli, *Relation de voyage en 1664*, org. por W. Blunt, *The Adventures of an Italian Priest*, Londres, 1956.

[47] No entanto, Lagniet em seus *Proverbes* representa uma taberna em que a presença de uma criança não parece deslocada.

O que entendemos nós por grandes casas? De fato, algo muito diferente do sentido que hoje daríamos à mesma expressão: seu significado era exatamente o contrário. Hoje, diz-se que uma casa é grande com relação ao seu povoamento. Uma casa grande é sempre uma casa pouco habitada. Assim que a densidade aumenta, as pessoas começam a sentir-se apertadas e a casa não é mais tão grande como antes. No século XVII, e também nos séculos XV e XVI, uma casa grande era sempre muito povoada, muito mais do que as casas pequenas. Essa observação extremamente importante decorre de todos os trabalhos sobre a densidade populacional realizados pelos historiadores demográficos.

Existe um estudo sobre a população de Aix-en-Provence no fim do século XVII,[48] realizado com base no registro de capitação de 1695. Sob a luz dessa análise, percebe-se um contraste bastante nítido entre os bairros pobres e densos e os bairros ricos e menos povoados: os primeiros possuíam casas pequenas e pouco habitadas, e os segundos, casas grandes cheias de gente. Algumas casas abrigavam 3 ou menos de 3 habitantes, enquanto outras continham 25 pessoas (2 patrões, 6 crianças e 17 empregados) ou 17 pessoas (2 patrões, 8 crianças, 7 empregados).

Essa oposição não é específica do século XVII ou da Provença. Um artigo recente sobre Carpentras em meados do século XV produz a mesma impressão.[49] Vinte e três famílias de homens ricos e importantes reuniam 177 pessoas, ou seja, 7,7 pessoas por casa; 17,4% da população viviam em casas que abrigavam mais de 8 pessoas. Um nobre mantinha 25 pessoas em sua casa. O arquiteto da catedral vivia entre 14 comensais. É delicado tirar conclusões desses dados a respeito do índice de natalidade. Por

---

48 J. Carrière, "La Population d'Aix-Provence à la fin du XVIIe siècle", *Annales de la Faculté des Lettres d'Aix-en-Provence*, 1958.

49 R. H. Bautier, "Feux. Population et structure sociale au milieu du XVe siècle", *Annales E. S.*, 1959, pp. 255-268.

outro lado, eles revelam com bastante clareza que as casas dos ricos abrigavam, além da família propriamente dita, toda uma multidão de criados, empregados, clérigos, caixeiros, aprendizes, auxiliares etc. Isso aconteceu do século XV ao XVII em quase toda a Europa ocidental. Essas casas eram grandes casas, mesmo quando não tinham o nome de *hôtel*, e possuíam vários aposentos por andar e várias janelas dando para a rua, o pátio ou o jardim. Sozinhas, elas formavam um verdadeiro grupo social. Ao lado dessas grandes casas, muito povoadas, havia casas minúsculas que abrigavam apenas um casal, e, sem dúvida, algumas de suas crianças, as mais novas. Na cidade, essas casas eram como as que existem ainda hoje nos bairros antigos, com uma ou duas janelas por andar. Segundo Paul Masson,[50] parece que a casa de duas janelas surgiu em Marselha, como um aperfeiçoamento da casa de uma só janela: "Os apartamentos em cada andar são formados por dois cômodos, um dando para a rua e o outro dando para um espaço estreito que separa o fundo da casa das casas da rua vizinha." Muitas vezes, aliás, as duas janelas iluminavam apenas um cômodo. Portanto, essas habitações urbanas possuíam apenas uma ou duas peças. No campo, as casas pequenas não eram maiores, e, quando havia dois cômodos, um era reservado aos animais. Evidentemente, tratava-se de abrigos para o repouso e às vezes (nem sempre) para a refeição. Essas casas pequenas e pobres não preenchiam nenhuma função social. Elas não podiam nem mesmo servir de lar para a família. A gravidade da crise habitacional dos anos 1950 forneceu-nos algumas informações sobre o efeito da habitação sobre a família. Sem dúvida, as pessoas eram menos sensíveis à promiscuidade durante o *Ancien Régime*. Mas é preciso haver um espaço mínimo, sem o qual a vida familiar se torna impossível e o sentimento da família, descrito ao

---

[50] Paul Masson, citado por J. Carrière, *op. cit.*

longo deste estudo, não pode nem se formar nem se desenvolver. Vemo-nos no direito de concluir que essas pessoas pobres e mal alojadas sentiam um amor banal por suas criancinhas – essa forma elementar do sentimento da infância – mas ignoravam as formas mais complicadas e mais modernas do sentimento da família. Eram sempre, como na Idade Média, famílias "silenciosas", silenciosas porque elementares. É certo que os jovens deviam deixar muito cedo esses cômodos únicos que hoje chamaríamos de cortiços, quer para emigrar para outros cortiços – dois irmãos juntos ou marido e mulher – quer para viver na casa grande dos ricos como aprendizes, criados ou empregados.

Nessas casas grandes, nem palácios, nem sempre *hôtels* ou mansões, casas rurais ou casas urbanas ocupando apenas um andar de um imóvel, encontramos o meio cultural do sentimento da infância e da família. Foi nelas que recolhemos todas as observações que constituem a matéria deste livro. A primeira família moderna foi a família desses homens ricos e importantes. É ela que vemos representada na rica iconografia familiar de meados do século XVII, nas gravuras de Abraham Bosse, nos retratos de Philippe de Champaigne, e nas cenas dos pintores holandeses. Foi para ela que os moralistas educadores escreveram seus tratados e que os colégios se multiplicaram. Para essa família, ou seja, para todos o grupo que ela formava, e que compreendia, além da família conjugal, não outros parentes (pois esse tipo de família patriarcal devia ser muito raro) – no máximo, talvez, um irmão solteiro – mas uma clientela de servidores, amigos e protegidos.

A casa grande desempenhava uma função pública. Nessa sociedade sem cafés, sem *public houses*, ela era o único lugar onde os amigos, clientes, parentes e protegidos se podiam encontrar e conversar. Aos servidores, clérigos e empregados que aí residiam permanentemente, é preciso acrescentar a vaga incessante de visitantes. Estes últimos não deviam preocupar-se com a hora e nunca eram despachados, pois os educadores do século XVII achavam que a frequência e a hora das visitas impedia um horário regular, especialmente para as refeições, e consideravam essa irregularidade bastante funesta para a formação das crianças para legitimar o hábito de enviá-las ao colégio a despeito dos inconvenientes morais e da promiscuidade escolar. As idas e vindas constantes dos visitantes distraíam as crianças de seu trabalho. Em suma, as visitas davam a impressão de ser uma verdadeira ocupação, que comandava a vida da casa e ditava até mesmo as horas das refeições.

Essas visitas não eram apenas de amizade ou mundanas, eram também profissionais. Mas elas eram muito mal distinguidas umas das outras. Os clientes do cartório durante muito tempo também foram os amigos do notário, e também seus devedores. Não havia locais profissionais, nem para o juiz, nem para o comerciante, nem para o banqueiro, nem para o negociante. Tudo se passava nos mesmos cômodos em que eles viviam com sua família.

Esses cômodos, porém, não eram mais especializados do ponto de vista doméstico do que profissional. Eles se comunicavam entre si, e as casas mais ricas eram formadas no andar nobre de galerias e salas enfileiradas. Nos outros andares, os cômodos eram menores, mas igualmente dependentes uns dos outros. Nenhum deles tinha uma destinação precisa, com exceção da cozinha, e, ainda assim, muitas vezes se cozinhava na lareira da maior sala. As instalações da cozinha na cidade e nas casas médias não permitiam muitos refinamentos, e, quando havia convidados, compravam-se pratos feitos no vendedor de assados das redondezas. Quando Hortensius, o "preceptor" de Francion, quis receber um grupo de amigos, disse a seu criado, seu homem de confiança: "Vai dizer a meu compadre dono da taberna que me mande do seu melhor vinho moscatel e um assado. Ora, ele assim o fez porque sendo já bastante tarde, e vendo que os últimos a chegar haviam trazido um tocador de viola, imaginou que seria preciso dar de comer a todas as pessoas que havia em seu quarto." Francion saiu com o criado. Em casa do dono da taberna "não encontramos nada que nos agradasse, e pegamos apenas o vinho. Decidimos ir até o vendedor de assados do Petit Pont. O criado comprou um capão, e como quisesse ainda um lombo de boi, foi procurar em todos os vendedores de assados para ver se encontrava um bom".

Vivia-se em salas onde se fazia de tudo. Nelas se comia, por exemplo, mas não em mesas especiais: a famosa "mesa de jantar" não existia. Na hora das refeições, armavam-se mesas sobre cavaletes dobráveis, que eram cobertas com uma toalha como se pode ver nas gravuras de Abraham Bosse. Em meados do século XV, o arquiteto humanista Alberti,[51] muito *laudator temporis acti*, recordava os hábitos de sua juventude: "Quando éramos jovens... a mulher mandava para o marido um pequeno cantil de vinho e alguma coisa de comer junto com o pão; ela jantava em casa, e os homens, no ateliê." Não devemos entendê-lo ao pé da letra, pois esse hábito ainda era frequente em várias casas de artesãos e camponeses na época em que ele escrevia essas linhas. Mas ele opunha esse costume simples ao costume urbano de sua época: "A mesa posta duas vezes por dia como para um banquete solene." Na realidade, tratava-se de uma mesa desmontável, como o era grande parte do mobiliário no início do século XVII.[52]

Nessas mesmas salas onde se comia, também se dormia, se dançava, se trabalhava e se recebiam visitas. As gravuras mostram-nos a cama ao lado de um aparador equipado com uma baixela de metal trabalhado ou no canto da sala onde as pessoas

---

[51] P. H. Michel, *La Pensée de L. B. Alberti*, 1930.

[52] P. du Colombier, *Style Henri IV et Louis XIII*, 1941, p. 49.

estão comendo. Um quadro de P. Codde de 1636[53] representa um baile; no fundo da sala onde dançam os mascarados vê-se uma cama com as cortinas fechadas. Durante muito tempo as camas também foram desmontáveis. Cabia aos pajens ou aos aprendizes armá-las quando necessário. O autor do *Chastel de joyeuse destinée* felicita os jovens "habituados à moda da França":[54]

> *Ces gens français servaient tout promptement*
> *Et dreçaient litz tant bien proprement*
> *Que ce m'était grant esbaissement.**

Ainda no início do século XVII, Héroard[55] anotava em seu diário em 12 de março de 1606: "Já vestido, ele (o futuro Luís XIII) ajudou a desmontar sua cama." Ou, em 14 de março de 1606: "Levado aos aposentos da Rainha, foi colocado no quarto do Rei (ausente, em campanha) e ajudou a trazer a armação de sua cama sob as vistas da Rainha; Mme de Montglat mandou colocar aí também sua cama para nela dormir." Em 8 de setembro de 1608, pouco antes da partida para Saint-Germain, "ele se distraiu desmontando pessoalmente sua cama, impaciente para partir". No entanto, nessa época as camas já se haviam tornado menos móveis. Alberti, em suas lamentações sobre os bons e velhos tempos, já observava: "Lembro-me... de ter visto nossos cidadãos mais notáveis, quando iam para o campo, mandarem levar suas camas e utensílios de cozinha, que traziam de volta em seu regresso. Hoje, a mobília de um único quarto é maior e mais cara do que antigamente o era a de toda a casa no dia de núpcias."[56]

---

[53] P. Codde, reproduzido em Berndt, 187.

[54] Jardin de Plaisance, ed. Droz e Piaget, p. 93.

* "Esses jovens franceses serviam prontamente / E armavam as camas tão bem / Que me causavam grande espanto." (N.T.)

[55] Héroard, *Journal de l'enfance de Louis XIII*, *op. cit.*

[56] P. H. Michel, *op. cit.*

Sem dúvida, essa transformação da cama desmontável em um móvel permanente marcou um progresso de intimidade. Logo a seguir, a cama ornamentada e envolta em cortinas foi utilizada pelos artistas para ilustrar os temas da vida privada: o quarto onde se reúnem os recém-casados, onde a mãe dá à luz, onde morrem os velhos, e também onde meditam os solitários. Contudo, o cômodo onde ficava a cama nem por isso era um quarto de dormir. Continuava a ser um lugar público. Consequentemente, era preciso colocar cortinas em torno da cama, cortinas que se abriam ou fechavam à vontade, para defender a intimidade de seus ocupantes. Pois raramente as pessoas dormiam sozinhas: dormia-se com a própria mulher, é claro, mas também com outras pessoas do mesmo sexo.

Como a cama era independente do quarto em que ficava e constituía por si só um pequeno reduto, podia haver muitas camas em um mesmo cômodo, em geral nos seus quatro cantos. Bussy-Rabutin conta[57] que um dia, durante uma campanha, uma moça aterrorizada pelos soldados pediu-lhe proteção e hospitalidade: "Finalmente eu disse à minha gente que lhes desse uma das quatro camas que havia em meu quarto."

É fácil imaginar a promiscuidade em que as pessoas viviam nessas salas onde era impossível se isolar, que era preciso atravessar para chegar aos outros cômodos, onde dormiam vários casais ou vários grupos de meninos ou meninas (sem contar os servidores, que, ao menos alguns, deviam dormir perto dos patrões e armar as camas ainda desmontáveis dentro do quarto, ou atrás da porta), onde todos se reuniam para fazer as refeições, receber os amigos ou clientes, e, às vezes, distribuir esmolas aos mendigos. Compreendemos então por que nos censos, os *hôtels*, as casas abastadas, eram sempre mais povoadas do que os pequenos

---

[57] Bussy-Rabutin, *Mémoires*, 1704, 3 vol.

apartamentos de um ou dois cômodos dos pobres. Devemos considerar essas famílias, nas quais, entretanto, já surgia o sentimento moderno da família, não como refúgios contra a invasão do mundo, mas como os núcleos de uma sociedade, os centros de uma vida social muito densa. Em torno delas estabeleciam-se círculos concêntricos de relações, progressivamente mais frouxos em direção à periferia: círculos de parentes, de amigos, de clientes, de protegidos, de devedores etc.

No centro dessa rede complexa figurava o grupo residente das crianças e dos servidores. Os progressos do sentimento da infância ao longo dos séculos XVI e XVII, e a desconfiança dos moralistas com relação aos criados ainda não haviam conseguido dissociá-lo. Ele era como que a alma viva e barulhenta da casa grande. Numerosas gravuras mostram-nos as crianças misturadas com os criados, eles também quase sempre muito jovens. Há, por exemplo, uma ilustração de Lagniet de um livro de provérbios, em que um pequeno criado brinca com uma criança da casa que mal começa a andar.[58] Essa mesma familiaridade deve ter existido nas casas dos artesãos e dos lavradores, com seus aprendizes ou jovens criados. Não havia uma grande diferença de idade entre as crianças da casa e os criados, que eram admitidos muito jovens, e alguns dos quais eram irmãos de leite dos membros da família. O *Book of Common Prayer* de 1549 afirmava que era obrigação dos chefes de família cuidar da instrução religiosa de todas as crianças da casa, ou seja, de todas as *children, servants and prentices*. Os servidores e os aprendizes eram assimilados às crianças da família. Eles brincavam juntos de brincadeiras de criança. "Ainda há pouco, o lacaio do abade, brincando de cachorrinho com a amável Jacqueline, a deixou cair no chão, quebrando seu braço e deslocando seu pulso. Os gritos que ela

---

[58] Lagniet em *Proverbes*.

deu foram horríveis", diz Mme de Sévigné, que parece achar tudo isso bastante divertido.[59]

Ainda no século XVII, os filhos de família continuavam a desempenhar funções domésticas que os aproximavam do mundo dos servidores: eram especialmente encarregados do serviço da mesa. Cortavam as carnes, traziam os inúmeros pratos do serviço à francesa, hoje desaparecido, e que consistia em apresentar vários pratos ao mesmo tempo, como em um bufê, e serviam a bebida, levando ou enchendo os copos. Até o fim do século XVIII, os manuais de civilidade consagravam um capítulo importante à maneira de servir à mesa, enquanto as cenas de gênero frequentemente mostravam crianças desempenhando essa função.[60] A noção de serviço ainda não se havia degradado. O fato de estar "na dependência" de outrem ainda não tinha assumido o caráter humilhante que adquiriu depois. Quase sempre uma pessoa "pertencia" a alguém. As artes de agradar dos séculos XVI e XVII, do tipo do *Courtisan*, aconselhavam o "fidalgo *particulier*", ou seja, subalterno, a escolher bem seu senhor e a conseguir obter seu favor. A sociedade ainda se apresentava como uma rede de "dependências". Daí, uma certa dificuldade em separar os serviços honrosos dos serviços mercenários, reservados à baixa criadagem: essa dificuldade ainda persistia no século XVII, embora a partir de então os servidores fossem assimilados às camadas desprezíveis dos trabalhadores manuais. Restava ainda entre os senhores e os servidores alguma coisa que não se reduzia nem à observação de um contrato nem à exploração de um patrão: um laço existencial, que não excluía a brutalidade de uns e a astúcia de outros, mas que resultava de uma comunidade de vida quase integral. Observemos os termos empregados pelos moralistas

---

[59] Mme de Sévigné, *Lettres*, 19 de agosto de 1671.

[60] Helmont (1623-1679) "Criança servindo à mesa" *in* Berndt, nº 365.

para designar os deveres do pai de família: "Os deveres de um bom pai de família reduzem-se a três pontos principais: o primeiro consiste em aprender a *controlar sua mulher*. O segundo, em *bem educar seus filhos*, e o terceiro, em *bem governar seus criados*."[61] "Salomão dá-nos a esse respeito um conselho muito judicioso, que encerra todos os deveres de um senhor para com seus servidores. Há três coisas, diz ele, que não lhes devem faltar. São elas: pão, trabalho e reprimendas. Pão... porque é de seu direito, trabalho, porque este é seu quinhão, reprimendas e castigos porque este é nosso interesse." "Se todos os servidores fossem honestamente alimentados e pagos com exatidão, encontrar-se-iam muito poucos de conduta irregular." Mas não se pagava aos criados um salário, como hoje. Vejamos o que diz Coustel:[62] os pais pródigos "colocam-se na impossibilidade de *recompensar seus criados*, de satisfazer seus credores ou de ajudar os pobres, como é seu dever". Ou ainda Bordelon:[63] "Entre os criados e os senhores há deveres recíprocos. Por seus serviços e por sua submissão, dai-lhes *compaixão* e *recompensas*." Não se pagava ao servidor, dava-se-lhe uma recompensa: as relações eram menos de justiça do que de proteção e piedade, o mesmo sentimento que se tinha pelas crianças. Ninguém o exprimiu melhor do que Dom Quixote, quando, ao despertar, considera Sancho, ainda adormecido: "Dormes, não tens preocupações. O cuidado de tua pessoa, submeteste-o aos meus ombros; é um fardo que a natureza e o costume impuseram àqueles que têm criados. O criado dorme enquanto o senhor vela, pensando em como *alimentá-lo*, *melhorá-lo* e *fazer-lhe bem*. O medo (de uma colheita ruim etc.)... nunca aflige o criado, e sim o senhor, que,

---

[61] De Gérard, *Entretiens*, I, p. 153.

[62] Coustel, *op. cit.*

[63] Bordelon, *op. cit.*

durante a esterilidade e a fome, deve sustentar aquele que o serviu durante a fertilidade e a abundância."[64] A familiaridade que essa relação pessoal de dependência acarretava aparece ainda nas comédias de Molière, na linguagem das criadas e criados, quando estes falam com seus senhores. Nessas salas sem destinação especial onde se comia, dormia e recebia, os criados nunca se separavam de seus senhores: em *Les Caquets de l'accouchée*, a criada se misturava na conversa com naturalidade. Isso acontecia nas casas burguesas, mas também na alta nobreza. "Como a Princesa de Condé", conta Mme de Sévigné,[65] "se tivesse afeiçoado há algum tempo a um de seus lacaios chamado Duval, este foi louco o bastante para demonstrar impaciência diante da boa vontade que ela manifestava também para com o jovem Rabutin, que havia sido seu pajem". Eles tiveram uma briga na frente da princesa. "Rabutin empunhou a espada para castigá-lo, *Duval tirou também a sua*, e a Princesa, pondo-se entre os dois para separá-los, foi levemente ferida no colo."

Essa familiaridade, é certo, começava a desaparecer entre os adultos, e os moralistas mais preocupados com os bons tratos dos servidores aconselhavam também a maior reserva possível diante deles: "Falai pouco com vossos criados."[66] Mas a antiga familiaridade subsistia entre os criados e as crianças ou os jovens. Desde seus primeiros anos, as crianças haviam brincado com os pequenos lacaios, alguns dos quais lhe eram mais pessoalmente ligados, e, algumas vezes, os serviam nos colégios; uma verdadeira camaradagem podia formar-se entre eles. Conhecemos os criados de Molière, e o criado do *Menteur* de Corneille. Mas um criado de comédia esquecido, o de *Les Ecoliers* de Larivey, exprime

---

[64] Cervantes, *Dom Quixote*, parte II, cap. 20.

[65] Mme de Sévigné, *Lettres*, 23 de janeiro de 1671.

[66] Bordelon, *op. cit.*

o sentimento que tinha por seu senhor com uma emoção mais verdadeira: "Fui criado com ele e amo-o mais do que qualquer outro vivente."

Há muito tempo já sabemos pelos historiadores que o Rei nunca ficava sozinho. A densidade social proibia o isolamento e aqueles que se conseguiam fechar em um quarto por algum tempo eram vistos como figuras excepcionais: relações entre pares, relações entre pessoas da mesma condição, mas dependentes umas das outras, relações entre senhores e criados – estas relações de todas as horas e de todos os dias jamais deixavam um homem sozinho. Essa sociabilidade durante muito tempo se havia oposto à formação do sentimento familiar, pois não havia intimidade. O desenvolvimento, nos séculos XVI e XVII, de uma relação afetiva nova, ou ao menos consciente, entre os pais e os filhos não a destruiu. Essa consciência da infância e da família – no sentido em que falamos de consciência de classe – postulava zonas de intimidade física e moral que não existiam antes. Contudo, nessa época, ela se combinou com uma promiscuidade permanente. A conjunção de uma sociabilidade tradicional e de uma consciência nova da família seria encontrada apenas em algumas famílias, famílias abastadas rurais ou urbanas, nobres ou plebeias, camponesas ou artesãs. As casas desses homens abastados tornaram-se centros de vida social, em torno das quais gravitava todo um pequeno mundo complexo e numeroso. Esse equilíbrio entre a família e a sociedade não iria resistir à evolução dos costumes, e aos novos progressos da intimidade.

No século XVIII, a família começou a manter a sociedade a distância, a confiná-la a um espaço limitado, aquém de uma zona cada vez mais extensa de vida particular. A organização da casa passou a corresponder a essa nova preocupação de defesa contra o mundo. Era já a casa moderna, que assegurava a independência dos cômodos fazendo-os abrir para um corredor de acesso. Mesmo quando os cômodos se comunicavam, não se era mais forçado a atravessá-los para passar de um ao outro. Já se disse que o conforto data dessa época: ele nasceu ao mesmo tempo que a intimidade, a discrição e o isolamento, e foi uma das manifestações desses fenômenos. Não havia mais camas por toda a parte. As camas eram reservadas ao quarto de dormir, mobiliado de cada lado da alcova com armários e nichos onde se expunha um novo equipamento de toalete e de higiene. Na França e na Itália, a palavra *chambre* tendeu a se opor à palavra *salle* – antes, eram quase sinônimas; a *chambre* designava o cômodo onde se dormia, e a *salle*, o cômodo onde se recebia ou se comia: o *salon* e a *salle à manger*, a *caméra* e a *sala da pranza*. Na Inglaterra, a palavra *room* continuou a ser utilizada em todos os casos, mas foi especificada por meio de um prefixo: *dining-room*, *bedroom* etc.

Essa especialização dos cômodos da habitação, surgida inicialmente entre a burguesia e a nobreza, foi certamente uma das maiores mudanças da vida quotidiana. Correspondeu a uma necessidade nova de isolamento. Nesses interiores mais fechados, os criados não saíam mais das áreas separadas que lhes eram determinadas – a não ser nas casas dos príncipes de sangue, onde persistiam os antigos hábitos. Sébastien Mercier registrou como uma inovação recente o hábito de as damas chamarem as criadas com campainhas. As campainhas eram então montadas de forma a que se pudesse acioná-las a distância – antes, elas mal eram capazes de chamar a atenção no próprio cômodo onde soavam. Nada poderia ser mais característico dessa nova necessidade de manter os criados a distância e também de se defender contra os intrusos. No fim do século XVIII, não se usava mais ir à casa de um amigo ou sócio a qualquer hora, sem prevenir. As pessoas ou se visitavam nos dias de recepção, ou "enviavam-se reciprocamente cartões por intermédio dos criados". "O correio também se encarrega das visitas."[67] "A caixa de correspondência" entrega os cartões e "nada é mais fácil, ninguém é visível, todos têm a decência de fechar sua porta". As novas maneiras propunham abandonar aquilo que antes era a ocupação mais natural, o meio de fazer avançar os negócios e de conservar a posição e os amigos. Outrora, vivia-se em público e em representação, e tudo era feito oralmente, por meio da conversação. Agora, separava-se melhor a vida mundana, a vida profissional e a vida privada: a cada uma era determinado um local apropriado como o quarto, o gabinete ou o salão.

O uso do cartão e do dia marcado não era um fenômeno isolado. Ele pertencia a todo um código novo de maneiras, que substituiu a antiga *bienséance*, a antiga etiqueta. Esta recebeu o nome moderno de polidez e orientou-se no mesmo sentido de proteção da liberdade e da intimidade individual ou familiar, contra a pressão social. As antigas boas maneiras eram uma arte de viver em público e em representação. A nova polidez obrigava à discrição e ao respeito pela intimidade alheia. A ênfase moral deslocara-se. Sébastien Mercier notou muito bem essa mudança: "O tom do século abreviou muito as cerimônias, e, hoje, praticamente só os provincianos são homens cerimoniosos." As refeições também foram encurtadas: "A refeição é mais curta, e não é à mesa que se pode discutir em liberdade ou contar histórias engraçadas", é na sala, onde as pessoas se recolhem, no *drawing-room*. "Não se tem mais pressa em beber, não se atormenta mais os convivas para lhes provar que se sabe receber os amigos. Não se pede mais aos convidados que cantem (os concertos em volta da mesa ainda coberta de frutas dos séculos XVI e XVII)." "Hoje se renunciou a esses hábitos tolos e ridículos tão familiares a nossos ancestrais, infelizes prosélitos de uma tradição embaraçosa e aborrecida

---

[67] Sébastian Mercier, *Les Tableaux de Paris*, ed. Desnoiteres, p. 194.

a *que eles chamavam correta.*" "Nem um minuto de descanso; discutia-se cerimoniosamente antes e durante a refeição, com uma teimosia pedante, e os entendidos em cerimônia aplaudiam esses combates pueris." "De todos os costumes antigos e triviais, o de saudar quando alguém espirra é o único que ainda subsiste em nossos dias." "Deixemos que o sapateiro e o alfaiate se deem o abraço cerimonioso, verdadeiro ou falso, que ainda era comum entre a boa sociedade há quarenta anos." "Hoje é apenas na casa do *pequeno-burguês* (é engraçado o emprego da expressão) que se usam cerimônias fastidiosas e maneiras inúteis e eternas, que ele ainda considera marcas de civilidade, e que fatigam sobremaneira as pessoas habituadas à boa sociedade."

A reorganização da casa e a reforma dos costumes deixaram um espaço maior para a intimidade, que foi preenchida por uma família reduzida aos pais e às crianças, da qual se excluíam os criados, os clientes e os amigos. As cartas do General de Martange, escritas à sua mulher entre 1760 e 1780, permitem-nos avaliar os progressos de um sentimento da família que se havia despojado de todo arcaísmo e tornado idêntico ao do século XIX e início do século XX. A família deixara de ser silenciosa: tornara-se tagarela e invadira a correspondência das pessoas, bem como, sem dúvida, suas conversas e preocupações.[68]

As antigas formas de tratamento como *Madame* desapareceram. Martange tratava sua mulher por "minha querida mamãe", ou "minha querida amiga", "minha querida criança", "minha querida menina". O marido dava à mulher o mesmo nome pelo qual a chamavam as crianças: mamãe. Suas cartas estão cheias de detalhes sobre as crianças, sua saúde e sua conduta. As crianças são designadas por diminutivos familiares: Minette e Coco. O uso mais difundido do diminutivo e do apelido correspondia a

---

[68] *Correspondance inédite du général de Martange, 1576-1782*, ed. Breard, 1898.

uma familiaridade maior, e, sobretudo, a uma necessidade de as pessoas se chamarem de uma forma diferente dos estranhos, de sublinhar por uma espécie de linguagem iniciática a solidariedade dos pais e dos filhos, e a distância que os separava de todos os demais.

Enquanto estava afastado, o pai se mantinha a par dos pequenos detalhes da vida quotidiana, que era levada muito a sério. Ele esperava as cartas de casa com impaciência: "Peçote, minha boa menina, que me escrevas a toda hora duas palavras apenas." "Ralha um pouco, peço-te, com Mlle Minette pela pouca atenção que ela teve até agora de me escrever." Ele falava da alegria de seu encontro próximo com a família: "Anseio por me encontrar contigo em nosso pobre lar, e gostaria de não ter nenhuma outra preocupação além de arrumar teu quarto e tornar nossa estada cômoda e agradável." Vemos aqui já o gosto moderno pela intimidade, que opõe a casa, objeto de fervorosa manutenção, ao mundo exterior.

Nessa correspondência, as questões de saúde e de higiene ocupam um lugar importante. Até então, as pessoas preocupavam-se com as doenças graves, mas não demonstravam essa solicitude constante, não se inquietavam com um resfriado ou uma pequena afecção passageira. A vida física não tinha tanta importância: "Ficaria extremamente infeliz se não tivesse notícias de tua saúde e da de minhas filhinhas." (...) "Embora o que me dizes sobre a pouca saúde de que tu e minhas pobres filhas gozam não seja tão consolador como o desejaria o coração de um pai..." "Não estou muito tranquilo com o que me informas sobre a falta de apetite e as dores de nosso menino. Gostaria de te recomendar, minha filha querida, que tivesses à mão, tanto para ele como para Xavière, um pouco de mel de Narbonne, e que não deixes de esfregá-lo em suas gengivas quando eles sentirem dores." Eram as emoções dos pais no momento dos primeiros dentes: elas poderiam ter interessado algumas mulheres do tempo de Mme de Sévigné, mas não teriam recebido a honra de um lugar na correspondência de um oficial General. "O resfriado de minhas duas filhas me preocupa... Mas parece-me que enfim o tempo melhorou esta manhã." Discutia-se sobre a vacina antivariólica como hoje se discute sobre o B.C.G. "Deixo-te inteiramente responsável pela inoculação de Xavière, e quanto mais cedo melhor, já que todo o mundo está satisfeito com a inoculação." Ele aconselha a mulher a beber "água de Sedlitz" e "os sais do mesmo nome", limonada, e ainda a misturar na água um pouco de vinagre ou aguardente para prevenir o contágio das epidemias.

Uma de suas filhas casou-se na Alemanha. Em uma carta à sua "querida e terna mamãe", de 14 de janeiro de 1781, a moça explica seu longo silêncio: "Primeiro, os dois menores passaram dois meses com coqueluche, a tal ponto violenta, que sempre que tossiam ficavam roxos e o sangue saía de suas narinas aos borbotões. Depois dessa doença, a pequena (a caçula) e Xavière tiveram as febres mais fortes possíveis." Os médicos haviam condenado Xavière: "Esta pobre criança sofreu tudo o que é possível sofrer." No entanto, conseguiram salvá-la: "Graças ao Ser Supremo, todos três me foram devolvidos." Ninguém ousaria então consolar-se da perda de uma criança com a esperança de ter uma outra, como ainda se confessava um século antes. Esse pequeno ser era insubstituível, e sua perda, irreparável. E a mãe encontrava sua alegria no meio de seus filhos, que não mais pertenciam a um meio intermediário entre o não ser e o ser: "A companhia de meus filhos é minha única delícia." Observamos aqui ao vivo a relação entre os progressos do sentimento da infância e os progressos da higiene, entre a preocupação com a criança e a preocupação com a saúde, outra forma dos laços que uniam as atitudes diante da vida às atitudes diante da morte.

Cuidava-se muito também da educação das crianças, e reconhecia-se sua importância: "Acima de tudo, recomendo-te não perder um minuto na educação das crianças; dobra ou triplica as lições diárias, sobretudo para ensiná-las a ter boa postura, a andar e a comer" (persistência da antiga civilidade). As três crianças tinham um preceptor: "Que as três crianças façam bom proveito e que as duas meninas, sobretudo, aprendam a manter boa postura e a andar. Se M. H. souber fazer com que sejam graciosas, poderá se gabar de ser um mestre hábil."

Martange tinha problemas de dinheiro, e temia suas consequências: "A dor de não poder dar-lhes a educação que desejo fez-me passar por momentos cruéis de reflexão." Quaisquer que fossem as circunstâncias, era preciso não economizar a "paga dos mestres". Estamos longe aqui das lamentações dos moralistas dos anos 1660, que se queixavam de as pessoas não pagarem aos mestres por não se darem conta da importância de sua missão. "Se não tivesse mais nada, venderia minha última camisa para ver meus filhos no mesmo nível que as outras crianças de sua idade e de sua condição. Eles não devem vir ao mundo para nos humilhar com sua ignorância ou seu comportamento. Não penso em mais nada, minha querida amiga, além de refazer minha fortuna para assegurar a felicidade deles. Mas se eles quiserem fazer a minha, terão de se aplicar e aproveitar o tempo." Martange preocupava-se na época em que seus filhos foram vacinados, pois "o tempo gasto na inoculação seria perdido para os mestres". "Aproveita a estada na cidade para dar-lhes um pouco da educação que meus dissabores (de fortuna) até hoje nos impediram de lhes oferecer."

A saúde e a educação: a partir dessa época, seriam essas as duas principais preocupações dos pais. Não podemos deixar de nos surpreender com o tom extremamente moderno dessa correspondência. Apesar dos dois séculos que nos separam dela, ela está mais próxima de nós do que de Mme de Sévigné, que vivera apenas um século antes. Em Mme de Sévigné, ao lado da solicitude natural de uma boa avó, o que aparece acima de tudo, em todos os momentos de sua vida, é uma curiosidade divertida pelas fantasias da infância, aquilo a que chamei anteriormente primeiro sentimento da infância, a "paparicação". Esse sentimento está quase inteiramente ausente em Martange. Ele leva tudo muito a sério. É já a gravidade do século XIX, aplicada tanto às pequenas coisas como às grandes, a gravidade vitoriana. No século XVII, quando não era objeto de distração, a criança era o instrumento de uma especulação matrimonial e profissional, destinada a promover um avanço da família na sociedade. Em Martange, essa preocupação passa para o segundo plano: sua preocupação com a educação parece muito mais desinteressada. As crianças tais como são e a família tal como é, com suas dores e alegrias quotidianas, emergiram de uma rotina elementar para atingir as zonas mais luminosas da consciência. Esse grupo de pais e filhos, felizes com sua solidão, estranhos ao resto da sociedade, não é mais a família do século XVII, aberta para o mundo invasor dos amigos, clientes e servidores: é a família moderna.

Uma das marcas mais características dessa família é a preocupação de igualdade entre os filhos. Vimos que os moralistas do século XVII defendiam muito timidamente essa igualdade, sobretudo porque o favorecimento dos privilegiados fazia com que os mais moços corressem o risco de falsas vocações religiosas, mas também porque eles estavam adiantados para sua época e pressentiam as condições futuras da vida familiar. Ao lê-los, vimos como eles tinham a consciência de estar contrariando a opinião comum. Mas de agora em diante, a partir do fim do século XVIII, a desigualdade entre os filhos de uma mesma família seria considerada uma injustiça intolerável. Foram os costumes – e não o código civil ou a Revolução – que suprimiram o direito de primogenitura. As famílias francesas o recusaram quando os ultras da Revolução o restauraram, inspirados em uma nova concepção da família, que eles erroneamente atribuíam ao *Ancien Régime*: "Em 20 famílias abastadas, escreveu Villèle a Polignac em 31 de outubro de 1824,[69] mal haverá uma em que se ponha em prática a faculdade de beneficiar o filho mais velho ou qualquer outro. Os laços da subordinação estão de tal forma frouxos em toda a parte, que, dentro da família, o pai se crê obrigado a agradar aos filhos."

Entre o fim da Idade Média e os séculos XVI e XVII, a criança havia conquistado um lugar junto de seus pais, lugar este a que não poderia ter aspirado no tempo em que o costume mandava que fosse confiada a estranhos. Essa volta das crianças ao lar foi um grande acontecimento: ela deu à família do século XVII sua principal característica, que a distinguiu das famílias medievais. A criança tornou-se um elemento indispensável da vida quotidiana, e os adultos passaram a se preocupar com sua educação, carreira e futuro. Ela não era ainda o pivô de todo o sistema, mas tornara-se uma personagem muito mais consistente. Essa família do século XVII, entretanto, não era a família moderna: distinguia-se desta pela enorme massa de sociabilidade que conservava. Onde ela existia, ou seja, nas grandes casas, ela era um centro de relações sociais, a capital de uma pequena sociedade complexa e hierarquizada, comandada pelo chefe de família.

A família moderna, ao contrário, separa-se do mundo e opõe à sociedade o grupo solitário dos pais e filhos. Toda a energia do grupo é consumida na promoção das crianças, cada uma em particular, e sem nenhuma ambição coletiva: as crianças, mais do que a família.

Essa evolução da família medieval para a família do século XVII e para a família moderna durante muito tempo se limitou aos nobres, aos burgueses, aos artesãos e aos lavradores ricos.

---

[69] Fourcassié, *Villèle*, 1954.

Ainda no início do século XIX, uma grande parte da população, a mais pobre e mais numerosa, vivia como as famílias medievais, com as crianças afastadas da casa dos pais. O sentimento da casa, do *chez soi*, do *home*, não existia para eles. O sentimento da casa é uma outra face do sentimento da família. A partir do século XVIII, e até nossos dias, o sentimento da família modificou-se muito pouco. Ele permaneceu o mesmo que observamos nas burguesias rurais ou urbanas do século XVIII. Por outro lado, ele se estendeu cada vez mais a outras camadas sociais. Na Inglaterra do fim do século XVIII, Ashton constatou os progressos da vida familiar: "Os trabalhadores agrícolas tenderam a se instalar em uma casa própria, em lugar de morar na casa de seus empregadores, e o declínio da aprendizagem na indústria têxtil permitiu casamentos mais precoces e famílias mais numerosas."[70] O casamento tardio, a precocidade do trabalho, os problemas habitacionais, a mobilidade do estágio do auxiliar junto ao mestre, a persistência das tradições de aprendizagem – todos esses fatores constituíram obstáculos ao modo ideal de vida familiar burguesa, obstáculos que a evolução dos costumes pouco a pouco removeria. A vida familiar estendeu-se a quase toda a sociedade, a tal ponto que as pessoas se esqueceram de sua origem aristrocrática e burguesa.[71]

---

[70] J. Ashton, *La Révolution industrielle*, p. 173.

[71] H. Bergues, Ph. Ariès, E. Hélin, L. Henry, M. Riquet, A. Sauvy, J. Sutter, *La Prévention des naissances dans la famille, ses origines dans les temps moderns*. Institut National d'Etudes Démographiques, *Cahier* nº 35, 1960. Cf. também R. Prigent, *Renouveau des idées sur la famille*, I.N.E.D., nº 18, 1954.

CONCLUSÃO

Família e Sociabilidade

O historiador que examina os documentos iconográficos com a preocupação de neles encontrar esse frêmito de vida que ele próprio experimenta em sua própria existência fica espantado com a raridade, ao menos até o século XVI, das cenas de interior e de família. Tem de descobri-las com o auxílio de uma lupa, e interpretá-las com o reforço de hipóteses. Por outro lado, ele depara imediatamente com a principal personagem de todas essas imagens, uma personagem tão essencial quanto o coro no teatro antigo: a multidão – não a multidão maciça e anônima de nossas cidades superpovoadas, mas a assembleia, na rua ou nos lugares públicos (como as igrejas), de vizinhos, matronas e crianças, numerosos, mas não estranhos uns aos outros – uma miscelânea bastante parecida com a que hoje anima os *souks* das cidades árabes ou as *cours* das cidades mediterrânicas na hora do passeio noturno. É como se todos tivessem saído de casa, em vez de ficar dentro dela: há cenas de ruas e de mercados, de jogos e de ofícios, de armas ou de aulas, de igrejas ou de suplícios. Na rua, nos campos, no exterior, em público, no meio de uma coletividade numerosa – era aí que se tendia a situar naturalmente os acontecimentos ou as pessoas que se desejava retratar.

Gradualmente, surgiria a ideia de isolar os retratos individuais ou familiares. Mas a importância que atribuímos nestas páginas a essas tentativas não nos deve enganar sobre o quanto elas foram raras e tímidas no princípio. Por muito tempo, até o século XVII, época em que a iconografia da família se tornou extremamente rica, o essencial continuaria a ser a representação da vida exterior e pública. Essa impressão geral, que surpreende o historiador no momento de seu contato com os documentos iconográficos, corresponde a uma profunda realidade. A vida no passado, até o século XVII, era vivida em público: apresentamos vários exemplos desse domínio da sociedade. As cerimônias tradicionais que acompanhavam o casamento, e que eram consideradas mais importantes do que as cerimônias religiosas, como a bênção do leito nupcial, a visita dos convidados aos recém-casados já deitados, as brincadeiras durante a noite de núpcias etc., são mais uma prova do direito da sociedade sobre a intimidade do casal. Por que haveria alguma objeção, se na realidade não existia quase nenhuma intimidade, se as pessoas viviam misturadas umas com as outras, senhores e criados, crianças e adultos, em casas permanentemente abertas às indiscrições dos visitantes? A densidade social não deixava lugar para a família. Não que a família não existisse como realidade vivida: seria paradoxal contestá-la. Mas ela não existia como sentimento ou como valor.

Assistimos ao nascimento e ao desenvolvimento desse sentimento da família desde o século XV até o século XVIII. Vimos como, até o século XVIII, ele não havia destruído a antiga sociabilidade; é verdade que ele se limitava às classes abastadas, a dos homens ricos e importantes do campo ou da cidade, da aristocracia ou da burguesia, artesãos ou comerciantes. A partir do século XVIII, ele estendeu-se a todas as camadas e impôs-se tiranicamente às consciências. Muitas vezes apresentou-se a evolução dos últimos séculos como o triunfo do individualismo sobre as obrigações sociais, entre as quais figurava a família. Mas onde está o individualismo das vidas modernas, em que toda a energia do casal é orientada para servir aos interesses de uma posteridade deliberadamente reduzida? Não haveria mais individualismo na alegre indiferença dos prolíficos pais de família do *Ancien Régime*? É claro que a família moderna não possui mais a mesma realidade material da época do *Ancien Régime*, quando ela se confundia com um patrimônio e uma reputação. Exceto em casos cuja importância vem diminuindo, o problema da transmissão da riqueza vem depois do problema do bem dos filhos, e esse bem não é mais necessariamente considerado como fidelidade a uma tradição profissional. A família tornou-se uma sociedade fechada onde seus membros gostam de permanecer, e que é evocada com prazer, como o fazia o General de Martange em suas cartas no fim do século XVIII. Toda a evolução de nossos costumes contemporâneos torna-se incompreensível se desprezamos esse prodigioso crescimento do sentimento da família. Não foi o individualismo que triunfou, foi a família.

Mas essa família estendeu-se à medida que a sociabilidade se retraiu. É como se a família moderna tivesse substituído as antigas relações sociais desaparecidas para permitir ao homem escapar a uma insustentável solidão moral. A partir do século XVIII, as pessoas começaram a se defender contra uma sociedade cujo convívio constante até então havia sido a fonte da educação, da reputação e da fortuna. Daí em diante, um movimento visceral destruiria as antigas relações entre senhores e criados, grandes e pequenos, amigos ou clientes. Esse movimento foi retardado em certos casos pelas inércias do isolamento geográfico ou social. Ele seria mais rápido em Paris do que em outras cidades, mais rápido entre as burguesias do que nas classes populares. Em toda a parte ele reforçaria a intimidade da vida privada em detrimento das relações de vizinhança, de amizades ou de tradições. A história de nossos costumes reduz-se em parte a esse longo esforço do homem para se separar dos outros, para se afastar de uma sociedade cuja pressão não pôde mais ser suportada. A casa perdeu o caráter de lugar público que possuía em certos casos no século XVII, em favor do clube e do café, que, por sua vez, se tornaram menos frequentados. A vida profissional e a vida familiar abafaram essa outra atividade, que outrora invadia toda a vida: a atividade das relações sociais.

Somos tentados a crer que o sentimento da família e a sociabilidade não eram compatíveis, e só se podiam desenvolver à custa um do outro.

CONCLUSÃO

> Ele estava livre, infinitamente, a ponto de não mais se sentir pesar sobre a terra. Faltava-lhe esse peso das relações humanas que entrava o passo, essas lágrimas, esses adeuses, essas queixas, essas alegrias, tudo o que um homem acaricia ou dilacera toda vez que esboça um esto, esses mil laços que o ligam aos outros e o tornam pesado.
>
> *Saint-Exupéry*

Na Idade Média, no início dos tempos modernos, e por muito tempo ainda nas classes populares, as crianças misturavam-se com os adultos assim que eram consideradas capazes de dispensar a ajuda das mães ou das amas, poucos anos depois de um desmame tardio – ou seja, aproximadamente, aos sete anos de idade. A partir desse momento, ingressavam imediatamente na grande comunidade dos homens, participando com seus amigos jovens ou velhos dos trabalhos e dos jogos de todos os dias. O movimento da vida coletiva arrastava na mesma torrente as idades e as condições sociais, sem deixar a ninguém o tempo da solidão e da intimidade. Nessas existências densas e coletivas, não havia lugar para um setor privado. A família cumpria uma função – assegurava a transmissão da vida, dos bens e dos nomes – mas não penetrava muito longe na sensibilidade. Os mitos, como o do amor cortês (ou precioso), desprezavam o casamento, enquanto as realidades como a aprendizagem das crianças afrouxavam o laço afetivo entre pais e filhos. Podemos imaginar a família moderna sem amor, mas a preocupação com a criança e a necessidade de sua presença estão enraizadas nela. A civilização medieval havia esquecido a *paideia* dos antigos, e ainda ignorava a educação dos modernos. Este é o fato essencial: ela não tinha ideia da educação. Hoje, nossa sociedade depende e sabe que depende do sucesso de seu sistema educacional. Ela possui um sistema de educação, uma consciência de sua importância. Novas ciências, como a Psicanálise, a Pediatria, a Psicologia, consagraram-se aos problemas da infância, e suas descobertas são transmitidas aos pais por intermédio de uma vasta literatura de vulgarização. Nosso mundo é obcecado pelos problemas físicos, morais e sexuais da infância.

Essa preocupação não era conhecida da civilização medieval, pois para essa sociedade não havia problemas: assim que era desmamada, ou pouco depois, a criança tornava-se a companheira natural do adulto. As classes de idade do neolítico, a *paideia* helenística, pressupunham uma diferença e uma passagem entre o mundo das crianças e o dos adultos, uma passagem que era realizada por meio da iniciação ou de uma educação. A civilização medieval não percebeu essa diferença, e, portanto, não possuiu essa noção de passagem.

O grande acontecimento foi, portanto, o reaparecimento no início dos tempos modernos da preocupação com a educação. Esse interesse animou um certo número de eclesiásticos e juristas ainda raros no século XV, mas cada vez mais numerosos e influentes nos séculos XVI e XVII, quando se confundiram com os partidários da reforma religiosa. Pois eles eram antes de tudo moralistas, mais do que humanistas: os humanistas continuavam ligados a uma cultura do homem, espalhada por toda a vida, e pouco se preocupavam com uma formação reservada às crianças.

Esses reformadores, esses moralistas cuja influência sobre a vida da escola e da família observamos neste estudo, lutaram com determinação contra a anarquia (ou o que lhes parecia então ser a anarquia) da sociedade medieval, enquanto a Igreja, apesar de sua repugnância, há muito se havia resignado a ela, e incitava os fiéis a procurar sua salvação longe deste mundo pagão, no retiro dos claustros. Iniciou-se então uma verdadeira moralização da sociedade: o aspecto moral da religião pouco a pouco começou a prevalecer na prática sobre o aspecto sacro ou escatológico. Foi assim que esses campeões de uma ordem moral foram levados a reconhecer a importância da educação. Constatamos sua influência sobre a história da escola, a transformação da escola livre em colégio vigiado. Seus escritos se sucederam de Gerson a Port-Royal, tornando-se cada vez mais frequentes nos séculos XVI e XVII. As ordens religiosas fundadas então, como os jesuítas ou os oratorianos, tornaram-se ordens dedicadas ao ensino, e seu ensino não se dirigia mais aos adultos, como o dos pregadores ou dos mendicantes da Idade Média: era essencialmente reservado às crianças e aos jovens. Essa literatura, essa propaganda, ensinaram aos pais que eles eram guardiães espirituais, que eram responsáveis perante Deus pela alma, e até mesmo, no final, pelo corpo de seus filhos.

Passou-se a admitir que a criança não estava madura para a vida, e que era preciso submetê-la a um regime especial, a uma espécie de quarentena *antes* de deixá-la unir-se aos adultos.

Essa nova preocupação com a educação pouco a pouco iria instalar-se no seio da sociedade, e transformá-la de fio a pavio. A família deixou de ser apenas uma instituição do direito privado para a transmissão dos bens e do nome, e assumiu uma função moral e espiritual, passando a formar os corpos e as almas. Entre a geração física e a instituição jurídica existia um hiato, que a educação iria preencher. O cuidado dispensado às crianças passou a inspirar sentimentos novos, uma afetividade nova que a iconografia do século XVII exprimiu com insistência e gosto: o sentimento moderno da família. Os pais não se contentavam mais em pôr filhos no mundo, em estabelecer apenas alguns deles, desinteressando-se dos outros. A moral da época lhes impunha proporcionar a todos os filhos, e não apenas ao mais velho – e, no fim do século XVII, até mesmo às meninas – uma preparação para a vida. Ficou convencionado que essa preparação fosse assegurada pela escola. A aprendizagem tradicional foi substituída pela escola, uma escola transformada, instrumento de disciplina severa, protegida pela justiça e pela política. O extraordinário desenvolvimento da escola no século XVII foi uma consequência dessa preocupação nova dos pais com a educação das crianças. As lições dos moralistas lhes ensinavam que era seu dever enviar as crianças bem cedo à escola: "Os pais, diz um texto de 1602, que se preocupam com a educação de suas crianças (*liberos erudiendos*) merecem mais respeito do que aqueles que se contentam em pô-las no mundo. Eles lhe dão não apenas a vida, mas uma vida boa e santa. Por esse motivo, esses pais têm razão em enviar seus filhos, desde a mais tenra idade, ao mercado da verdadeira sabedoria", ou seja, ao colégio, "onde eles se tornarão os artífices de sua própria fortuna, os ornamentos da pátria, da família e dos amigos".[1]

A família e a escola retiraram juntas a criança da sociedade dos adultos. A escola confinou uma infância outrora livre em um regime disciplinar cada vez mais rigoroso, que nos séculos XVIII e XIX resultou no enclausuramento total do internato. A solicitude da família, da Igreja, dos moralistas e dos administradores privou a criança da liberdade de que ela gozava entre os adultos. Inflingiu-lhe o chicote, a prisão, em suma, as correções

---

[1] *Academia sive Vita scholastica*, Arnheim, 1602.

reservadas aos condenados das condições mais baixas. Mas esse rigor traduzia um sentimento muito diferente da antiga indiferença: um amor obsessivo que deveria dominar a sociedade a partir do século XVIII. É fácil compreender que essa invasão das sensibilidades pela infância tenha resultado nos fenômenos hoje mais bem conhecidos do malthusianismo ou do controle da natalidade. Este último surgiu no século XVIII, no momento em que a família acabava de se reorganizar em torno da criança e erguia entre ela mesma e a sociedade o muro da vida privada.

A família moderna retirou da vida comum não apenas as crianças, mas uma grande parte do tempo e da preocupação dos adultos. Ela correspondeu a uma necessidade de intimidade, e também de identidade: os membros da família se unem pelo sentimento, o costume e o gênero de vida. As promiscuidades impostas pela antiga sociabilidade lhes repugnam. Compreende-se que essa ascendência moral da família tenha sido originariamente um fenômeno burguês: a alta nobreza e o povo, situados nas duas extremidades da escala social, conservaram por mais tempo as boas maneiras tradicionais, e permaneceram indiferentes à pressão exterior. As classes populares mantiveram até quase nossos dias esse gosto pela multidão. Existe, portanto, uma relação entre o sentimento da família e o sentimento de classe. Em várias ocasiões, ao longo deste estudo, vimos que eles se cruzavam. Durante séculos, os mesmos jogos foram comuns às diferentes condições sociais; a partir do início dos tempos modernos, porém, operou-se uma seleção entre eles: alguns foram reservados aos bem-nascidos, enquanto outros foram abandonados ao mesmo tempo às crianças e ao povo. As escolas de caridade do século XVII, fundadas para os pobres, atraíam também as crianças ricas. Mas a partir do século XVIII, as famílias burguesas não aceitaram mais essa mistura, e retiraram suas crianças daquilo que se tornaria um sistema de ensino primário popular, para colocá-las nas pensões ou nas classes elementares dos colégios, cujo monopólio conquistaram. Os jogos e as escolas, inicialmente comuns ao conjunto da sociedade, ingressaram então em um sistema de classes. Foi como se um corpo social polimorfo e rígido se desfizesse e fosse substituído por uma infinidade de pequenas sociedades – as famílias – e por alguns grupos maciços – as classes. As famílias e as classes reuniam indivíduos que se aproximavam por sua semelhança moral e pela identidade de seu gênero de vida. O antigo corpo social único, ao contrário, englobava a maior variedade possível de idades e condições. Pois aí as condições eram tanto mais claramente distinguidas e hierarquizadas quanto mais se aproximavam no espaço. As distâncias morais supriam as distâncias físicas. O rigor dos sinais exteriores de respeito e das diferenças de vestuário corrigia a familiaridade da vida comum. O criado nunca deixava seu senhor, de quem se tornava amigo e cúmplice passadas as camaradagens da adolescência; a altura do senhor correspondia à insolência do servidor, e restabelecia, para o bem ou para o mal, uma hierarquia que uma excessiva e constante familiaridade estava sempre colocando em questão.

As pessoas viviam em um estado de contraste; o nascimento nobre ou a fortuna andavam lado a lado com a miséria, o vício com a virtude, o escândalo com a devoção.

Apesar de seus contrastes estridentes, essa miscelânea não surpreendia ninguém: ela pertencia à diversidade do mundo, que devia ser aceita como um dado natural. Um homem ou uma mulher bem-nascidos não viam nenhum problema em visitar vestidos com seus trajes suntuosos os miseráveis das prisões, dos hospitais ou das ruas, quase nus debaixo de seus farrapos. A justaposição desses extremos, assim como não tolhia os ricos, não humilhava os pobres. Hoje ainda resta alguma coisa desse clima moral na Itália meridional. Mas chegou um momento em que a burguesia não suportou mais a pressão da multidão, nem o contato com o povo. Ela cindiu: retirou-se da vasta sociedade polimorfa para se organizar à parte, em um meio homogêneo, entre suas famílias fechadas, em habitações previstas para a intimidade, em bairros novos, protegidos contra toda contaminação popular. A justaposição das desigualdades, outrora natural, tornou-se-lhe intolerável: a repugnância do rico precedeu a vergonha do pobre. A procura da intimidade e as novas necessidades de conforto que ele suscitava (pois existe uma relação estreita entre o conforto e a intimidade) acentuavam ainda mais o contraste entre os tipos de vida material do povo e da burguesia. A antiga sociedade concentrava um número máximo de gêneros de vida em um mínimo de espaço, e aceitava – quando não procurava – a aproximação barroca das condições sociais mais distantes. A nova sociedade, ao contrário, assegurava a cada gênero de vida um espaço reservado, cujas características dominantes deviam ser respeitadas: cada pessoa devia parecer com um modelo convencional, com um tipo ideal, nunca se afastando dele, sob pena de excomunhão.

O sentimento da família, o sentimento de classe e talvez, em outra área, o sentimento de raça surgem, portanto, como as manifestações da mesma intolerância diante da diversidade, da mesma preocupação de uniformidade.

1 2 3 4 5 6 7 8 9 10
2022